LES MAÎTRES ZEN

DANS LA MÊME COLLECTION

Jean-Joël DUHOT, *Épictète et la sagesse stoïcienne*

Alain DE LIBERA , *Eckhart, Suso, Tauler et la divinisation de l'homme*

Dominique POIROT, *Jean de la Croix et l'union à Dieu*

Isabelle ROBINET, *Lao zi et le Tao*

Jacques Brosse

LES MAÎTRES ZEN

Bayard Éditions

Ouvrages du même auteur sur la spiritualité

Satori, dix ans d'expérience avec un maître zen, nouv. édit., collection « Spiritualités vivantes », Albin Michel, 1984.

Les maîtres spirituels, Bordas, 1988.

Alexandra David-Neel, Aventure et spiritualité, 2e édit., Albin Michel, 1991.

Les hauts lieux de la spiritualité en Europe, Bordas, 1992.

Zen et Occident, « Spiritualités vivantes », Albin Michel, 1992.

Histoire de la chrétienté d'Orient et d'Occident (406-1204), Albin Michel, 1995.

ISBN 2.227.32503.8

3, rue Bayard, 75008 Paris

À Philippe, Claude,
Patricia et Olivier,
moines zen.

PRÉSENTATION DU ZEN

Depuis qu'il est entré dans notre vocabulaire, à la suite de la publication des œuvres de D. T. Suzuki, d'Herrigel, de Durckheim et de quelques autres[1], le mot zen n'a cessé d'intriguer les esprits, mais aussi de faire l'objet de maint malentendu. Aussi convient-il d'en préciser tout d'abord le sens, tel qu'il découle de son étymologie : zen *(zen-na)* est la prononciation japonaise du chinois tch'an *(tch'an-na)*, lui-même transcription phonétique du sanskrit *dhyâna*, « méditation ».

Cette forme de méditation diffère radicalement de ce que désigne d'ordinaire ce mot en français. En zen, on ne médite pas sur quelque chose, mais sur rien ; il s'agit d'un recueillement en soi-même, d'une expérience spirituelle intime, mais qui passe par le corps et reconstitue l'unité du corps et de l'esprit. Seul un équilibre physiologique stable peut engendrer la pacification de l'esprit, laquelle permet à chacun de

1. D. T. Suzuki, *Essais sur le bouddhisme zen*, 3 vol., 1954-1957. – E. Herrigel, *Le zen dans l'art chevaleresque du Tir à l'arc*, 1955. – Th. Merton, *Zen, tao et nirvâna*, 1970. – Suzuki, Fromm, Martino, *Bouddhisme zen et psychanalyse*, 1971. – K. von Durckheim, *Le zen et nous*, 1972. – Ph. Kapleau, *Les trois piliers du zen*, 1972.

découvrir sa véritable nature, qui, pour le bouddhisme, est identité avec l'univers en sa totalité. Cette découverte est l'Éveil. Mais, selon les maîtres zen, l'Éveil n'est pas différent de la méditation assise, le *za-zen*, la pratique du zen. Tel est le postulat essentiel de cette école, qui, en conséquence, ne peut se vérifier que par une saisie personnelle.

Historiquement et géographiquement, le zen est une des écoles du bouddhisme *Mahâyâna** (le « Grand Véhicule »), apparue en Chine au VIe siècle et introduite au Japon au XIIIe, qui, donnant une primauté absolue à la découverte de la « nature propre », n'accorde que peu d'importance aux rites et récuse toute approche intellectuelle. Cette volonté de dépouillement distingue le zen des autres écoles. En adoptant la posture du Bouddha Shâkyamuni (v. 560-480 av. J. C.), l'adepte espère parvenir comme lui à ce que l'on appelle souvent l'illumination, mais que les bouddhistes nomment l'Éveil. Shâkyamuni n'était ni un sauveur ni un prophète inspiré, mais un homme, qui, grâce à une recherche incessante, obstinée, parvint un jour à la compréhension parfaite, à la connaissance absolue. Tout homme, selon lui, était susceptible d'y parvenir, à condition que lui en fussent révélés les moyens, la méthode. Tel est le véritable message du Bouddha, qui n'a jamais rien prêché d'autre, ce que rappelle maint *sûtra* : « Le Bienheureux en réalité n'a pas enseigné la doctrine *(Dharma*)* qui doit être éprouvée intérieurement par soi-même[2]. » « Tout ce que les autres *Tathâgata** (Bouddhas) et moi-même avons réalisé, c'est ce qui demeure toujours présent, la réalité de toutes choses *(Tathatâ**), la vérité absolue. Pour cette raison, jamais le Bouddha n'a proféré la moindre parole[3]. » L'expérience de l'Éveil est en effet indicible, la

* Les mots marqués d'un astérisque sont expliqués dans le Glossaire.

2. *Mahâyânasûtralamkâra* d'Asanga, XII, 2.

3. *Lankâvatârasûtra*, trad. anglaise de D. T. Suzuki, Londres, nouv. édit. 1968, p. 144.

formuler serait retomber dans le dualisme (sujet-objet), dont on vient de sortir. Après avoir fait, au cours de son Éveil, la découverte de la réalité absolue en sa totalité, Shâkyamuni se rendit aussitôt compte qu'elle était incommunicable.

Il fallut, nous dit-on, l'intervention des puissances surnaturelles pour convaincre le « Bouddha accompli » de tenter de transmettre ce message aux hommes afin de les guérir. Ainsi commença la prédication « silencieuse » de Siddhârta Gautama, qui fut appelé Shâkyamuni (le sage des Shâkyas)[4], depuis son Éveil, à l'âge de trente-cinq ans environ, jusqu'à son extinction, à quatre-vingts ans. Ainsi se conclut-elle à la fin de son parcours terrestre, selon le récit traditionnel de la fondation du zen :

Ce jour-là, le « Vénéré du monde », accompagné d'innombrables disciples, se rendit sur le pic de l'Assemblée des Vautours *(Gridrakûta)*, qui domine la ville de Rajagriha[5]. Sur cette montagne sacrée[6], le Bouddha avait déjà donné ses plus hauts enseignements, tels le *Sûtra du Lotus de la Bonne Loi (Saddharmapundarîka Sûtra)*, les *Sûtra de la Sagesse transcendante (Prajñâpâramitâ Sûtra)*, d'autres *sûtra* encore, tous considérés comme la partie ésotérique de ses instructions. Cette fois-là, il se taisait. Tous respectaient son recueillement, mais les disciples, qui, confusément, devinaient que bientôt il les quitterait, attendaient l'ultime message. Cependant, Shâkyamuni gardait le silence. Il prit une fleur du bouquet qu'on venait de lui offrir et, calmement, en tourna la tige entre ses doigts. Les disciples déconcertés se regardaient entre eux, mais, tout à coup, l'un de ses plus proches, Kâshyapa,

4. Shâkya, la lignée princière à laquelle appartenait Siddhârta Gautama.

5. Actuellement, la modeste bourgade de Rajgir dans l'État de Bihar, au sud-est de Patna (l'ancienne Pataliputra) et au nord de Bodhgaya, le lieu de l'Éveil.

6. Le récit de cette scène, d'abord mentionnée dans un *sûtra (Tai fan tian wang wen fou jouei king)*, probablement composé en Chine, n'est relaté dans les textes qu'à partir du XIe siècle. Il apparaît pour la première fois dans les *Annales de la diffusion* [de la lumière] *de la lampe (T'ien-chîng-kouang-têng lou)* de Li Tsoun-hiu,

comprit et répondit par un sourire au sourire de son Maître. Sortant de son silence, le Bienheureux proclama :

« J'ai en ma possession l'Œil du Trésor de la Vraie Loi *(Dharma*)*, l'ineffable et subtile vue du *nirvâna* qui ouvre la porte de la vision du sans-forme, ne dépend ni des écrits ni des mots et se transmet en dehors de toute doctrine. Ce Trésor, je le remets au grand Kâshyapa. » De ce jour, Kâshyapa fut appelé par tous Mahâkâshyapa (le grand Kâshyapa) ; à la mort du Bouddha, il lui succéda à la tête de la communauté *(Sangha*)*.

C'est sur cette transmission silencieuse du secret que se fonde le zen dont les « quatre principes essentiels » sont :

1. Une transmission par-delà les écritures,
2. Ne dépendre ni des concepts ni des mots,
3. Pointer directement au cœur de l'homme,
4. Contempler sa nature propre et ainsi réaliser l'état de Bouddha.

Or, paradoxalement – mais tout dans le zen est par définition paradoxe, au sens étymologique de « contraire à l'opinion commune » –, cet enseignement s'est transmis au cours des siècles et jusqu'à nos jours, sous la forme orale et parfois même écrite. Si le silence est la base même du *zazen*, les instructions du maître n'en sont pas moins indispensables. Sans intervenir dans une quête qui doit demeurer toute personnelle, elles guident le pratiquant, lui permettent de comprendre ce qui lui advient, et d'éviter les erreurs et les dérives auxquelles, seul, il s'exposerait. Un tel enseignement est par essence négatif, il n'apprend pas, il désapprend, écartant les idées toutes faites, les préjugés, les imaginations préalables,

un haut dignitaire, marié à une princesse impériale et adepte fervent de l'école de Lin-tsi. Elles furent publiées en 1036, avec une préface de l'empereur Jên-tsong. S'agit-il seulement d'une légende forgée afin de rattacher, de force, le tch'an chinois, qui prétendait représenter l'essentiel de l'enseignement du Bouddha, à la tradition indienne ? Cela, non plus, n'est pas sûr.

afin de laisser le disciple véritablement seul à seul avec son expérience intérieure, face à face avec le « visage originel » enfin découvert, qui est sa nature d'Éveillé.

Les maîtres zen ont finalement beaucoup parlé, mais afin d'exorciser les paroles, jusqu'à, dans certains cas, ne plus s'exprimer que par gestes : un sourire ou un coup, dans le mode de communication appelé en japonais *I shin den shin*, « de cœur à cœur », ce qui signifie également « d'esprit à esprit ». Le plus souvent, ils n'ont pas publié eux-mêmes leurs instructions, mais leurs disciples se sont chargés de le faire, afin que ne soient pas perdus leur compréhension propre, le message personnel dont ils avaient, eux, bénéficié. C'est là, en effet, une des caractéristiques de l'enseignement du zen : la diversité dans l'unité. L'enseignement fondamental ne saurait être transmis qu'à travers une expérience personnelle, celle des maîtres qui s'expriment conformément aux circonstances de temps et de lieu, et selon le degré de maturation de leurs disciples. Aucun maître n'en imite un autre, fût-il son propre maître, il ne s'imite que soi-même en tant qu'Éveillé, et ne souhaite pas non plus qu'on l'imite, mais que chaque disciple devienne tout simplement soi-même dans l'Éveil. Néanmoins, l'enseignement est quant au fond identique, puisqu'il reflète l'expérience initiale, celle du Bouddha Shâkyamuni.

Encore faut-il définir ce que, dans le zen, on entend par maître. Chaque maître a été d'abord le disciple d'un maître qui, au terme de sa formation, a certifié son Éveil et l'a reconnu comme devenu son égal, lui donnant de ce fait l'autorisation d'enseigner à son tour, et même parfois l'y contraignant. En pratique, aussi nombreux que soient ses disciples, un maître n'en nomme qu'un ou deux, rarement plus, qui sont « ses successeurs dans le *Dharma** ». De ce fait, il existe une transmission continue, au moins théoriquement, qui, partant du Bouddha, est passée de l'Inde en Chine, puis de Chine au Japon et, aujourd'hui, du Japon en Occident, et dure donc depuis deux mille cinq cents ans.

S'il n'y avait diversité dans l'unité, ce livre n'aurait pas de sens, mais, en recueillant les témoignages des maîtres, on obtient autant de points de vue différents, autant d'incitations, convenant au tempérament de chacun, à rechercher une vérité unique, censée être en nous, mais accessible seulement par une enquête personnelle. Or, il importe de le souligner, le zen développe en chaque individu ses potentialités innées, et les maîtres, assumant totalement leur propre personnalité, ont eu les caractères les plus contrastés, des façons très différentes d'agir et de s'exprimer. En conséquence, rien n'est plus important que de choisir son propre maître, celui avec lequel on peut se trouver en communication directe, *I shin den shin*.

Le zen ne supporte pas les demi-mesures, celles où, somme toute, on serait à l'aise, en toute bonne conscience. Il « vomit les tièdes ». Le zen, c'est tout ou rien et, si ce n'est plus tout, ce n'est rien. Aussi, pour secouer l'engourdissement, les habitudes, la routine, pour remettre sur la « Voie », a-t-il eu constamment besoin – et plus que jamais aujourd'hui – de « marginaux », d'iconoclastes, pratiquant une compassion rude et rugueuse, de provocateurs qui justement mettent mal à l'aise. Seuls, ces « révolutionnaires » quelque peu « anarchistes », qui n'en furent pas moins des artistes, des poètes, des inventeurs, rendirent au zen l'élan qu'il avait perdu, en lui conférant une fraîcheur, une saveur toujours renouvelées, capables de surprendre le palais blasé qui ne les avait jamais encore goûtées.

Enseignant le zen depuis vingt ans, mais m'adressant ici à une plus vaste audience, j'ai sélectionné, parmi la multitude des enseignements, ceux qui m'ont paru susceptibles de convenir au chercheur occidental d'aujourd'hui. Pour lui, il fallait également rapporter les vies des maîtres, leurs parcours spirituels, eux-mêmes sources d'enseignement, situer chacun d'eux à sa place dans l'évolution du zen, mais aussi dans le contexte des civilisations chinoise et japonaise dont ils sont issus, enfin accompagner les textes des commentaires, sans lesquels leurs paroles pourraient paraître, du dehors, comme dépourvues de sens. En résulte la structure de cet ouvrage. Chacun des cinq chapitres s'ouvre sur une mise au point historique, puis, en introduction aux textes eux-mêmes, se succèdent de brèves biographies de leurs auteurs.

Les textes, qu'ils soient chinois, japonais et éventuellement sanskrits, sont aujourd'hui en grande majorité traduits, mais ces traductions ne présentent pas toujours les meilleures garanties d'authenticité. Nombre de traductions ne sont guère utilisables telles quelles, du fait, non de l'ignorance ou de la malveillance des traducteurs, mais d'une absence de pratique, donc d'expérience personnelle, ce qui entraîne nécessairement l'inintelligence de l'esprit même du zen. Dans la mesure du possible, je suis remonté aux sources et ne présente ici que des versions inédites, ou, tout au moins, des traductions dûment vérifiées sur l'original. Dans la même optique, j'ai utilisé les manuscrits les plus anciens, depuis peu découverts, qui modifient considérablement l'histoire du zen. Pour ce qui est de la difficile transcription des noms chinois, j'ai toujours donné à la fois, celle, classique, de l'École française d'Extrême-Orient qui, seule, permet à un Français de les prononcer à peu près correctement, et la transcription chinoise officielle en usage aujourd'hui, le *pinyin* qui a pour nous le grave inconvénient d'être à peu près imprononçable.

En fin d'ouvrage, le lecteur trouvera un glossaire précisant le sens des mots sanskrits, chinois et japonais, propres au bouddhisme et au zen, une brève bibliographie, les tableaux de succession des maîtres, enfin les indications pratiques nécessaires à ceux qui voudraient à leur tour tenter l'expérience.

Chapitre I

Les origines du *tch'an* chinois

Le bouddhisme avait un demi-millénaire d'existence, quand il pénétra en Chine au Ier siècle de notre ère. Depuis longtemps, il s'était divisé en plusieurs écoles qui différaient entre elles par l'interprétation qu'elles donnaient des enseignements du Bouddha. Au Ier siècle avant notre ère, la communauté bouddhique se scinda en deux branches principales. Du bouddhisme primitif, dit des Anciens *(Theravâda)*, qui prétendait représenter la pure doctrine originelle, telle qu'elle avait été prêchée par le Bouddha, se sépara un puissant courant novateur, apparu deux siècles plus tôt. Il prit le nom de *Mahâyâna* (Grand Véhicule), ce qui reléguait le *Theravâda* au rang de *Hînayâna* (Petit Véhicule). Ces deux appellations correspondaient à une nette différence de points de vue quant au sens de la quête. Le *Hînayâna* recherchait la délivrance individuelle, celle qu'obtenait l'*Arhat* (le méritant) par ses propres forces, au terme d'une longue ascèse. C'était donc le petit « véhicule » sur la voie. Le *Mahâyâna* rejetait un idéal aussi limité qui ne tenait pas compte de la solidarité des êtres vivants entre eux. À l'*Arhat*, il opposait le

Bodhisattva, « être d'Éveil », mais aussi être de compassion, l'un et l'autre étant inséparables. Aspirant comme l'*Arhat* à l'état de Bouddha, le *Bodhisattva* renonçait au *nirvâna*, tant que les autres êtres vivants ne seraient pas parvenus à l'Éveil, et se consacrait à les y aider.

Cette rupture se manifesta finalement sur le plan géographique au fur et à mesure de l'expansion du bouddhisme. Le *Hînayâna* se répandit surtout dans le Sud-Est asiatique (Sri Lanka, Birmanie, Thaïlande, Cambodge et Laos), devenant ainsi le « bouddhisme du Sud », tandis que le *Mahâyâna*, gagnant la Chine, le Tibet, la Mongolie, la Corée et le Japon, fut appelé « bouddhisme du Nord ».

*

En Inde, le *Mahâyâna* connut d'importants développements doctrinaux et philosophiques, avec Nâgârjuna (IIe siècle environ) et l'école *Mâdhyamaka* (de *Mâdhyama*, « le Milieu »), résolument non dualiste. Elle affirmait que les phénomènes se produisaient toujours en fonction de conditions déterminées, selon l'analyse faite par le Bouddha lui-même dans l'enseignement de la « Production conditionnée et interdépendante » *(Pratîtyasamutpâda)*. De ce fait, la nature des choses ne pouvait être que vacuité *(Shûnyatâ)*. En résultaient l'absence d'un « moi », considéré comme illusoire, mais aussi la possibilité de la délivrance, puisque la Vacuité était finalement identique à l'absolu. Une telle vue constituait une explication philosophique du processus de l'Éveil. Elle eut une telle importance dans le *tch'an* que Nâgârjuna fut considéré par la suite comme son quatorzième patriarche. Environ deux siècles plus tard, apparut en Inde une autre école de pensée, le *Yogâchâra* (littéralement : « exercice du Yoga »[1]), ou *Vijnânavâda* (« école qui enseigne la connais-

1. Il s'agissait ici du *Jñâna Yoga*, la Voie de la Connaissance et de l'analyse intellectuelle.

sance »), fondée par Asanga et son frère Vasubhandu, et dont l'idée centrale était que « tout est esprit », en ce sens que les phénomènes n'existent que par la connaissance que nous en avons ; vue tout autant fondamentale pour le *tch'an*, qui fit de Vasubhandu son vingt-et-unième patriarche.

Bien qu'il n'ait pas connu encore ces développements, le bouddhisme qui pénétra en Chine au Ier siècle après J. C. était doctrinalement très évolué.

La première date mentionnée sur les textes de la présence du bouddhisme en Chine est l'an 65, au cours duquel un prince impérial manifesta son appartenance en participant à des cérémonies bouddhiques. C'est vers cette date que, selon la tradition, aurait été fondé par l'empereur Ming de la dynastie des Han (58-7 5) le premier monastère bouddhiste de Chine, celui dit du « Cheval blanc » *(Pai-ma-sseu)*, près de Lo-yang, la capitale. La traduction des *sûtra* s'imposa aussitôt comme le préalable nécessaire à toute prédication. Elle constitua durant plusieurs siècles un labeur ardu. Le maître étranger récitait le texte et, avec l'aide d'un interprète bilingue, en faisait une première traduction grossière, qui était notée par écrit, puis révisée et parachevée par des assistants chinois. Cette technique, perfectionnée par la suite, aboutit à des résultats remarquables par leur exactitude et leur portée. Une des principales difficultés rencontrées par les traducteurs était le vocabulaire. La langue chinoise se prêtait mal à rendre certains concepts essentiels du bouddhisme. Il fallait cependant employer des termes qui fussent déjà familiers aux Chinois.

Des deux religions de la Chine, le confucianisme et le taoïsme, seule la seconde pouvait procurer de relatifs équivalents. Ainsi le mot même de *Tao*, le « Principe », fut choisi pour désigner la « Voie » bouddhique, ce qui à la rigueur pouvait se justifier. Mais certains taoïstes allèrent plus loin, ils assimilèrent le Bouddha avec Lao-tseu.

Beaucoup d'historiens ont tiré argument de l'emploi de la terminologie taoïste pour affirmer que le *tch'an* résultait en somme de cette apparente confusion, certains allant jusqu'à dire qu'il était né de la contamination du bouddhisme indien par le taoïsme chinois. Ces vues ne semblent guère confirmées par les relations subséquentes entre les deux religions. Le quatrième patriarche du *tch'an*, Tao-sin (580-651), dans un des tout premiers textes émanés de la nouvelle École, n'eut rien de plus pressé que de dénoncer les aberrations contenues, selon lui, dans les œuvres de Lao-tseu et de Tchouang-tseu. Par la suite, les taoïstes se révélèrent les plus redoutables adversaires du bouddhisme et furent à l'origine de violentes persécutions contre cette religion « barbare ».

De toute manière, si les bouddhistes pouvaient trouver nombre de points communs avec le *Tao tö king*, et beaucoup plus encore avec l'œuvre de Tchouang-tseu (Zhuangzi, v. 369-286 av. J. C.), laquelle resta une source d'inspiration pour les maîtres du *tch'an*, au temps de l'introduction du bouddhisme en Chine (IIe-IIIe siècles), le taoïsme était depuis plusieurs siècles une religion beaucoup plus qu'une philosophie. On opposait déjà le *Tao-chia*, le taoïsme des grands ancêtres, Lao-tseu et Tchouang-tseu, au *Tao-chiao*, ou religion taoïste, fondée sur le culte de nombreuses divinités et dont l'objet était la recherche de l'immortalité à travers l'absorption de drogues de longévité, l'alchimie, la diététique, la gymnastique, les exercices respiratoires et les pratiques sexuelles, toutes choses radicalement étrangères au bouddhisme et plus encore au *tch'an*. Lorsqu'il advenait que certains maîtres se servissent d'expressions taoïstes, ils les détournaient de leur sens ; ainsi Ma-tsou, employant le terme *cheng-tai*, « embryon sacré » pour traduire le sanskrit *tathâgatagarbha*, le « germe » ou « embryon » de Bouddha (qui se trouve en chacun de nous), ne faisait que citer la traduction chinoise d'un *sûtra*, et ne pensait pas qu'il pût y avoir de confusion possible[2]. En fait, si les premiers traducteurs avaient utilisé la terminologie taoïste, ce n'était qu'afin de se faire comprendre des Chinois, ce à quoi d'ailleurs ils parvinrent, mais leurs successeurs, plus érudits et plus méfiants, évitèrent soigneusement ce qui pouvait prêter à malentendu. En ce qui concerne le *tch'an*, il convient de souligner que les plus anciens textes traduits concernaient la pratique du *Dhyâna* (méditation) fondée sur la posture et la respiration. Elle pouvait sembler proche des exercices respiratoires du taoïsme, ce qui intéressa immédiatement les Chinois.

*

Jusqu'à la fin, en 220, de la dynastie des Han qui avaient régné pendant quatre siècles sur la Chine, le bouddhisme fut considéré comme une croyance exotique et n'eut que fort peu d'adeptes. En revanche, au cours de la longue période de désintégration de l'empire et de guerre civile qui suivit la chute des Han, l'époque dite des « Trois royaumes », et dura pratiquement jusqu'au rétablissement de l'unité par la dynastie des Souei en 589, le bouddhisme exerça un attrait croissant.

Aux IVe-Ve siècles, l'activité des traducteurs atteignit son apogée avec Kumarajiva (344-413) et Buddhabhadra (359-429). À partir de 415, Buddhabhadra se consacra à la traduction d'ouvrages fondamentaux du bouddhisme, comme le *Vinaya Pitaka*, code de la discipline monastique, et le *Mahâparinirvâna Sûtra* mahâyâniste, qui traite en particulier de la nature de Bouddha immanente dans tous les êtres, l'un des concepts de base du *tch'an*.

En une dizaine d'années, Kumarajiva et son équipe traduisirent un nombre impressionnant de textes. Kumarajiva parlait couramment le chinois et ses collaborateurs connaissaient fort

2. Voir p. 120.

bien le bouddhisme et le sanskrit. Le maître expliquait à deux reprises le texte en chinois, les moines en discutaient le sens, puis en rédigeaient une version en chinois littéraire ; après quoi, Kumarajiva comparait l'original sanskrit et le texte chinois, jusqu'à ce que fût mise au point la version définitive, dont était soigneusement exclue toute référence au taoïsme. Au nombre des traductions issues de cet atelier, on compte beaucoup de textes qui devinrent par la suite fondamentaux dans l'école *tch'an* : le *Vajracchedikâ Sûtra* (« Diamant coupeur »), le *Vimalakîrti-nirdesha* (« L'Enseignement de Vimalakîrti »), le *Mahâprajnâparamitâ Hridaya Sûtra* (le futur *Hannya Shingyo* du zen), ainsi que plusieurs traités de Nâgârjuna.

Deux élèves de Kumarajiva devaient jouer un rôle majeur dans la genèse du *tch'an*. Seng-tchao (Sengzhao, 374 ou 378-414), originaire de Tch'ang-ngan, étudia d'abord Lao-tseu et Tchouang-tseu, puis, ayant lu à quinze ans le *Vimalakîrti-nirdesha*, il se fit ordonner moine bouddhiste et partit auprès de Kumarajiva, qui l'initia à la philosophie de Nâgârjuna.

Bien qu'il soit mort à moins de quarante ans, Seng-tchao est resté célèbre grâce à l'œuvre considérable qu'il a laissée. Ses trois traités sur l'inaltérabilité des choses, la vacuité et *Prajñâ*, la Sagesse en tant que non-savoir, réalisaient une remarquable synthèse entre pensée indienne et pensée chinoise. Ils influencèrent considérablement les penseurs ultérieurs du *tch'an*[3]. Pour Seng-tchao, la vérité n'était nullement justiciable des mots, elle devait être directement expérimentée et non déduite par le raisonnement. « La relation de Seng-tchao au *tch'an* se montre dans son orientation vers la perception empirique et immédiate de la vérité absolue et se révèle dans sa préférence pour le paradoxe en tant que moyen d'exprimer l'inexprimable[4]. »

Un autre disciple de Kumarajiva, auteur de thèses révo-

3. W. Liebenthal, *Chao-Lun : The Treatise of Seng-chao*, Hong-Kong, 1968.
4. H. Dumoulin, *A History of Zen Buddhism*, II, Boston, 1969, p. 60.

lutionnaires qui le firent exclure de la communauté bouddhique où il fut d'ailleurs réhabilité par la suite, est plus proche de l'esprit du *tch'an*. Tao-cheng (Daosheng, 355-434) étudia d'abord sur le Lou-chan, principal centre des études bouddhiques en Chine, puis, en 405, partit pour Tch'an-ngan où il travailla avec Kumarajiva, donnant avec lui une nouvelle version du *Sûtra du Lotus* et traduisant *L'Enseignement de Vimalakîrti*. C'est alors qu'il publia ces thèses qui firent tant de bruit. Selon lui, tous les êtres possèdent la nature de Bouddha, y compris les *Icchantika*, les hommes « sans foi », ceux-ci évidemment à leur insu. La nature de Bouddha, donc, la vérité, étant indivisible, ne peut se révéler que par l'Éveil subit qui, passant outre tout dualisme, découvre l'unité profonde du *samsâra** et du *nirvâna**, des phénomènes et de la réalité ultime, de la nature de Bouddha et de la vacuité (*Shunyâta*)[5]. Pour Tao-cheng, cependant, une phase de préparation n'en était pas moins nécessaire, mais « en atteignant l'autre rive (celle du *nirvâna*), si on l'atteint, on n'atteint pas l'autre rive. Ne pas atteindre et ne pas ne pas atteindre sont en réalité atteindre... Si vous voyez le Bouddha, vous ne voyez pas le Bouddha. Quand vous voyez qu'il n'y a pas de Bouddha, en réalité, vous voyez le Bouddha[6]. » Autrement dit, vous ne pouvez voir le Bouddha puisqu'il est en vous, vous le voyez quand vous le découvrez en vous-même. Pour Tao-cheng, le *wou-wei*, « non agir », vieille notion taoïste, doit être identifié à l'appréhension spontanée, directe, intuitive, donc sans intervention du mental, de la Vérité[7].

5. En ce sens, Tao-cheng apparaît comme le véritable précurseur de Houei-nêng, le sixième patriarche, qui vécut trois cents ans après lui.

6. Mode de formulation qu'affectionneront par la suite les maîtres *tch'an*, en particulier Lin-tsi.

7. Les œuvres de Tao-cheng n'ont pas été conservées, mais on connaît assez bien sa pensée grâce aux citations et commentaires qui furent faits par la suite. Voir Fong Yeou-lan, *Précis d'histoire de la philosophie chinoise*, trad. fr., Paris, 1952, nouv. édit., Paris, 1985.

Après la mort de Kumarajiva, Tao-cheng revint au Lou-chan. Un jour de l'année 434, il y prononça l'un de ses plus importants sermons. Lorsque, ensuite, il voulut se lever de son siège, son bâton lui échappa. Il était entré, assis, bien droit, dans le *nirvâna*. Lorsque, cent ans plus tard, Bodhidharma débarqua à Canton, le terrain était déjà préparé pour recevoir son message.

Chapitre II

Les six patriarches (VIe-VIIe siècle)

BODHIDHARMA

Avec le débarquement à Canton, le 21 septembre 527[1], d'un moine indien, barbu et aux yeux bleus – ce qui frappa vivement les Chinois –, commence l'histoire officielle du *tch'an*[2]. Régnait alors sur la Chine du Sud l'empereur Leang Wou-ti (Liang Wudi). C'était un général qui, apparenté à la précédente dynastie des Ts'i, s'était emparé du trône en 502 et avait fondé la nouvelle dynastie des Leang. Austère, probe

1. Cette date précise est donnée par toutes les sources historiques depuis les *Biographies de la Forêt du Trésor (Pao-lin tch'uan)* de 801, certaines cependant ne la placent pas en 527, mais en 520.

2. Nous donnons ici le récit traditionnel, tel qu'il figure dans les sources les plus anciennes, mais cependant tardives par rapport aux événements. Ce récit a été interminablement critiqué et même passionnément discuté par les historiens modernes, les mêmes qui contestaient le *Traité des deux entrées et des quatre pratiques*, considéré aujourd'hui comme probablement authentique. En fait, si l'on tient compte de ce que nous connaissons de l'histoire de la Chine à cette époque, cette tradition ne paraît pas aussi invraisemblable qu'on avait voulu le faire croire. Les différentes thèses modernes présentées par M. Shibata dans *Les maîtres du Tch'an (zen) en Chine*, Paris, 1985, p. 15-65, semblent d'ores et déjà dépassées.

et humain, ce grand souverain avait un profond respect pour les lettres et les lettrés. Il honora d'abord Confucius, à qui il éleva un temple à Nankin, sa capitale. Puis, sous l'influence de moines indiens, venus par mer à Nankin, devint un bouddhiste fervent. Pratiquant activement l'*ahimsâ* (non-violence), Wou-ti proscrivit toute nourriture carnée de la table impériale et interdit l'immolation d'animaux lors des sacrifices aux ancêtres ; de même, il ne put se résoudre à ordonner aucune exécution capitale. Des moines bouddhistes devinrent ses conseillers et il puisa à pleines mains dans le trésor afin de leur permettre d'édifier temples et monastères. En 527, l'année même de l'arrivée de Bodhidharma, Wou-ti alla jusqu'à se faire ordonner moine – il avait alors soixante-quatre ans –, ce qui obligea l'État à le racheter au clergé. L'empereur avait fait entreprendre de grands travaux de traduction ; en 546, il confia au moine Paramârhta, venu d'Inde, la direction du bureau de traduction qu'il avait fondé, mais l'empereur mourut trois ans plus tard, à l'âge de quatre-vingt-six ans.

Il n'est donc nullement surprenant que, dès son arrivée, Bodhidharma se soit rendu à Nankin, où il fut probablement invité par l'empereur. Si le récit de leur entrevue a sans doute été remanié dans les *Biographies des moines éminents des T'ang (T'ang kao sêng tchouan)* de Tao Hsiuan (Daoxiuan, 597-667), historien sérieux qui n'écrivait qu'environ un siècle après l'événement, celui-ci n'avait aucun intérêt à inventer une telle anecdote ; il ne pouvait prévoir le développement ultérieur du *tch'an*, dont il n'était même pas un adepte.

> L'empereur Wou des Leang demanda à Dharma :
>
> « Depuis le début de mon règne, j'ai construit tant de temples, copié tant de textes sacrés, aidé tant de moines ; selon vous, quel est mon mérite ?
>
> – Aucun mérite !
>
> – Et pourquoi donc ?
>
> – Ce ne sont là que des actions inférieures qui per-

mettront à leur auteur de renaître dans les cieux ou sur cette terre. Elles portent encore la marque du monde et sont comme des ombres qui suivent les objets. Une action vraiment méritoire est remplie de pure sagesse, parfaite et mystérieuse, sa nature réelle est au-delà de la portée de l'intelligence humaine.

– Alors, quel est le premier principe de la Sainte Doctrine ?

– Rien ne peut être qualifié de saint dans le principe qui est par définition vaste et vide.

– Qui donc est celui que j'ai en face de moi ?

– Je l'ignore[3]. »

On conçoit que l'empereur ait été déconcerté. Voyant qu'il ne pouvait rien pour lui, ou tout simplement par prudence, Bodhidharma préféra s'éloigner. Il remonta vers le nord jusqu'à Lo-yang (Ho-nan), la capitale de la dynastie des Wei du nord. Bien que de race toungouse (turco-mongole), les souverains Wei étaient de fervents bouddhistes. À Lo-yang, furent construits d'innombrables temples ; en 518, on en dénombrait mille trois cents, tandis qu'à Long-men, près de la capitale, étaient creusés dans des falaises les splendides sanctuaires rupestres sculptés qu'on peut encore y admirer aujourd'hui. À l'époque, l'empire des Wei comptait trente mille monastères peuplés par deux millions de moines et de nonnes, ce qui entraîna naturellement une réaction. Au moment de la venue de Bodhidharma, l'empereur des Wei, T'ai Wou-ti, persécutait le bouddhisme.

Telle est peut-être la raison pour laquelle le moine indien se retira à quelque distance de la capitale, au temple de Chao-lin sur le mont Song[4]. Il y serait resté, dit-on, pendant neuf

---

3. Ce dialogue a été rapporté maintes fois, mais dans des textes, il est vrai, tardifs. Il constitue le premier *kôan* du *Recueil de la Falaise verte*.

4. Le séjour de Bodhidharma à Chao-lin est mentionné pour la première fois dans les *Annales de la transmission de la lumière de la lampe (Tch'ouan-tîng lou)* de 1004.

ans, méditant devant un mur[5]. Un jour, un moine nommé Seng-k'o vint lui demander son enseignement. Non seulement Bodhidharma ne lui répondit pas, mais il feignit de ne pas le voir. Enfin, Seng-k'o obtint une réponse, elle était plutôt décourageante : « On ne peut comprendre l'incomparable doctrine qu'après avoir suivi une longue et pénible discipline, endurant ce qu'il est le plus difficile d'endurer, pratiquant ce qu'il est le plus difficile de pratiquer. Les hommes de vertu et de sagesse médiocres ne peuvent y comprendre quoi que ce soit. Leurs efforts ne comptent pour rien. »

Désespéré, Seng-k'o se serait alors tranché le bras gauche et l'aurait présenté, ensanglanté, à son maître, qui consentit enfin à se retourner. Pour faire bonne mesure, ce récit héroïque ajoute que la neige tombait ce jour-là sur le disciple resté debout dehors, tandis que, lui tournant le dos, Bodhidharma méditait devant son mur. La scène est si pittoresque qu'il ne peut s'agir que d'un récit symbolique. Ce qu'avait à trancher Seng-k'o, c'étaient toutes les connaissances qu'il avait acquises, ses anciens modes de penser qui ne pouvaient qu'obstruer l'accès direct. Alors seulement, Bodhisattva put lui donner ses instructions :

> « L'enseignement de tous les Bouddhas ne doit pas être recherché à travers un autre.
> – Mon esprit n'est pas encore pacifié. Je vous en prie, Maître, purifiez-le.
> – Apporte-le-moi et je le purifierai.
> – Pendant des années, je l'ai cherché, mais je suis encore incapable de le saisir.
> – Eh bien, le voilà pacifié une fois pour toutes[6]. »

5. Ce que font encore aujourd'hui, mais pas toujours pendant neuf années consécutives, les pratiquants du zen Sôtô.

6. Cet épisode est relaté dans le *Récit de la transmission du Trésor de la Loi (Tchouan fa pao ji)* de 712, œuvre de Tou Fei (651-739).

Après quoi, Bodhidharma donna à Seng-k'o un nouveau nom. Il s'appelait : « celui qui est capable de devenir moine », il fut désormais : « le potentiellement sage », Houei-k'o.

D'après les textes, Houei-k'o serait resté six ans auprès de Bodhidharma, avec trois autres disciples dont les noms sont ensuite mentionnés. Leur formation achevée, Bodhidharma souhaita retourner dans son pays. Il fit venir ses élèves : « Le moment de mon départ est venu. Je désire me rendre compte de ce que sont vos réalisations. »

Tao-fou répondit : « Selon ma propre compréhension, nous ne devons pas nous fier aux mots. Si nous ne pouvons nous en dispenser, au moins nous faut-il les considérer comme des instruments pour la Voie. » Bodhidharma lui répondit : « Tu as touché ma peau. » La nonne Tsoung-tch'i dit alors : « Pour moi, la vérité ressemble à la vision merveilleuse du Paradis du Bouddha. On ne le voit qu'une fois, et ensuite plus jamais. » – « Tu as atteint ma chair. » Tao-yu donna à son tour son opinion : « Vides sont les quatre éléments[7] et les cinq *skandha**[8]. Rien ne peut être saisi comme réel. » – « Tu as obtenu mes os. » Quant à Houei-k'o, il s'inclina devant son maître et n'ouvrit pas la bouche. Bodhidharma remarqua : « Toi, tu as pris ma moelle. » C'est lui qui fut son successeur.

Que devint ensuite Bodhidharma ? Nul ne le sait. Les uns disent qu'il fut empoisonné à l'âge de cent cinquante ans et enterré dans une montagne au Ho-nan, d'autres soutiennent qu'il reprit le chemin de son pays natal par la voie de terre. Peu après sa mort, un bouddhiste laïc qui, mandaté par les Wei de l'Est, se rendait en Inde pour en rapporter des textes sacrés, affirma avoir rencontré Bodhidharma sur les hauts plateaux du Pamir. Il marchait tenant l'une de ses sandales à la main. À son retour, ce Song-yun alla trouver ses disciples

7. L'air, le feu, l'eau, la terre.

8. Les constituants de l'agrégat formant l'individualité provisoire qui naît et qui meurt.

et leur raconta ce qu'il avait vu. On ouvrit le tombeau, il était vide, mais s'y trouvait encore une sandale.

Cette fin mystérieuse est digne de la figure emblématique que fut Bodhidharma, ce qui ne veut pas dire qu'il n'ait pas existé, mais que la légende s'est emparée de sa personne, de sa vie et surtout de son apparence. Chinois et Japonais ont toujours représenté Pou-ti-ta-mo (en chinois), Daruma (en japonais) comme un personnage barbu, aux gros yeux globuleux et aux épais sourcils, aussi étrange, aussi inquiétant que la discipline qu'il avait introduite en Chine. Au Japon, ce croque-mitaine est finalement devenu un jouet pour enfant qui se redresse sur son centre de gravité dès qu'on le bascule. Sur ce thème, Hakuin, au XVIIIe siècle, a composé un poème qui accompagne le portrait qu'il a tracé de Bodhidharma :

« En Inde, c'est le grand maître Bodhidharma.
Au Japon, un jouet à bascule.
Là-bas, il écrase les six écoles hors de la Voie.
Ici, il console trente mille galopins[9]. »

Traité des deux accès

(An-sin Fa-mên)

En 1934, l'érudit historien du zen, D. T. Suzuki, identifia parmi les manuscrits de Touen-houang[10] conservés à Pékin, ce traité attribué à Bodhidharma, dont on ne possédait alors que des versions d'une authenticité douteuse. Peu après,

9. Le rayonnement de Bodhidharma se répandit au loin. Il figure jusque dans l'iconographie tibétaine, en tant que grand maître, prédécesseur de Padmasambhava (VIIIe siècle) qui convertit le Tibet au bouddhisme et y fonda le premier ordre monastique, celui de Nyingmapa (les Anciens).

10. Monastère bouddhiste dont les ruines découvertes au début de ce siècle en Asie centrale contenaient une très importante bibliothèque qui a permis de réécrire l'histoire du bouddhisme chinois, et en particulier celle, jusqu'alors mal connue, du *tch'an*.

Suzuki découvrait à Londres une autre recension du même texte, provenant également de Touen-houang. La rédaction du traité est attribuée au moine Tan-lin, qui aurait été un disciple de Bodhidharma et qui déclare lui-même en post-scriptum : « Ces quatre pratiques furent exposées par le maître de dhyâna [Bodhi]dharma lui-même. Le reste est dû au disciple Tan-lin, lequel, ayant enregistré les paroles et les actes du maître, en fit un recueil en un rouleau qu'il intitula *Traité de Bodhidharma (Ta-mo loun)*[11].

Introduction de Tan-lin

Le maître de *Dharma*, originaire des contrées occidentales, était le troisième fils d'un grand roi brahmane de l'Inde du Sud[12]. Son intelligence vive pénétrait toute chose. Ayant résolu d'approfondir sa compréhension du *Mahâyâna* et de le servir, il échangea ses vêtements blancs contre la robe noire des moines, car il souhaitait cultiver des semences de sainteté. L'esprit pacifié, contemplant la vacuité de toute chose, il examinait avec clairvoyance la véritable signification des affaires du monde, et de même les différentes doctrines. Sa vertu était exemplaire.

Comme il s'affligeait de la décadence de l'enseignement authentique du Bouddha dans les pays lointains, il décida de franchir monts et mers pour venir le prêcher dans [les régions de] la Han et la Wei[13]. Des adeptes vraiment spirituels, passant outre les préjugés, s'attachèrent à lui, mais des esprits superficiels, obstinés

---

11. Le *Traité de Bodhidharma* a été traduit et commenté par B. Faure, Paris, 1986. Il en existe d'autres versions dans D. T. Suzuki, *Essais sur le bouddhisme zen*, première série, nouv. édit., Paris, 1972 et dans M. Shibata, *Les maîtres du Tch'an (zen) en Chine*, Paris, 1985. La nôtre qui utilise les précédentes est inédite. Le *Traité de Bodhidharma* passe pour avoir été traduit très tôt en tibétain, on en trouve mention dans deux textes du « Dzogchen » (de l'école Nyingmapa, qui tient Bodhidharma pour l'un de ses maîtres et eut connaissance du *tch'an* par des moines chinois). Les sous-titres sont de D. T. Suzuki, ils ne figurent pas dans l'original.

12. Selon le *Recueil de la salle des patriarches (Tcheou-tang chou)* de 952, son père était le roi de « Conjibalam », c'est-à-dire de Kanchipuram, importante ville sainte du sud-est de l'Inde.

13. Le Chen-si, région de la Han, le Ho-pei et le Ho-nan, région de la Wei.

dans l'erreur, répandirent des calomnies à son encontre. Seuls, deux jeunes *shramana* [ascète] aux motivations profondes, Tao-yu[14] et Houei-k'o, considérant sa rencontre comme la chance de leur vie, le servirent pendant six années, lui demandèrent respectueusement de les initier et assimilèrent exactement sa pensée.

Ému par leur extrême sincérité, il leur transmit la Voie véritable en ces termes : « Voici comment obtenir la pacification de l'esprit, exercer la pratique, vivre en harmonie avec l'ordre des choses, et exposer habilement la doctrine. Telle est la méthode mahâyâniste pour apaiser l'esprit et éviter toute erreur. »

La « pacification de l'esprit » désigne la méditation devant un mur *(pi-kouan)*[15], « exercer la pratique » fait allusion aux quatre pratiques, « vivre en harmonie avec l'ordre des choses », c'est se garder de la médisance et de la haine, « exposer habilement la Doctrine », c'est utiliser des moyens relatifs *(upayâ)* auxquels il ne faut pas s'attacher. Telles sont les grandes lignes des développements qui suivent.

Les deux accès

Il existe de multiples façons d'entrer dans la Voie, mais elles peuvent se ramener à deux méthodes principales : l'accès par le principe et l'accès par la pratique. Par « l'accès par le principe », nous entendons la compréhension du principe du bouddhisme grâce aux Écritures, qui est de prendre conscience et de croire fermement à l'immanence de tous les êtres dont la nature est profonde, unique et véritable, mais que le voile illusoire des souillures dissimule à notre perception. Si l'on réfute l'erreur pour faire retour à la vérité, en se concentrant en toute sincérité dans la méditation *pi-kouan*, toute distinction entre le moi et autrui, entre le profane et le saint disparaît. En se tenant fermement à cette vue sans plus s'en écarter, on s'affranchit de toute pensée discursive et on reste en

14. Ce Tao-yu ne nous est pas autrement connu.
15. C'est le *zazen*, tel qu'il est pratiqué dans l'école Sôtô.

communication silencieuse avec le principe. Comme il n'existe plus de discrimination, on demeure en toute sérénité dans le « non-agir » *(wou wei)*. Tel est l'accès par le principe.

Les quatre pratiques

« L'accès par la pratique » désigne les quatre pratiques qui résument toutes les autres. Quelles sont-elles ? Comment répondre à la haine ; se trouver en conformité avec le *karma* ; ne poursuivre aucun attachement ; demeurer en harmonie avec le *Dharma*.

1. Que signifie « répondre à la haine » ? Celui qui pratique la Voie doit dans l'adversité se faire la réflexion suivante : « Durant d'innombrables *kalpa**, j'ai délaissé l'essentiel pour l'accessoire. Au cours d'existences multiples, j'ai causé d'infinis dommages et accumulé haine et ressentiment. Même si je n'ai commis aucune mauvaise action en cette vie même, le malheur qui s'acharne sur moi n'est que la juste rétribution de méfaits anciens dont je récolte maintenant les fruits. Il ne s'agit donc pas d'un châtiment qui me serait infligé par le Ciel ou les puissances surnaturelles. Si j'accepte avec patience cette situation, les causes en disparaîtront d'elles-mêmes. Dans un *sûtra*, il est dit : « Ne t'afflige pas dans l'adversité. Pourquoi ? Parce que tu n'en comprends pas l'origine. » Lorsque cette pensée s'élèvera en vous, vous serez en accord avec le principe et votre compréhension du ressentiment vous aidera à progresser sur la Voie. Voilà ce qui s'appelle « répondre à la haine ».

2. « Se trouver en conformité avec le *karma* » signifie se rendre compte que les êtres n'ont pas de moi *(âtman)* et sont mus par le jeu complexe des conditions karmiques. Accueillez donc avec équanimité peines et plaisirs, car ils résultent de vos actes antérieurs. S'il m'arrive d'être rétribué par les honneurs et la renommée, ceux-ci ont leur fondement dans le passé par le processus des causes interdépendantes, mais leur effet se manifeste maintenant. Une fois cette impulsion karmique épuisée, son résultat disparaîtra. Pourquoi donc

s'en réjouir ? Gain ou perte dépendent du *karma*. L'esprit lui-même ne connaît ni accroissement ni diminution, le souffle de la joie ne l'émeut pas, aussi demeure-t-il en accord avec la Voie. C'est pourquoi je vous exhorte à vous trouver « en conformité avec le *karma* ».

3. « Ne poursuivre aucun attachement » consiste à ne rien tenir pour désirable. Les hommes qui sont dans l'égarement ne cessent de convoiter telle ou telle chose. Voilà ce qu'on appelle « poursuivre ». Le sage saisit la vérité authentique et comprend qu'en son principe elle s'oppose à la vérité conventionnelle[16]. Son esprit, grâce au non-agir, réside sereinement dans l'incréé et il laisse son corps évoluer conformément au jeu des causes interdépendantes. Convaincu de la vacuité de tout ce qui existe, plus rien pour lui n'est désirable. Renommée et obscurité se succèdent. Le Triple Monde[17] au sein duquel nous vivons depuis si longtemps est comme une maison en feu[18]. Tout ce qui possède un corps souffre ; qui donc pourrait trouver le repos ? En comprenant cela, le sage cesse de se préoccuper du devenir et de s'attacher à l'existence. Dans un *sûtra*, il est dit : « Partout où il y a désir, il y a souffrance. L'absence de désir est félicité. » Voilà pourquoi j'enseigne à ne rien poursuivre.

4. « Demeurer en parfaite harmonie avec le *Dharma** suppose que l'on comprend que le *Dharma* est pur par essence et que, selon ce principe, tous les caractères spécifiques, étant vides de substance, ne présentent ni souillure ni attachement, ni moi ni autre. Il est dit dans un *sûtra* : « Dans le *Dharma*, il n'existe point d'existences, car il est indemne de la souillure de l'existence, point de subjectivité, car il est indemne de la souillure du moi[19]. » Les sages, quand ils saisissent

---

16. La double vérité est soulignée par Nâgârjuna pour qui l'existence empirique relève de la vérité conventionnelle ou « vérité provisoire », à la fois opposée et ordonnée à la « vérité ultime », puisqu'elle représente la seule voie d'accès possible à cette dernière.

17. Le Triple Monde (*triloka**) n'est autre que le *samsâra**.

18. Allusion à un passage célèbre du *Sûtra du Lotus*.

19. Citation du *Vimalakîrti-nirdesha (l'Enseignement de Vimalakîrti)* : « Le *Dharma* est sans essence, car il exclut les souillures de l'être. Il est sans substance,

cette vérité et s'y tiennent, leur conduite est « en harmonie avec le *Dharma* ».

Comme le *Dharma*, qui ne saurait avoir aucun désir de possession, est par lui-même prodigue, les sages n'épargnent ni leur corps ni leur vie ni leurs biens ; ils ne se lassent jamais d'être généreux en acte comme en esprit. Ayant une parfaite compréhension de la triple vacuité[20], ils sont indépendants et sans attachement. Ayant éliminé d'eux-mêmes toute impureté, ils sont à même de purifier les êtres, telle est leur volonté. Et ils ne sont plus dupes des apparences. Ceci est l'aspect intime de leur vie. Leur profit est profit pour autrui et ils savent leur montrer la Voie de l'Éveil[21]. Pratiquant le don *(Dâna)*, ils pratiquent du même coup les cinq autres Perfections *(Pâramitâ)*[22]. S'ils pratiquent les six Perfections, c'est afin de se dégager des notions fausses, mais ils les pratiquent inconsciemment. C'est lorsqu'il n'y a plus rien à pratiquer qu'on se trouve « en parfaite harmonie avec le *Dharma* ».

*

* *

HOUEI-K'O
Le deuxième patriarche
(487-593)

Lorsqu'il vint trouver Bodhidharma, celui qui s'appelait alors Seng-k'o avait environ quarante ans. Né dans la province de Ho-nan, celle où se trouvait Chao-lin, Sang-k'o était un lettré fort érudit qui s'était acquis une certaine réputation

---

car il exclut les souillures du désir. Il est sans principe vital, car il exclut naissance et mort. Il est sans individualité, car il exclut le terme initial et final. »

20. Elle correspond au Triple Monde.

21. C'est évidemment du Bodhisattva dont il est question.

22. Les six *Pâramitâ**, vertus transcendantes que réalise le Bodhisattva sont le don, la moralité *(Shîla)*, la patience *(Kshânti)*, l'énergie *(Vîrya)*, la méditation *(Dhyâna)* et la sagesse transcendante *(Prajñâ)*.

par sa connaissance profonde des trois philosophies, le confucianisme, le taoïsme et le bouddhisme. Quand il entendit parler du mystérieux moine indien qui méditait devant un mur depuis des années, il fut immédiatement attiré par lui ; sans doute comprit-il intuitivement qu'il était le maître qu'il n'avait pas encore rencontré. On a vu quelle épreuve l'attendait au Chao-lin.

Après avoir passé six ans en compagnie d'au moins trois autres disciples ci-dessus mentionnés, auxquels il faut peut-être ajouter Tan-lin, le compilateur du *Traité des deux accès*, et devenu désormais Houei-k'o, il demeura dans ce monastère après le départ (ou la mort) de son maître et, semble-t-il, refusa l'enseignement à ceux qui le lui demandaient, se considérant comme n'étant pas encore prêt. Il souhaitait continuer à pratiquer, tout en approfondissant le *Lankâvatâra sûtra* que lui avait confié son maître. Un jour, il disparut, en 534, dit-on. Or, 534 est la date de la chute de la dynastie des Wei qui se scinda en deux branches, les Wei de l'Ouest à Tch'an-ngan au Chen-si et les Wei de l'Est à Yeh-tu (actuel Kaifeng) au Ho-nan. Lo-yang avait cessé d'être la capitale. Ces deux nouvelles dynasties durèrent peu de temps, la première disparut en 557, la seconde en 550.

Houei-k'o quitta donc la région de Lo-yang au cours d'une période de troubles politiques. Il aurait alors pérégriné au Ho-nan, vivant du travail de la terre parmi les paysans. À ceux qui, le rencontrant, s'étonnaient qu'un maître éveillé menât une vie servile, il répondait sèchement que ce mode de vie lui convenait et qu'il était le seul à pouvoir en juger.

Mais enfin, il lui fallut bien répandre l'enseignement à Yeh-tu, la capitale des Wei de l'Est. Bien qu'il y ait vécu fort modestement, le maître officiel de *dhyâna* Tao-houan (Dao-huan) qui avait à Yeh-tu un grand nombre de disciples s'offusqua de l'enseignement impie qu'il répandait et qui attirait certains de ses élèves. La légende veut qu'il ait tenté de faire empoisonner Houei-k'o. En 574, puis en 577 furent déclenchées à Tch'an-ngan deux brèves persécutions, sous le règne de l'empereur Wou des Tcheou, ces derniers ayant remplacé les Wei de l'Ouest. Elles étaient motivées, comme elles le furent toutes, par les plaintes des traditionalistes contre l'« idolâtrie » étrangère. Houei-k'o se réfugia au sud dans les régions montagneuses du Yang-tse. L'empereur Wou étant mort, il revint enseigner à Tch'an-ngan. C'est alors probablement que vint le trouver Seng-ts'an qu'il ordonna moine et qui devait par la suite lui succéder. Mais le style de l'enseignement du deuxième patriarche ne pouvait que lui attirer l'hostilité et même la haine des gens en place. L'un d'eux aurait dénoncé l'hérétique. Houei-k'o, arrêté, refusa de se défendre, déclarant que son *karma* l'obligeait à s'acquitter d'une très vieille dette. Il fut exécuté en 593, il aurait eu alors cent six ans[23].

L'école du *Lankâvatâra* eut donc des débuts très difficiles et dut vivre d'abord dans une semi-clandestinité. Elle remettait radicalement en cause le bouddhisme institutionnel, et les difficultés de sa pratique et de son enseignement rebutaient les Chinois.

De Houei-k'o, nous ne possédons aucune œuvre, hormis une lettre qui dans le *Traité de Bodhidharma* suit le *Traité des deux accès*. Elle aurait été écrite par le deuxième patriarche en réponse aux questions posées par un laïc nommé Siang. On y trouve les stances suivantes :

Stances sur les moyens d'accès à la voie

Grâce à la méditation *(dhyâna)* assise, vous finirez à coup sûr par percevoir votre nature originelle.
[Cependant] même si vous concentrez et purifiez votre esprit,

23. Chou Hsiang-kuang, *Dhyâna Buddhism in China*, Allahabad, 1960.

La pensée surgie, ne fût-ce qu'un instant, vous entraînera [de nouveau] dans la transmigration.
La mémoire ne peut évoquer qu'une vie dépravée
Même si vous recherchez le *Dharma* et réfléchissez, vous ne pouvez échapper au *karma*.
De plus en plus souillé par la transmigration, l'esprit a beaucoup de peine à atteindre l'Ultime.
Le Sage, en entendant les huit mots[24], s'éveilla soudain au Principe,
Il réalisa pour la première fois combien avaient été vaines ses six années de pratique ascétique[25].
Le monde entier est rempli de créatures démoniaques
Qui crient vainement, se lançant dans des discussions absurdes.
Elles épiloguent sur les remèdes, mais sont incapables de guérir une seule maladie.
[En fait] tout est calme, foncièrement dépourvu de caractères spécifiques,
[Dans ces conditions] comment bien et mal, vrai ou faux pourraient-ils exister?
La naissance elle-même est non-naissance, l'extinction elle-même est non-extinction,
Le mouvement est non-mouvement, la concentration non-concentration.

Lankâvatâra Sûtra

Le *sûtra* de la descente à Sri Lanka

Après avoir longuement choisi parmi les *sûtra* celui qui pourrait servir de référence aux adeptes du *dhyâna*, Bodhi-

24. Allusion à un passage du *Mahâparinirvâna Sûtra*, dans lequel il est rapporté qu'au cours d'une vie précédente, le Bouddha, ayant entendu réciter la moitié d'une stance par le dieu Indra, qui lui était apparu sous la forme d'un démon, en fut tellement séduit qu'il se dit prêt à sacrifier sa vie pour en entendre l'autre moitié. Cette stance était : « Tous les phénomènes sont impermanents, ce ne sont que des *dharma** qui naissent et s'éteignent. / Lorsqu'ont disparu naissance et extinction, règne la joyeuse quiétude. »

25. Ces pratiques l'avaient mené aux portes de la mort. Il se ressaisit, au dernier moment, les interrompit et recommença à s'alimenter, au grand scandale de ses cinq compagnons qui le quittèrent.

dharma avait remis à Houei-k'o celui-ci, en lui disant : « Ayant considéré la mentalité des pratiquants de la Voie en Chine, je pense qu'il n'y a que ce *sûtra* qui leur soit adapté. » C'est donc ce texte qu'étudia Houei-k'o auprès de lui pendant six années. Par la suite, lorsque, parmi ses disciples, l'un d'eux avait de la peine à saisir sa pensée sur l'Éveil, Bodhidharma lui donnait une copie de ce *sûtra* et lui disait : « Qu'il soit votre point de départ pour l'avenir[26]. » Cette transmission avait une telle importance que la nouvelle école fut longtemps connue sous le nom d'école du *Lankâvatâra.*

Ce *sûtra* mahâyâniste, certainement tardif et nettement influencé par l'école Yogâchâra (IVe siècle) d'Asanga et de Vasubandhu, servit en somme de pont entre la tradition indienne du *dhyâna* apportée par Bodhidharma et le futur *tch'an* chinois. En quoi ce texte pouvait-il éclairer les pratiquants sur leur propre expérience de l'Éveil ? C'est ce que nous avons à examiner.

Le *Lankâvatâra Sûtra* évoque la venue à Sri Lanka du Bouddha qui aurait été invité à y prêcher le *Dharma** par Râvana, seigneur de Yaksha, mais, pour l'essentiel, il rapporte un dialogue entre Shâkyamuni et le Bodhisattva Mahâmati qui l'interroge sur la nature de son Éveil, l'état de sa « réalisation intérieure » *(matyâtma-gatigocharam)*. La réponse du Bouddha forme l'enseignement de ce *sûtra* dont le sous-titre est « la somme ultime de toutes les paroles du Bouddha ». Il est à noter qu'au moins dans sa version primitive, ce texte est dépourvu de toutes les manifestations miraculeuses, *mantra* et autres formules magiques qui encombrent souvent ce genre de textes. Si elles devaient séduire les Indiens, elles ne pouvaient que rebuter les lettrés chinois qui en revanche étaient à même d'apprécier les déve-

---

26. Selon le *Récit sur la transmission du Trésor de la Loi (Tch'uan fa pao ji)* de 712.

loppements philosophiques particulièrement raffinés de ce *sûtra*.

La description de sa « réalisation intérieure » par le Bouddha lui-même est d'une extrême subtilité, compréhensible seulement, est-il précisé, par des Bodhisattvas. Il ne saurait donc être question de l'exposer ici, sinon sous une forme très simplifiée, nécessaire d'ailleurs à l'intelligence du *tch'an*. Le point de départ est le dépassement des concepts d'être et de non-être, la compréhension du fait que toute chose, tout être est fondamentalement vide *(shûnya)* et n'a de ce fait aucun caractère immuable. Toute individualité distincte est purement illusoire, puisque tout être n'existe que dans son rapport avec tous les autres, qu'il y a entre eux dépendance mutuelle. De même, ce n'est que par une fausse discrimination qu'on sépare *samsâra** et *nirvâna**, l'un et l'autre n'étant plus, somme toute, qu'une question de point de vue.

C'est donc seulement, quand, dans la méditation, on a atteint la vacuité *(shûnyata)* et que l'on en a compris le caractère universel que l'on peut du même coup réaliser la « vérité ultime et définitive » *(paramârtha-sathya)*[27], qui est le seul point fixe, l'absolu, dont la découverte est *Bodhi*, l'Éveil. En un mot, comme le remarque D. T. Suzuki, « toute la philosophie du zen, telle que l'expose ce *sûtra*, devient transparente et avec elle la tendance générale de la pensée mahâyâniste… Aucune interprétation [de l'Éveil] n'est possible par voie de concept, et la réalisation doit sortir des profondeurs de la conscience de chacun, indépendamment de l'enseignement des Écritures ou de l'aide de quelqu'un d'autre[28]. »

Pour l'étudiant du zen, ne peut être indifférente l'explicitation, en quelque manière psychologique, du processus de

27. Par opposition à la vérité relative et conventionnelle, *samvriti-satya*.
28. D. T. Suzuki, *Essais sur le bouddhisme zen*, I, p. 110-111.

l'Éveil qui fait intervenir la conscience « du tréfonds » *(âlayavijñâna)*, littéralement « conscience héréditaire[29] », base du « Tout-Esprit » de l'école Yogâchâra. Cette huitième conscience ultime est le support de toutes les autres qui émanent d'elle, les cinq consciences correspondant aux cinq sens, plus la sixième *(manovijñâna)* générée par ce que les bouddhistes considèrent comme un sixième sens, *manas* (le mental, la capacité de réflexion, le fonctionnement intellectuel) considérée ici comme une septième conscience, qui synthétise les données fournies par les six autres.

> « La conscience mentale avec les cinq consciences [sensorielles] forge un monde visible et constitue la scène du théâtre... La conscience danse comme une ballerine, la pensée (*manas*) agit comme un jongleur[30]. »

Si le Bouddha n'avait jusqu'alors que peu parlé de la conscience du tréfonds, il en explique ainsi la raison : « La conscience appropriatrice, profonde et subtile, tel un courant impétueux, emporte avec elle tous les germes[31]. Craignant qu'ils n'imaginent qu'elle est un soi *(âtman)*, je ne l'ai pas révélée aux sots[32]. »

Mais Mahâmati, le Bodhisattva « Grand Être » demande au Bouddha : « Octroie-leur [aux moines rassemblés pour l'entendre] l'enseignement concernant le *Dharmakâya* (le Corps essentiel des Bouddhas) que célèbrent les *Tathâgata* (les Bouddhas accomplis), ce domaine de la conscience de tréfonds semblable à l'Océan et à ses vagues. »

Le bienheureux répond :

---

29. Donc collective, ce qui la rapproche de l'« inconscient collectif » de C. G. Jung, puisque cette « conscience » est normalement inconsciente. Voir *Zen et Occident*, p. 210-215.

30. Stances 1, 3, 4.

31. La conscience de tréfonds contient en effet tous les germes *(bija)*, provenant des existences antérieures ainsi que de la présente.

32. *Samdhinirmocana Sûtra*, v. 7.

« Quatre éléments sont à l'origine du fonctionnement des [six] consciences sensorielles : la méconnaissance de la nature du monde visible, en ne le considérant pas comme issu de notre propre conscience, l'attachement à l'agitation provoquée par le déploiement du mental et des imprégnations de la forme, imprégnations accumulées depuis des temps infinis[33], la conviction que la nature propre appartient originellement à la conscience [mentale], la curiosité ardente à l'égard de l'infinie diversité des êtres. »

« Ces quatre éléments, Mahâmati, font apparaître à la surface la conscience de tréfonds – comparable au courant d'un torrent –, ses remous sont les consciences sensorielles. Tel l'océan agité par le vent, cette conscience surgit instantanément ou progressivement dans chaque organe sensoriel, chaque atome et jusque dans les pores de la peau ; la sphère des sens apparaissant comme un miroir qui reflète les choses. De même, Mahâmati, les incessants remous de l'océan de la conscience sont dus au vent de la sphère sensorielle ; cause, action et caractères ne peuvent être dissociés les uns des autres... Et parce que l'on ne comprend pas la nature propre de la forme et des autres contingences, l'ensemble des cinq consciences fonctionne ; et avec elles la conscience mentale *(manovijnâna)* qui délimite clairement cette sphère. Le corps qui en procède effectue [à son tour] ses opérations. Mais conscience mentale et consciences sensorielles ignorent qu'elles se conditionnent mutuellement et qu'elles opèrent en raison de leur attachement à la différenciation du visible – lequel n'est en réalité que conscience ; ainsi les consciences se déploient, intimement unies, en limitant leur sphère sensorielle de conscience informatrice. Quand les consciences opèrent de cette manière [inconsciente] les yogin[34] eux-mêmes qui s'adonnent au ravissement[35] ne

33. Les *samskâra**.
34. Yogin est pris ici au sens large : « celui qui recherche l'union ».
35. Le *samâdhi*, voir note 39.

sont pas au courant du fonctionnement des imprégnations subtiles et pensent qu'en mettant fin aux consciences sensorielles ils s'absorberont dans le ravissement. Mais ils s'y plongent sans avoir mis fin à ces consciences, les germes d'imprégnation n'étant pas détruits[36]. Si ces yogin sont détachés, ce n'est que de la sphère objective.

« Ainsi en est-il, Mahâmati, du mode d'activité subtile de la conscience de tréfonds accessible aux seuls *Tathâgata* et aux Bouddhas bien affermis dans les terres ; elle ne peut être facilement comprise, en particulier par les yogin adonnés au yoga des auditeurs[37], des bouddhas-pour-soi[38] et des philosophes, car ni les efficiences mêmes du *samâdhi**[39] ni celles de la Sapience[40] ne peuvent la définir. Ceux-là seuls dont la Sapience discerne les signes distinctifs des terres et sont habiles en connaissance accumulent les racines de bien dans le champ infini des Victorieux[41] et délaissent le déploiement mental différencié du monde visible qui n'est en réalité que leur propre conscience... Eux seuls peuvent percevoir le flot du monde visible de la différenciation sous forme de conscience et recevoir l'onction des Victorieux demeurant dans le champ infini du Bouddha, et obtenir souveraineté, efficience, connaissance surnaturelle et *samâdhi*.

« Ô Mahâmati, entourés de Victorieux et d'amis bénéfiques, ils peuvent savoir comment consciences [sensorielles] et conscience mentale différencient le domaine de la nature propre d'un monde visible – Conscience par nature – et traverser l'océan des

36. Ce n'est donc pas une véritable extinction *(nirvâna)*.

37. *Shrâvaka*, ceux qui n'aspirent qu'à l'Éveil personnel par l'audition de la doctrine.

38. *Pratyeka-bouddha**.

39. Concentration de l'esprit apaisé.

40. Sapience traduit le sanskrit *Prajñâ*, la Sagesse intuitive, la parfaite clairvoyance de l'Éveillé.

41. *Jina*, les Bouddhas accomplis en tant que vainqueurs du monde.

renaissances qu'engendrent l'acte [*karma*], la soif [la convoitise] et l'ignorance[42]. »

Du discours du Bouddha, il résulte que la conscience de tréfonds *(âlaya-vijnâna)* n'est autre que le *Dharmakâya* lui-même, c'est-à-dire le corps essentiel du Bouddha, la « nature de Bouddha », réalité finale de tous les êtres :

> « La conscience originellement lumineuse, matrice du *Tathâgata*, affranchie du fini et de l'infini », car elle est vide, elle est par elle-même vacuité *(shûnyata)*. Étant ce germe de Bouddha *(tathâgatagarbha)*, réalité ultime des êtres, qui les rend aptes à l'Éveil *(Bodhi)*, son « domaine est immaculé par nature et échappe aux raisonnements et aux visions des auditeurs *(shrâvaka)*, des bouddhas-pour-soi *(pratyekabouddha)* et philosophes, mais il leur semble impur et pollué par des impuretés adventices. Il n'en va pas de même pour les *Tathâgata* qui saisissent en toute évidence ce domaine comme le fruit *amalaka* posé sur la paume de la main[43]... »

Autrement dit, cette conscience de tréfonds qui, de l'extérieur, par le raisonnement *(manas)*, semble impure et encombrée de multiples réminiscences et obstacles provenant de vies antérieures, se révèle finalement par la méditation suprême, celle des *Tathâgata*, comme parfaitement pure et parfaitement vide. La conclusion du Bouddha est que seul, ce mode de méditation est capable de pénétrer la conscience du tréfonds en sa véritable nature et de faire parvenir à la délivrance définitive, à la parfaite liberté.

> « C'est comme lorsqu'on voit sa propre image en un miroir ou dans l'eau, c'est comme lorsqu'on voit sa

42. *Le Bouddhisme*, textes traduits et présentés sous la direction de Lilian Silburn, Paris, Fayard, 1977, p. 234-236.
43. *Id.*, p. 233.

propre ombre au clair de lune ou à la clarté d'une lampe, c'est comme lorsqu'on entend sa propre voix renvoyée par l'écho dans la vallée ; lorsqu'un homme se cramponne à ses fausses présomptions, il fait une discrimination erronée entre la vérité et la fausseté ; en raison de cette fausse discrimination, il ne peut aller au-delà du dualisme des opposés ; en fait, il affectionne la fausseté et ne peut atteindre la tranquillité. Par tranquillité, on entend unité de but, et par unité de but, on entend l'entrée dans le hautement excellent *samâdhi**, par quoi est produit l'état de noble compréhension de la réalisation de soi-même, qui est le réceptacle de "l'état de *Tathâgata*" *(tathâgatagarbha).* »

Le *Lankâvatâra Sûtra* constitue donc l'exposition de l'Éveil, ainsi que la méthode pour y parvenir. C'est pourquoi le Bouddha souligne qu'il s'agit ici de la « vérité absolue dont la révélation fera trembler l'être au cœur peu résolu » et que ceux qui l'auront compris doivent « se garder d'effrayer les ignorants par un tel enseignement ». Mais eux-mêmes doivent bien saisir que sa formulation n'est que relative et qu'il ne faut pas en faire une doctrine : « Si, contre la thèse de la production par un enchaînement de causes et de conditions [la Production conditionnée et interdépendante *(Pratîtya-samutpâda*)*, l'enseignement primitif qui, à ce stade, doit être dépassé], le *Mahâyâna* soutient la non-production, il n'en fait pas une thèse. Cette affirmation ne vaut que dans les limites de l'existence. De même, quand ils affirment l'universelle vacuité ou l'absence de nature propre, les Bodhisattvas doivent se garder d'en faire une thèse. » Par contre, ils peuvent enseigner « que les choses sont comme un sortilège magique, un rêve, puisqu'elles sont en quelque sorte perçues et non perçues, selon qu'on les appréhende dans la confusion ou dans le discernement[44] ». En somme, il ne s'agit que d'in-

44. *Lankâvatâra Sûtra*, p. 166-167.

dications provisoires destinées à guider le pratiquant, mais auxquelles il ne doit pas s'attacher[45].

> « Ô Mahâmati, c'est parce que les *sûtra* sont prêchés à toutes les créatures selon les modes respectifs de pensée de ces créatures, et n'atteignent pas le but de leurs sens véritable ; les mots ne peuvent recréer la vérité telle qu'elle est. C'est comme un mirage : abusés par lui, les animaux font un jugement erroné sur la présence de l'eau, là où en fait il n'y en a point ; mais bien plus, toutes les doctrines exposées dans les *sûtra* sont destinées à satisfaire l'imagination des masses, elles ne révèlent pas la vérité qui est l'objet de la noble compréhension. Par conséquent, ô Mahâmati, conformez-vous au sens profond et ne vous laissez pas captiver par les mots et les doctrines[46]. »

De cet exposé magistral, découlent directement les « quatre principes du *tch'an* » attribuées au fondateur Bodhidharma, même si leur formulation classique est postérieure :

1. Une transmission spéciale par-delà les Écritures,
2. Ne dépendre ni des mots ni des concepts,
3. Pointer directement au cœur de l'homme,
4. Contempler sa nature propre et ainsi, réaliser l'état de Bouddha.

Les maîtres du *tch'an* n'enseigneront rien d'autre. La méthode non didactique, l'approche apophatique (négative, contradictoire), ils ne les ont pas découvertes, ils ont su seulement les mettre en pratique. Il n'y a donc pas eu contrairement à ce que l'on a avancé, discontinuité et déformation,

---

45. Ce qu'illustre la métaphore employée ailleurs par le Bouddha du radeau (la Doctrine), grâce auquel on a pu traverser le courant *(samsâra)* et atteindre l'autre rive (celle du *nirvâna*), mais qu'il ne faut pas ensuite s'entêter à porter sur son dos.
46. Ce passage ne figure pas dans toutes les traductions chinoises du *sûtra*.

mais seulement adaptation de la tradition indienne au milieu chinois. Les historiens du zen se sont laissés hypnotiser par une attitude mainte fois affirmée : la transmission spéciale « en dehors » des écritures. L'utilisation constante et même insistante par les maîtres du *tch'an* (y compris par le soi-disant « illettré » sixième patriarche) de citations tirées des *sûtra*, et cela dès l'origine de l'école chinoise, semble en contradiction radicale avec ce précepte, mais seulement si on le prend au pied de la lettre. En fait, ce n'est pas « en dehors » des écritures qu'il faut l'entendre, mais « par-delà », ce qu'affirme le Bouddha lui-même, en son « enseignement silencieux », et, comme nous venons de le voir, au sein même de l'écriture. Comment pourrait-il en aller autrement puisqu'il s'agit de l'enseignement relatif de la vérité absolue ?

Cette critique de l'enseignement par lui-même, cette relativisation, cette mise à distance sont tout aussi marquées dans les principaux autres textes sacrés, nommément utilisés par l'école *tch'an* : le *Vajracchedikâ Sûtra* (le Diamant coupeur)[47] et le *Mahâyânashraddhotpâda Shâstra* (L'Éveil de la Foi dans le *Mahâyâna*), compendium des grandes idées de la doctrine mahâyâniste, attribué à Ashvagosha (Ier-IIe siècles), qui se propose, entre autres, comme une initiation à la pratique du *Dhyâna*. On a, semble-t-il, beaucoup trop insisté sur une discontinuité apparente, alors qu'il y a eu tradition ininterrompue et cohérente entre le *dhyâna* indien et le *tch'an*, entre les enseignements fondamentaux du *Mahâyâna* tardif et ceux des maîtres chinois.

*

* *

47. Voir p. 63.

SENG-TS'AN
Le troisième patriarche
(mort vers 606)

Traditionnellement, le *Sin Sin ming* (Inscription sur la Foi en l'Esprit), texte essentiel du *tch'an*, consacré au non-dualisme fondamental, est attribué à Seng-ts'an, le troisième patriarche chinois et le trentième depuis le Bouddha. Certains érudits actuels contestent cette attribution, car les premières sources historiques écrites ne mentionnent aucune œuvre laissée par Seng-ts'an. Ils estiment que le *Sin Sin ming* ne fut composé que plus tardivement, à l'âge classique du *tch'an*[48]. Ce serait donc un ouvrage anonyme. Or, ce texte ne peut avoir été écrit que par un très grand maître, dont il est surprenant que l'on n'ait pas conservé le nom, ce qui est contraire aux usages comme à l'esprit du *tch'an*. De toute manière, il s'agit d'un texte fondateur et qui n'a cessé d'être considéré comme tel à travers les siècles.

Il est vrai que du troisième patriarche, nous savons fort peu de choses, ce qui s'explique par le fait que ce que l'on appelait l'école du *Lankâvatâra Sûtra* était encore fort obscur et avait intérêt à le demeurer dans un contexte politique troublé et qui le fut jusqu'à l'avènement en 589 de la dynastie réunificatrice des Souei. La première mention biographique de Seng-ts'an figure dans les *Annales de la transmission du Trésor de la Loi*, de 712 ; elle ne fut complétée et embellie que dans les *Annales de la transmission de la lumière de la lampe*, de 1004, qui contient une copie du *Sin Sin ming*.

48. Le célèbre sinologue Paul Demiéville, qui tient le *Sin Sin ming* pour « une pièce d'une haute tenue littéraire », adopte une attitude plus nuancée. Il suppose que, comme beaucoup des premiers textes du *tch'an*, ce poème fut seulement retouché au VIIIe siècle.

Seng-ts'an serait venu trouver le deuxième patriarche, alors qu'il était atteint de la lèpre. Il lui dit : « Mon corps souffre d'une maladie mortelle. Maître, veuillez me purifier de mes fautes. » Houei-k'o répondit : « Apporte-les-moi, je t'en purifierai. » Seng-ts'an garda un moment le silence, puis répondit : « J'ai eu beau les chercher, je ne les ai pas trouvées. – C'est que je t'en ai déjà débarrassé. » Une version antérieure raconte que Houei-k'o aurait accueilli Seng-ts'an par ces mots : « Tu souffres de la lèpre, qu'attends-tu de moi ? » Celui-ci répliqua : « Même si mon corps est malade, mon esprit n'est pas différent de votre propre esprit. » Le deuxième patriarche comprit qu'il avait rencontré un éveillé, il l'accepta pour disciple et devait en faire par la suite son successeur.

Les textes racontent que lors des persécutions contre les bouddhistes ordonnées par l'empereur Wou de la dynastie des Tcheou du Nord en 574 et en 577, Seng-ts'an dut simuler la folie et rester caché pendant dix ans sur le mont Wan-kong. Sa seule présence aurait suffi à empêcher les tigres qui y vivaient de continuer à terroriser les populations des villages voisins. Peu après l'an 600, Seng-ts'an décida de se rendre au mont Lo-feou dans la province de Canton. Il mourut vraisemblablement vers 606, non sans avoir transmis la succession à son très jeune, mais très brillant élève Tao-sin. Celui-ci voulait l'accompagner, mais le maître lui demanda de rester à sa place.

Inscription sur la Foi en l'Esprit

(Sin Sin ming)

La Voie parfaite n'est en rien difficile
Pour peu qu'on évite de choisir.
Quand il n'y a plus ni amour ni haine
Elle se révèle dans toute sa clarté.

Mais qu'on en dévie, ne fût-ce que de l'épaisseur d'un cheveu
Un gouffre profond sépare immédiatement le ciel de la terre.
Si vous désirez qu'elle se manifeste,
Ne soyez ni pour ni contre.

Le conflit entre le pour et le contre
Voilà la maladie de l'esprit.
Tant que vous ne serez pas parvenu à la source de toute chose
Votre esprit troublé s'épuisera en vain.

La Voie est ronde et parfaite comme l'espace
Rien ne lui manque, rien n'est en trop
En vérité, c'est parce qu'on prend et qu'on rejette
Qu'on oublie ce qu'elle est.

Ne courez pas après les phénomènes
Ne demeurez pas dans la vacuité
Si l'esprit est unifié dans la paix
Cette dualité d'elle-même disparaît.

Lorsque cesse son activité
De sa passivité naît la véritable action.
Mais, absorbés que nous sommes par le mouvement ou l'immobilité
Comment pourrions-nous concevoir l'unité ?

Si nous ne saisissons pas l'unité de la Voie,
Activité comme passivité nous conduiront à l'échec ;
Chasser les phénomènes, vous serez engloutis par eux,
Rechercher la vacuité, c'est lui tourner le dos.

Plus nous discourons, plus nous cogitons,
Plus nous nous éloignons de la Voie
Si nous abandonnons toute parole, toute pensée
Il n'est de lieu où nous ne puissions aller.

Retourner à la racine, c'est découvrir le sens,
Suivre les reflets, c'est le perdre

Intériorisez le regard, même un seul instant,
Vous dépasserez le vide de toutes choses.

Le monde ne nous semble soumis au changement
Qu'en fonction de notre ignorance.
Ne recherchez pas la vérité,
Soyez seulement sans préjugés.

Craignez le dualisme,
Fuyez-le.
Dès qu'il y a la moindre trace de oui ou de non,
L'esprit se perd dans la confusion.

Le deux dépend de l'un
Ne vous attachez pas à l'un,
Si l'esprit de lui-même s'unifie,
Les dix mille choses deviennent inoffensives.

Une chose inoffensive, c'est comme si elle n'existait pas,
Si rien ne surgit, il n'y a plus de pensée,
Avec l'objet s'efface le sujet
Et l'objet avec le sujet.

L'objet n'existe que par le sujet,
Le sujet n'existe que par l'objet,
Si vous désirez saisir l'un et l'autre,
Sachez qu'à l'origine ils ne sont qu'un.

Le vide leur est commun,
Il inclut la totalité des phénomènes.
Ne distinguez pas le subtil du grossier
Ne prenez parti ni pour l'un ni pour l'autre.

La grande Voie est large et accueillante,
En elle, rien de facile ni de difficile.
L'esprit mesquin est irrésolu,
Mais plus nous voulons aller vite, moins nous avançons.

S'attacher à la Voie, c'est perdre toute mesure
Immanquablement, vous ferez fausse route.
Abandonnez et vous retrouverez le naturel,
Le corps ne va ni ne demeure.

Obéissant à notre nature, nous sommes en harmonie
avec la Voie
Libérés de toute inquiétude.
Liés par nos pensées, nous fuyons la vérité
Et sombrons dans le malaise.

Somnolents ou agités, nous restons dans la confusion,
Pourquoi nous fatiguer à fuir ceci ou à accueillir cela?
Si vous voulez utiliser le véhicule suprême,
Ne haïssez pas les souillures des six sens.

Cesser de les haïr
Est atteindre le véritable Éveil.
Le sage ne fait rien,
L'ignorant s'entrave lui-même.

En soi, il n'y a pas de différenciations,
Seul, l'attachement les fait naître.
Chercher l'esprit avec l'esprit,
Y a-t-il pire égarement?

Le doute n'apporte que perplexité et lassitude
L'Éveil détruit attachement aussi bien qu'aversion
L'un et l'autre
Naissent de l'imagination.

Visions en rêves, mirages de fleurs dans les airs
Pourquoi nous mettrions-nous en peine de les saisir?
Profit et perte, juste et faux,
Je vous en prie, abandonnez-en jusqu'à l'idée.

Si les yeux ne dorment pas,
Les rêves s'évanouissent,
Si l'esprit ne s'égare pas dans les catégories,
Toutes les existences sont unité.

Si nous saisissons l'unité,
Nous échappons à la causalité,
Si nous considérons toute chose avec équanimité
Nous retournons à notre nature originelle.
[...]

Le principe ne connaît ni hâte ni retard,
Un éclair de conscience devient dix mille années
Il n'y a ni existence ni non-existence
Les dix directions de l'espace sont toutes là devant nos yeux.

L'infiniment petit est semblable à l'infiniment grand
Si l'on transcende la relativité.
L'infiniment grand est semblable à l'infiniment petit
Lorsque la vision devient illimitée.

Existence est non-existence
Non-existence est existence.
Tant que vous ne l'aurez pas compris
Votre position sera intenable.

L'un lui-même est toutes choses
Toutes choses elles-mêmes ne sont qu'un.
Si vous parvenez à le saisir,
Vous n'aurez plus à vous tourmenter au sujet de la connaissance parfaite.

L'esprit de foi est non duel,
Ce qui est duel n'est pas esprit de foi.
Ici la parole se brise
Il n'y a plus ni passé ni présent ni futur.

*
*   *

TAO-SIN
Le quatrième patriarche
(580-651)

Avec Tao-sin (Daoxin, en japonais Dôshin), nous nous trouvons enfin sur un terrain historiquement plus sûr, car son époque est celle de la stabilisation politique de la Chine. En 589, avait pris le pouvoir Yang-kien, plus connu sous le surnom de Wen-ti, le fondateur de la dynastie Souei, la première qui fut capable d'unifier le territoire depuis la chute des Han en 220. Wen-ti, non seulement réorganisa l'empire, mais reconstruisit sur un plan grandiose l'ancienne capitale Chang'an (Tch'ang-ngan) en Chen-si, au centre de la Chine. En 605, lui succéda son fils Yang-ti qui, voulant surpasser son père qu'il avait fait assassiner, fit de Luo-yang, devenue la « capitale de l'Est », une cité enchantée de palais et de jardins. Mais les munificences et les extravagances de l'empereur avaient ruiné le pays, aussi bien en hommes – des dizaines de milliers d'ouvriers périrent au cours des immenses travaux qu'il fit exécuter – qu'en numéraire. En 616, se déclencha une révolte générale, au cours de laquelle Yang-ti périt massacré. En profita T'ai-tsong qui fit proclamer empereur son père Kao Tsou, mais gouverna à sa place, avant de régner personnellement de 626 à 649. T'ai-tsong le Grand fut le fondateur de la dynastie des T'ang qui régna jusqu'en 907 et sous laquelle la civilisation chinoise connut sa brillante apogée. Les T'ang protégèrent le taoïsme, mais laissèrent s'épanouir le bouddhisme, sauf pendant le court règne de Wou-tsong (841-846), qui le persécuta énergiquement. Sous les T'ang, le *tch'an* connut ce que l'on appelle son « Âge d'or ».

Tao-sin, dont le nom de famille était Sseu-ma, venait du

Ho-nan. À l'âge de sept ans, il avait quitté ses parents pour étudier le bouddhisme. À treize ans, ayant entendu parler de maître Seng-ts'an, il vint le trouver au mont Wan-kong. S'étant incliné devant lui, il dit : « Je vous en prie, maître, ayez pitié de moi. Délivrez-moi. – Qui donc t'a enchaîné ? – Personne. – Alors, pourquoi me demandes-tu de te délivrer. » Seng-ts'an accepta pour disciple ce jeune garçon qui fit preuve de dons remarquables et fit de si rapides progrès que, dès qu'il eut une vingtaine d'années, il lui confia sa succession, avant de partir pour le Sud.

Tao-sin n'avait que vingt-cinq ou vingt-six ans, quand, la politique impériale étant devenue favorable au bouddhisme, il vint enseigner en ville, dans un temple à Ki-tcheou, au Kiang-si. Lors des troubles qui aboutirent à la chute de Yang-ti, la ville fut assiégée par les rebelles pendant soixante-dix jours. Par sa détermination et la confiance qu'il sut inspirer aux habitants, en organisant des séances publiques de récitation des *sûtra*, Tao-sin ranima leur énergie et fut considéré comme le sauveur de la ville.

En 624, ayant remarqué un étrange nuage de couleur pourpre qui stationnait au-dessus d'une montagne voisine, il décida de s'y installer et fonda le monastère de Chuan-feng (les « Pics jumeaux »), où il vécut pendant vingt-sept ans. Sa renommée y attira plus de cinq cents disciples. Jusqu'alors, suivant un usage qui remontait au Bouddha, les moines tch'an avaient été itinérants et mendiants, enseignant dans des monastères appartenant à d'autres écoles. Ce statut était loin de rencontrer en Chine le respect qu'il avait connu en Inde. La communauté fondée par Tao-sin fut la première de l'histoire du *tch'an*. Il lui donna un statut qui assura son autonomie. « Les membres étaient astreints à s'acquitter de corvées comme le pilage du grain, le puisage de l'eau… Pas d'études livresques, la "réalité rugueuse" à étreindre pendant le jour, les exercices spirituels réservés à la nuit ; les invites à la Cour impériale écartées, l'indépendance jalousement gardée[49]. » Indépendance aussi sur le plan doctrinal, car si Tao-sin, homme fort cultivé, fondait son enseignement, comme ses prédécesseurs, sur le *Lankâvatâra Sûtra* et le *Prajñâpâramitâ Sûtra* (Sûtra de la Suprême Sagesse), s'il avait une connaissance personnelle de la philosophie de Nâgârjuna et du taoïsme, il prit ses distances envers ce dernier en critiquant Lao-tseu et Tchouang-tseu dans ses écrits. Avec lui, la fusion du bouddhisme et du taoïsme s'était déjà d'une certaine manière opérée. Le *tch'an* qui en avait assimilé les éléments pour lui utilisables, tendait déjà se substituer au taoïsme qu'il considérait comme dégradé. C'est peut-être ce qu'indiquait le nom qu'il choisit. Tao-sin signifiant moins « Confiance dans le *Tao* » que « Confiance dans la Voie », puisque le mot *Tao* pour les bouddhistes désignait la Voie du Bouddha.

Mais, beaucoup plus que sur ces fondements théoriques, Tao-sin insistait sur la pratique personnelle, il donnait même à celle-ci, la méditation assise (en chinois, *tso tch'an* ; en japonais, *zazen*), la priorité absolue, ainsi que le souligne de manière insistante son traité, *Procédés et moyens habiles pour l'entrée dans la Voie et la pacification de l'esprit (Joutao ngan-sin yao fang-pien fa-men)*, dont une version fut retrouvée parmi les innombrables manuscrits découverts au début de ce siècle dans les monastères rupestres de Touenhouang. Il s'agit d'un véritable manuel destiné aux pratiquants, et tout particulièrement aux débutants, le premier du genre, dont le ton direct et familier en fit un modèle pour l'avenir. On y trouve une description très détaillée de la méditation assise, importante dans la mesure où elle démontre à ceux qui ne sont que trop portés à en douter que,

49. P. Demiéville, *Choix d'études sinologiques*, Leyde, 1973.

dès l'origine, *zazen* fut la pratique essentielle dont découlaient toutes les autres.

La renommée de Tao-sin était devenue telle que, selon une anecdote célèbre, un messager se serait présenté au Chuan-feng portant une invitation de l'empereur T'ai-tsong à se rendre au palais. Le maître refusa. À une seconde convocation, Tao-sin ne répondit que par un défi : « Si l'empereur veut ma tête, coupez-la et emportez-la, mais mon esprit ne la suivra pas ! » À une telle insolence, T'ai-tsong eut le bon goût de répondre avec humour. Il dépêcha un troisième envoyé porteur d'une épée marquée du sceau impérial et d'une convocation adressée à la tête du patriarche. Lorsque celui-ci eut pour la troisième fois refusé de se rendre au palais, le messager lut le décret qui ordonnait d'emporter la tête. Tao-sin s'inclina respectueusement : « Eh bien, allez-y, coupez-la ! » Le messager était fort embarrassé, car un second rescrit impérial interdisait de faire aucun mal au patriarche. Voyant l'hésitation de l'officier, Tao-sin éclata de rire : « Il n'est pas mauvais que vous sachiez que vous aussi, vous êtes un être humain ! » Quelle que soit l'authenticité de ce récit, il témoigne tout au moins que le *tch'an* de Bodhidharma qui avait longtemps cheminé dans l'ombre et l'anonymat était brusquement passé en pleine lumière.

Selon les *Annales de la transmission de la lampe* de 1004, Tao-sin ayant appris qu'un maître résidait sur le mont Nieou-t'eou (« Tête de bœuf ») dans la région de Nankin et, dans son petit ermitage se livrait assidûment à la méditation assise, entreprit un long voyage pour lui rendre visite. Il ne trouva pas sans peine Fa-jong, assis au sommet d'un rocher. Tandis qu'ils faisaient connaissance, on entendit dans le lointain le rugissement d'un tigre. Tao-sin sursauta. Fa-jong remarqua tranquillement : « Je vois que cela est encore en vous », voulant dire que Tao-sin n'était pas encore libéré du monde des phénomènes. Ils poursuivirent leur entretien, mais, au bout d'un moment, Fa-jong dut s'absenter pour satisfaire un besoin naturel. Tao-sin en profita pour inscrire sur le rocher le nom du Bouddha. Au retour, Fa-jong eut un instant d'hésitation, n'osant plus s'y asseoir. Tao-sin lui dit : « Je vois que cela encore est en vous. » Confirmé par le quatrième patriarche, Fa-jong eut ensuite des disciples et fonda une école distincte, mais elle ne survécut qu'à peine un siècle après sa mort[50].

Tao-sin rencontra son successeur en la personne d'un garçon de douze ou quatorze ans, nommé Hong-jen, qui avait quitté les siens pour se faire moine. Leur première entrevue est restée célèbre dans l'histoire du *tch'an*. Lorsque Hong-jen arriva au Chan-feng, Tao-sin lui ayant demandé quel était son nom de famille *(hsing)*, il répondit : « J'ai en effet une nature *(hsing)*, mais ce n'est pas une nature ordinaire. – Que veux-tu dire par là ? – C'est la nature de Bouddha *(fo-hsing)*. – Donc, tu n'as pas de nom de famille ? – En effet, maître, car il est vide par nature. » Cette compréhension précoce et une aussi tranquille assurance enchantèrent Tao-sin qui accepta le jeune garçon comme son proche disciple. Hong-jen avait un caractère simple, volontiers taciturne, mais généreux. Il devint le servant fidèle du quatrième patriarche, accomplissant silencieusement et modestement ses tâches quotidiennes et pratiquant la méditation assise la nuit jusqu'à l'aube.

Au mois d'août 651, Tao-sin demanda à ses disciples d'édifier un mausolée dans une grotte au flanc de la montagne voisine. Ceux-ci comprirent alors qu'il se préparait à les quitter et lui demandèrent de désigner son successeur dans le *Dharma*. Tao-sin répondit simplement : « Hong-jen est assez valable. » Puis, dès que les travaux furent terminés, il se retira dans le mausolée et, assis en posture de médita-

50. C. Despeux, « L'école *tch'an* de Nieou-t'eou », dans *Tch'an – Zen*, *op. cit.*, p. 103-155.

tion, passa de vie à trépas. Alors, selon les *Récits sur les maîtres et les disciples du Lankâvatâra Sûtra*[51], dont presque un tiers est consacré à Tao-sin, la terre trembla et des nuées s'élevèrent de tous les points cardinaux.

L'année suivante, le 8 avril, la pierre qui fermait le tombeau s'ouvrit d'elle-même et le patriarche apparut, intact, aussi majestueux que de son vivant. Les disciples l'enveloppèrent dans des étoffes laquées et n'osèrent pas refermer le mausolée. Hong-jen, devenu le cinquième patriarche, partit s'établir sur le mont Huang-mei (« Prune jaune ») dans le Hou-peh, où il eut plusieurs centaines de disciples.

Procédés et moyens habiles pour l'entrée dans la Voie et la pacification de l'esprit[52]

(Jou-tao Ngan-sin yao Fang-pien Fa-men)

« Cet enseignement est secret et essentiel. Il ne faut pas le divulguer, car il risquerait de troubler ceux qui ne sont pas prêts et pourrait les conduire à blasphémer le *Dharma*. Choisissez donc ceux à qui vous parlez, et ne vous exprimez pas à la hâte et sans discrétion. Soyez attentifs à cela. »

[...]

L'esprit qui considère le Bouddha est Bouddha, ce sont les pensées égarées qui font les êtres ordinaires.

La conscience n'a pas de forme, le Bouddha n'a pas d'apparence. Quand vous comprenez cette vérité, votre esprit repose dans la constante évocation du Bouddha, plus rien ne vous distrait et tout se dissout dans le sans-aspect *(wou siang)*, l'égalité non duelle. En entrant

51. *Leng-k'ie che tseu ki* de Tsing-kio (*Taishô* LXXXV).

52. Traductions anglaises dans D. W. Chappell, *Early Ch'an*, et dans H. Dumoulin, *A History of Zen Buddhisnu*, Boston, 1969. – Traduction française par Patrick Carré, dans *Tch'an-Zen, racines et floraisons*, Les deux océans, Paris, 1985.

dans cet état, votre esprit qui évoquait le Bouddha disparaît et il n'est plus besoin de rien prouver.

C'est cet état de conscience qu'on appelle *Dharmakâya* du *Tathâgata*[53] nature de Bouddha, réalité de toutes choses, absorption adamantine, Éveil primordial, *nirvâna*, suprême sagesse *(prajñâ)*... Cet événement essentiel et unique porte toutes sortes de noms qui ne s'appliquent pas à la contemplation et à son objet distinct.

Il faut développer cet état de conscience jusqu'à ce qu'il ne cesse d'être présent et qu'il n'existe plus une seule situation qui puisse le troubler. Et pourquoi cela ?

Parce que tous les phénomènes ne sont autres que le *Dharmakâya* du *Tathâgata*. Quand on demeure dans cet état de conscience, tous les nœuds nés des passions se défont d'eux-mêmes. Dans un grain de poussière se trouvent les univers sans nombre et tous ces univers sont concentrés à la pointe d'un poil. Du simple fait qu'ils obéissent à l'Ainsité *(Tathatâ)*[54], jamais ils n'interfèrent.

Conseils aux débutants

Pour s'exercer à la méditation assise, retirez-vous dans un lieu paisible et concentrez-vous sur l'examen du corps-esprit, contemplez d'abord les cinq agrégats *(skhanda)*[55] et les six sens : la vue, l'ouïe, l'odorat, le goût, le toucher et le mental *(manas)*, puis les trois souillures : la convoitise, l'ignorance et la haine[56], enfin, le bien et le mal, les amis et les ennemis, les saints et les pécheurs. Examinez ainsi tous les phénomènes. Depuis l'origine, tout est vide et tranquille. Rien jamais n'est produit, rien jamais n'est détruit. Tout est un, sans dualité. Depuis l'origine, rien n'existe, tout est être, tout est pur et libre.

---

53. Le corps absolu et illimité du Bouddha.

54. Le contraire des apparences, les choses telles qu'elles sont.

55. La corporéité *(rûpa)*, la sensation *(vedanâ)*, la perception *(samjnâ)*, les projections psychiques *(samskâra)*, la conscience *(vijñâna)*.

56. Il s'agit, en somme, d'examiner les différents éléments constituants de l'individualité humaine, causes et conséquences de l'incarnation.

De jour et de nuit, que vous marchiez ou que vous teniez immobiles, que vous soyez assis ou couché, ne quittez jamais cette contemplation et vous arriverez à comprendre que vous n'êtes pas différent du reflet de la lune dans l'eau, de l'image au miroir, de la vibration de l'air lors de la canicule, de l'écho dans la vallée. Si vous croyez que ces choses existent réellement, cherchez-les, vous ne les trouverez pas. Si vous pensez qu'elles n'existent pas, elles ne disparaîtront pas pour autant. Tel est le Corps absolu *(Dharmakâya)* de tous les Bouddhas, immédiate évidence que, depuis d'innombrables *kalpa*[57], nous ne sommes jamais nés et qu'en fin de compte, nous ne mourrons jamais non plus.

Celui qui demeure sans cesse dans cette contemplation, en viendra nécessairement au repentir véritable par lequel les *karma* les plus lourds accumulés depuis des dizaines de milliers de *kalpa* se dissiperont d'eux-mêmes.

Seuls, ceux que le doute égare et qui sont incapables de s'abandonner à la foi, ne pourront parvenir à la libération. Celui qui fait confiance et croit à la possibilité de la réalisation accédera au véritable principe de la non-naissance.

*

Si vous vous rendez compte que votre esprit est distrait, examinez d'où vient cette distraction. Elle n'a finalement pas d'origine. Elle ne provient d'aucune des dix directions de l'espace et ne va nulle part. Et il en va de même de nos fixations sur telle ou telle situation, de nos illusions, de nos erreurs, de nos spéculations, de nos idées qui vont et viennent. Ne perdez pas cela de vue. Alors, votre esprit s'apaisera et vous ne serez plus la victime de ces artifices grossiers. Quand l'esprit est devenu calme, les pensées ne trouvent plus où s'accrocher, et, selon votre *karma*, vos passions se dissiperont d'elles-mêmes, peu à peu. Ne créant plus

57. *Kalpa :* durée d'une longueur infinie.

de nouveau *karma*, vous atteindrez ce que l'on appelle la délivrance.

Si vous sentez que, malgré tout, les passions s'emparent de votre esprit et, le refermant sur lui-même, y sèment le désordre ou le plongent dans la torpeur, alors relâchez votre posture, secouez-vous, puis reprenez votre immobilité. Lentement, tout se remettra en place et vous connaîtrez de nouveau la pureté et la sérénité de votre esprit. Mais tout cela ne va pas sans effort, sans intrépidité même, comme s'il s'agissait de sauver votre vie. Ne stagnez pas dans l'indolence. Faites effort et ne le relâchez jamais.

*

Lorsqu'un débutant veut pratiquer la méditation assise et s'exercer à contempler l'esprit, il doit se retirer dans un lieu solitaire, s'asseoir correctement, le dos bien droit, desserrer ses vêtements et sa ceinture, et se détendre. Massez-vous sept ou huit fois, expulsez tout l'air de votre ventre. Alors, par vagues successives, vous atteindrez votre état naturel, qui est vide et pur. Votre corps et votre esprit ayant retrouvé leur équilibre, l'énergie spirituelle ira et viendra sans obstacle. « Impénétrable et obscur », votre souffle sera pur et frais, et votre esprit, se recueillant en lui-même, aura une vision claire de la Voie. Votre conscience deviendra de plus en plus lucide, elle pourra alors constater qu'intérieur et extérieur sont également vides et purs. Telle est la nature de l'esprit, ainsi se dévoile l'esprit d'Éveil, le *nirvâna*.

Bien que par nature l'esprit n'ait pas de forme, la volonté ne cesse d'y être présente, comme une énergie secrète et subtile qui ne peut s'épuiser et existe toujours, sereine et sans confusion. Telle est la « nature de Bouddha ». Celui qui perçoit sa nature de Bouddha quitte à jamais le *samsâra**[58], on l'appelle le « détaché du monde ». Le *Sermon de Vimalakîrti (Vimalakîrtinidesha sûtra)* dit : « Dans une illumination soudaine, on

58. Le cycle interminable des naissances et des morts.

retourne à son esprit originel. » Ayez confiance en ces paroles véridiques !

Celui qui a réalisé sa nature de Bouddha, on l'appelle *bodhisattva*. Il a réalisé la Voie, découvert le Principe, trouvé sa véritable nature. C'est pourquoi on peut lire dans un *sûtra* : « L'âme imprégnée d'un seul verset sacré ne pourra jamais dégénérer. » C'est là un moyen habile propre à encourager les débutants. Sachez donc que nous employons des moyens habiles pour vous permettre de suivre la voie, mais sachez aussi que ces moyens en eux-mêmes ne sont pas différents de l'esprit d'Éveil.

*

Quand, avec votre dernier souffle, tout se dissoudra, vous vous retrouverez dans le corps absolu *(Dharmakâya)* parfaitement pur. Mais si, à ce moment-là, s'élèvent en vous des pensées étrangères à cette transformation spontanée et subtile, vous ne pourrez faire autrement que retomber dans le cycle des naissances et des morts.

*

Telle est la méthode préparatoire, elle a donc recours à l'action, à la volonté. Mais toute méthode tire son origine de l'absence de méthode, et c'est la méthode sans méthode que depuis toujours on appelle méthode. Finalement, notre méthode n'a recours à aucune action particulière et la méthode sans action particulière est la seule méthode authentique. Un *sûtra* dit : « La véritable libération est vide, elle n'agit pas, ne souhaite rien et n'a aucun aspect. » La méthode authentique consiste donc à ne rien faire de particulier.

Quant aux méthodes qui permettent de se détacher de soi, elles forcent le corps et l'esprit, et contraignent l'intelligence discriminante *(tchen-ming)* à conjecturer sans fin[59]...

---

59. Allusion probable aux techniques du yoga.

Le bodhisattva

Ayant approfondi la pratique, le *bodhisattva** qui en est lui-même libéré, plonge dans le *samsâra**, convertit et sauve les êtres vivants, quels qu'ils soient, sans attachement ni opinion. S'il croit que les êtres vivants sont prisonniers du *samsâra*, s'il s'imagine qu'il peut les sauver, s'il se dit que les êtres vivants sont les objets de son action salvifique, il n'est pas digne du nom de *bodhisattva*. Sauver les êtres vivants reviendrait à sauver le vide. Comment pourrait-il y avoir allée et venue ? Dans le *Sûtra du Diamant (Vajracchedikâ Sûtra)*, il est dit : « Je vais conduire au *nirvâna* des êtres innombrables. Cependant, il n'y a pas plus d'êtres vivants que de salut. »

Le *bodhisattva* atteste donc, d'abord, la vacuité de toutes choses. Par la suite, il en vient à attester aussi que rien n'est vide, atteignant ainsi le niveau de la sagesse immuable non discriminante *(nirvikalpa-jñâna)*. Le *Hridaya Sûtra* dit : « La forme n'est pas différente du vide », ce qui ne signifie pas que la forme s'abolisse dans le vide, mais que « l'essence de la forme est d'être vide. »

Les *bodhisattvas* font de leur compréhension de la vacuité une réalisation. Mais, parmi les nouveaux étudiants, ceux qui spéculent sur le vide ne découvrent qu'une opinion sur le vide, non la vacuité en elle-même. Ceux qui, suivant la Voie, réalisent vraiment la vacuité n'ont plus aucune opinion sur le vide et le non-vide. Il faut donc exactement comprendre ce que signifie la vacuité de la forme. Mais, pour cela, clarté et pureté sont indispensables, et elles ne peuvent s'acquérir que par la pratique.

Comprenez et réalisez d'abord la véritable nature des choses *(dharma-laksna)* et, d'éveil en éveil, vous atteindrez le clair discernement. Alors seulement, on pourra vous appeler maître spirituel. Équilibrez soigneusement l'extérieur et l'intérieur, afin que votre pratique n'entre pas en conflit avec votre compréhension théorique. Vous n'aurez plus besoin désormais ni des textes sacrés ni des instructions orales pour suivre la Voie et, dans la solitude et la pureté, vous attesterez vous-mêmes l'objectif de la Voie.

Vajracchedikâ Sûtra
(Le Diamant coupeur)

Ce *sûtra* n'est devenu un texte essentiel pour le *tch'an* qu'avec Hong-jen, le cinquième patriarche qui le fit étudier à ses disciples. Il joua un rôle essentiel dans la vocation de son successeur, Houei-nêng. Cependant celui-ci écrit : « Depuis que [Bodhi] Dharma vint de l'Ouest, il eut toujours le désir de faire comprendre la signification de ce *sûtra.* » Mais, on l'a vu, Bodhidharma considérait le *Lankâvatâra Sûtra* comme beaucoup plus important pour le compréhension du *dhyâna.* C'était toutefois un texte extrêmement difficile, accessible uniquement à des esprits très avancés. Avec l'expansion du *tch'an*, prévalut finalement ce texte beaucoup moins philosophique et qui trouvait un écho direct chez les Chinois déjà familiarisés par le *Tao-tö-king* avec les concepts de vide et de non-agir.

Le *Vajracchedikâ*[60] fait partie des *sûtra* mahâyânistes groupés sous le titre d'ensemble de *Prajñâpâramitâ Sûtra* (*Sûtra* de la Sagesse transcendante)[61]. Probablement plus ancien que le *Lankâvatâra*, il fut commenté au IVe siècle par Asanga et traduit en chinois en 402 par Kumarajiva. En Occident, on

---

60. Traduction anglaise du sanskrit : Éd. Conze, *Buddhist Wisdom Books*, Londres, 1958 – traduction anglaise du chinois : D. T. Suzuki, *Manual of zen Buddhism*, trad. fr., Paris, 1981 ; A. F. Price, *The Jewel of Transcendental Wisdom*, Londres, 1947 ; Lu K'uan Yu, *Ch'an and Zen Teaching*, First Series (avec le commentaire de Han-chan Tê-k'ing), Londres, 1960. – Trad. fr. : T. Deshimaru, *Le Sûtra de Diamant, I shin den shin*, Paris, 1993-1994.

61. Le titre chinois est : *Tchin-kang po-jo-po-lo-mi king* ; en japonais : *Kongô hannya haramitsu kyô*.

l'appelle généralement le « Diamant coupeur ». En fait, le mot *Vajra* a un sens et un symbolisme complexes, en particulier dans le bouddhisme tibétain. Il s'agit à la fois du corps réputé le plus dur, qui peut couper tous les autres, mais ne peut être lui-même entamé, et aussi du plus transparent, du plus limpide, du plus brillant. On comprend par conséquent que dans le bouddhisme il puisse représenter la réalité absolue, inaltérable, indestructible, éternelle, en tant que pureté parfaite de la vacuité. Que tranche ici le Diamant ? Les illusions, à commencer par le dualisme, toute détermination et même toute expression, puisqu'il s'agit d'exprimer l'inexprimable. Il tranche aussi le *karma* qui en est la cause.

Le *sûtra* a pour cadre le bois sacré de Jetavana, à Shrasvati, qui fut acquis par le riche marchand Anâthapindika pour y faire construire un monastère, où les disciples, errants pendant la bonne saison, se réunissaient autour du Bouddha lors de la saison des pluies. Ce jour-là, Shâkyamuni était, dit-on, entouré de mille deux cent cinquante moines, mais l'essentiel du *sûtra* est un dialogue devant leur assemblée entre le Bouddha et l'un des dix plus grands disciples, Subhûti, celui qui comprenait le mieux le concept de vacuité. Subhûti demande à son maître d'expliciter ce que doit être la manière de penser d'un Bodhisattva. Le Bouddha lui répond :

> « Tous les Bodhisattvas et Mahâsattvas[62] doivent ainsi guider leur esprit. Tous les êtres sensibles, qu'ils soient nés d'un œuf, d'un utérus, d'une moisissure, d'une métamorphose, qu'ils aient ou non, une forme, des facultés mentales ou pas, des non-concepts ou pas de non-concepts, tous ceux-là, je les conduis au parfait *nirvâna*, à la parfaite émancipation. Ainsi, je libérerai d'innombrables êtres vivants, en quantité incalculable et infinie, bien qu'en fait [pour un Bodhisattva] aucun

62. Ceux parmi les Bouddhas qui, étant en possession de la parfaite Sagesse, ont déjà atteint la condition de Bouddha « accompli ».

être sensible n'obtienne l'émancipation. Pourquoi en est-il ainsi, Subhûti ? Parce que si un Bodhisattva conserve la moindre notion d'un ego, d'un être sensible, d'un être individuel et personnel, alors, il n'est pas un véritable Bodhisattva.

De même, il est dit que le Bodhisattva doit pratiquer *Dâna*, le don, la bonté, la compassion, "sans rester attaché à aucun aspect particulier", à aucune considération de personne. S'il le pratique ainsi, "le mérite qu'il en retire est impossible à mesurer". »

Au neuvième chapitre, le Bouddha précise :

« La véritable désignation est non-désignation. Subhûti, qu'en penses-tu ? Est-ce que l'adepte qui est entré dans le courant de la vie sainte, le *shrota-âpanna*[63], pense en lui-même : "J'ai obtenu d'atteindre la source de l'entrée dans le courant ?

– Non, Seigneur, Vénéré du monde, car l'entrée dans le courant n'est qu'un nom. En vérité, il n'existe pas d'entrée dans le courant."

Le Bouddha énumère ensuite les différentes étapes de la vie sainte :

"Est-ce qu'un adepte qui n'est plus sujet qu'à une seule renaissance, le *sakridâgâmin*[64], peut se dire à lui-même : "J'ai obtenu le fruit de celui qui ne doit revenir qu'une fois ?" »

[...]

« Subhûti, qu'en penses-tu ? Est-ce qu'un vénérable qui n'aura jamais plus à renaître en ce monde en tant que mortel, un *anagâmin*[65], peut se dire : "J'ai obtenu le fruit du non-retour ?" »

---

63. *Shrota-âpanna*, « celui qui est entré dans le courant », s'est déjà affranchi des trois premiers liens de l'illusion : la croyance en un individu séparé, le doute, l'attachement aux rites et aux règles, mais ne s'est pas encore totalement libéré des passions. Il aura donc à renaître, même s'il ne s'agit plus pour lui que d'un nombre limité de renaissances.

64. *Sakridâgâmin*, « celui qui revient encore une fois », parce qu'il a déjà à peu près entièrement extirpé les trois racines du *karma* négatif : le désir, la haine et l'ignorance.

65. *Anagâmin*, « Celui qui ne revient plus », parce qu'il s'est libéré de tout attachement.

La réponse est toujours : « Non, il ne s'agit tout au plus que d'une expression. »

> « Subhûti, qu'en penses-tu ? Le saint qui a obtenu l'Éveil parfait, l'*Arhat*[66], celui-là peut-il s'en vanter, en se disant : "J'ai obtenu le parfait Éveil" ?
>
> – Non, mon Maître, parce qu'il n'existe pas une condition qui s'appelle Éveil parfait. Si un saint ayant atteint l'Éveil parfait, se disait à lui-même : "Je suis ainsi.", il ferait nécessairement intervenir la notion d'une entité, dite ego, d'une personnalité, d'une individualité séparée.
>
> Toutes conceptions qui, à ce stade, n'ont plus cours, ne signifient plus rien. »

Afin d'illustrer ce propos, et montrer qu'il l'a parfaitement compris, et l'applique correctement, Subhûti recourt finalement à son propre exemple :

> « Ô, mon Maître, si je me disais à moi-même : "Je suis le saint parvenu au parfait Éveil et libéré des passions", vous ne déclareriez pas : "Subhûti demeure en paix dans la retraite, au milieu de la forêt." C'est parce que Subhûti ne demeure en réalité nulle part que l'on peut l'appeler Subhûti qui demeure joyeusement en paix et reste dans la retraite au milieu de la forêt. »

L'instruction culmine au chapitre dixième, le cœur même du *sûtra*. Il ne s'agit plus ici des étapes de la vie sainte qui sont dépassées, mais du statut ultime des Bodhisattvas et finalement des Bouddhas.

> *Établissant et embellissant la terre pure*
>
> Le Bouddha demanda : « Subhûti, qu'en penses-tu ? Quand, dans un passé lointain, le *Tathâgata* (le Boud-

66. *Arhat*, le saint qui, parvenu au terme du sentier surnaturel *(Arya-Mârgâ)*, a atteint le *nirvâna*.

dha lui-même) vivait auprès du Bouddha Dîpamkara[67], avait-il obtenu quelque degré de réalisation dans le *Dharma* ?

– Non, Seigneur, Vénéré du monde…

– Et, penses-tu, Subhûti, que le Bodhisattva établit et embellit une terre majestueuse du Bouddha[68] ?

– Non, Vénéré du monde. Mais pourquoi cela ?

– Parce que l'établissement de la terre majestueuse du Bouddha n'est en aucune manière un établissement, aussi est-il appelé l'établissement de la terre majestueuse d'un Bouddha. C'est pourquoi, ô Subhûti, tous les Bodhisattvas et Mahâsattvas ne doivent créer qu'un esprit pur, tel que je l'ai défini. Ils ne doivent pas créer un esprit qui demeurerait attaché aux choses visibles, aux choses que perçoivent les sens et la conscience[69]. Quand ils ne demeurent sur rien, qu'ils ne s'attardent sur rien, alors, le véritable esprit apparaît. »

En entendant cette phrase par hasard dans la rue, le jeune Houei-nêng sentit éclore en lui l'Éveil soudain.

*

* *

HOUEI-NÊNG
Le sixième patriarche
(638-713)

« Mon regretté père, mandarin à Fan Yang[70], fut destitué et envoyé en exil à Ling-nan, parmi le peuple de Sin-tchéou dans le Kouang-tong[71]. J'étais encore enfant quand il mourut. Ma mère, restée dans la misère,

---

67. Dîpamkara, « celui qui allume la lampe », est le premier des Bouddhas antérieurs à Shâkyamuni, qui n'était alors que l'ascète Sumedha.

68. Celle où il est censé accueillir tous ceux qu'il aura libérés.

69. *Manovijñâna*, la conscience mentale, intellectuelle, qui n'est qu'un sixième sens. Voir p. 39.

70. Actuel Tchouo Sian dans le Ho-pei, au centre de la Chine.

71. Au sud-ouest de la Chine.

m'emmena à Nan-hai[72], où nous vécûmes dans des conditions très difficiles. Je vendais du bois sur le marché. Un jour, un client me demanda de livrer à son magasin le bois qu'il venait d'acheter. En le quittant, au moment où je franchissais la porte, j'entendis un voyageur qui récitait à haute voix le *Sûtra du Diamant (Vajracchedikâ Sûtra)*[73]. Tout à coup, mon esprit s'éclaira[74]. J'abordai cet homme et lui demandai de qui il tenait ce texte sacré. Il me répondit :

« Je viens du monastère du mont Huang-mei[75], où j'étais allé rendre hommage au maître Hong-jen, le cinquième patriarche, qui a près de mille disciples. Il exhorte moines et laïcs à réciter souvent ce *sûtra*, car il permet de voir directement sa propre nature et d'accéder à l'Éveil par la compréhension immédiate. »

Des actes de mes vies passées m'avaient donné la chance d'entendre ces paroles. Peu après, un riche négociant, qui souhaitait que je pus me rendre au Huang-mei me fit un don qui me permit de ne pas laisser ma mère dans le besoin. Aussitôt, je pris congé d'elle et me mit en chemin pour le mont Huang-mei[76].

À mon arrivée, maître Hong-jen me demanda :

« D'où viens-tu et qu'attends-tu de moi ?

– Je ne suis qu'un pauvre garçon du peuple de Sin-tchéou. Si je suis venu de si loin, c'est afin de vous présenter mes respects. Je ne recherche rien d'autre que l'enseignement qui permet de devenir un Bouddha. »

Le maître me rabroua :

« Tu n'es qu'un autochtone[77]. Comment peux-tu espérer devenir un Bouddha ?

---

72. Près de l'actuel Canton.

73. Voir p. 63.

74. La tradition rapporte le passage qui provoqua l'Éveil subit du jeune homme : « Quand on ne demeure sur rien, qu'on ne s'attarde sur rien, le véritable esprit apparaît. »

75. Dans le Ho-pei.

76. La route était fort longue, près de mille kilomètres. Houei-nêng l'aurait parcourue en moins de trente jours.

77. Les gens de Sin-tchéou, population très mêlée, n'étaient pas considérés comme de véritables Chinois, mais comme des barbares. Or, plus haut, Houei-nêng vient de

– Sans doute existe-t-il des hommes du nord et des hommes du sud, mais il n'y a ni nord ni sud dans la nature de Bouddha. Mon corps diffère du vôtre, mais non ma nature profonde. »

Visiblement frappé par cette réponse, le maître aurait souhaité poursuivre l'entretien, mais la présence d'autres moines le retint. Il interrompit brusquement le dialogue, m'ordonna de rejoindre la communauté et de m'acquitter des tâches qui me seraient confiées. On m'envoya piler le riz dans les communs, ce que je fis pendant plus de huit mois[78].

Un jour, le cinquième patriarche réunit tous les moines et leur dit :

« Rien n'est plus important pour l'homme que la question de la vie et de la mort. Pourtant, vous, mes disciples, au lieu d'essayer de vous évader du cycle des naissances et des morts et de sortir enfin de l'océan de douleurs[79], vous pensez seulement à gagner par vos mérites le champ de bénédiction[80]. Si votre nature propre est encore aveuglée, comment pourriez-vous entrevoir la porte de la libération ? Retournez dans vos cellules et recherchez par vous-mêmes la sagesse suprême *(prajñâ)*, elle seule permet de voir sa nature originelle. Que chacun de vous compose une stance à ce sujet. Si, à leur lecture, je me rends compte que l'un d'entre vous est parvenu à la compréhension intime, je lui remettrai la robe[81] et lui communiquerai le *Dharma*, ce qui fera de lui le sixième patriarche. Retirez-vous et faites vite ! Une longue réflexion est tout à fait inutile. »

---

dire que son père était à l'origine un mandarin du Ho-pei. Il se rabaisse donc ici et sa modestie trompe Hong-jen.

78. En fait, le cinquième patriarche avait très bien compris à qui il avait affaire. Après leur première entrevue, il aurait remarqué : « Ce garçon a trop d'esprit ! » Mais, d'une part, il craignait que les autres moines devinssent jaloux d'un disciple aussi jeune – Houei-nêng n'avait qu'un peu plus de vingt ans –, d'autre part, il voulait le mettre à l'épreuve.

79. Le *samsâra**.

80. Obtenir une renaissance meilleure dans un autre monde, par exemple, les « terres pures » des Bouddhas.

81. Le *kasâya**, preuve tangible de la transmission. Le Bouddha aurait remis le sien à Mahâkâshyapa, ce fut la première investiture.

En quittant la salle de réunion, les disciples se disaient entre eux : « À quoi bon écrire cette stance et la soumettre au patriarche ? Le patriarcat ne peut revenir qu'à notre instructeur, le doyen Chen-sieou. Quant il aura reçu le *Dharma*, nous nous en remettrons à lui. Ce serait donc en vain que nous prendrions cette peine. » L'esprit en paix, nul n'osa se présenter.

Face à la salle patriarcale, se trouvaient trois galeries. Sur les murs, au pied desquels les fidèles déposaient leurs offrandes, le peintre Lou-tchen, qui avait été convoqué par le patriarche, devait peindre des scènes tirées du *Lankâvatâra Sûtra*[82], ainsi que la représentation de la transmission du *kasâya* et du *Dharma* par notre grand maître pour l'édification des générations futures. Le peintre allait se mettre à l'ouvrage le lendemain.

De son côté, le doyen Chen-sieou, retiré dans sa cellule, demeurait perplexe :

« Aucun des moines n'osera entrer en compétition avec moi, leur instructeur. Si je ne présente pas ma stance, comment le patriarche pourrait-il juger de ma compréhension ? Si, en quête du *Dharma*, je lui soumets mon poème, mon intention sera pure. Par contre, si j'agis en vue d'obtenir le patriarcat, je ne serais qu'un intrigant et je me rendrais coupable d'usurpation en prenant la place d'un saint. Mais, si je ne présente pas ma stance, j'aurais perdu toute chance de recevoir le *Dharma*. Je ne sais vraiment que faire. »

Chen-sieou avait interdit qu'on le dérange. Quand enfin il eut composé son poème, il ne put se résoudre à aller le présenter au patriarche. Enfin, il lui vint l'idée de l'écrire sur le mur du corridor sud. Ainsi, le patriarche la remarquerait au passage. « Si le maître approuve ma stance, j'irai me prosterner devant lui et lui dire que j'en suis l'auteur. S'il la trouve insuffisante, j'aurais perdu toutes ces années passées sur la montagne et reçu des hommages auxquels je n'avais pas droit. En ce cas, quel progrès aurais-je fait sur la Voie du Bouddha ? »

---

82. Voir p. 36.

À minuit, à l'insu de tous, le doyen, s'aidant d'un lumignon, écrivit sur le mur la stance suivante :

« Ce corps est l'arbre de l'Éveil[83].
L'esprit est comme un miroir brillant[84].
Efforcez-vous de le polir sans cesse,
Afin que la poussière ne puisse s'y déposer. »

Le lendemain matin, le patriarche envoya chercher Lou-tchen afin qu'il se mette au travail. Mais, passant dans le corridor, il vit la stance. Après l'avoir lu, il dit au peintre :

« Je suis désolé de vous avoir fait venir de si loin. Je vous donnerai la somme convenue, mais ne peignez pas "la transfiguration de l'assemblée" du *Lankâvatâra sûtra*. Dans le *Vajracchedikâ*, il est dit : "Toute forme n'est qu'illusion." Mieux vaut conserver cette stance, afin que ceux qui la liront puissent pratiquer ce qu'elle enseigne. Ainsi ne tomberont-ils pas dans les trois mauvaises voies[85] et acquerront-ils les mérites qui y sont attachés. »

Puis le grand maître convoqua les moines et fit brûler de l'encens devant la stance. Tous éprouvèrent pour elle un grand sentiment de vénération.

« Vous tous, ne manquez pas de réciter cette stance ! Grâce à elle, vous pourrez contempler votre propre nature. Si vous la mettez en pratique, vous ne sombrerez pas ! »

Les disciples la récitèrent tous ensemble et s'exclamèrent : « Quelle merveille ! »

Plus tard, Hong-jen fit venir Chen-sieou dans la grande salle :

« Est-ce bien toi qui as écrit la stance ?

– C'est moi, je le confesse. Cependant, je ne suis pas assez vain pour solliciter le patriarcat. Je voudrais

83. *Bodhidrum*, le *Ficus religiosa*, ou pipal, au pied duquel Shâkyamuni obtint le parfait Éveil à Bodh-Gayâ.

84. Cette image du miroir brillant figure déjà dans Tchouang-tseu : « Sur un miroir brillant, la poussière ne se fixe pas ; si la poussière s'y fixait, le miroir cesserait d'être brillant. » Tchouang-tseu, *Œuvres complètes*, Paris, 1969, chap. V, p. 60.

85. Ce sont les trois conditions inférieures du *samsâra** qu'il convient d'éviter : celles des animaux, des *preta* et des habitants des enfers.

seulement que, dans votre mansuétude, vous jugiez de mon humble sagesse et de ma compréhension du sens profond.

– La stance montre que tu approches, mais tu as seulement atteint le seuil sans pouvoir le franchir. L'homme ordinaire qui s'exercera à la pratique conformément à ta stance ne risquera plus de sombrer, mais, s'il recherche l'Éveil suprême *(samyak-sambodhi)*, il ne pourra jamais l'atteindre. Il faut pouvoir passer la porte et contempler directement sa nature originelle. Va donc et médite encore un jour ou deux avant de me présenter une nouvelle stance. Si elle témoigne que tu en es arrivé là, je te remettrai la robe et le *Dharma.* »

Pendant plusieurs jours, le doyen Chen-sieou se tourmenta, mais fut incapable d'écrire une nouvelle stance.

Sur ces entrefaites, devant l'atelier où je pilais le riz, passa un jeune novice qui récitait ces vers. En les écoutant, je compris aussitôt que leur auteur n'avait pas vu sa nature propre et n'était pas parvenu jusqu'au sens ultime. Je demandai :

« Quels sont ces vers que vous récitez ? »

Il me raconta ce qui venait de se passer et que j'ignorais encore.

« Depuis plus de huit mois, je pile le riz ici et ne me suis jamais approché de la grande salle. Aussi, j'aimerais que vous me conduisiez jusqu'à la galerie méridionale, afin que je puisse m'incliner devant la stance. Je souhaite, moi aussi, la réciter pour devenir un Bouddha. »

Le garçon m'y mena et je rendis hommage à la stance. Comme j'étais illettré, je demandai qu'on me la lise. En l'entendant, je pénétrai sa signification. À mon tour, je composai une stance et priai qu'on l'inscrive sur le mur afin que fut révélée ma propre compréhension.

À l'origine, il n'y a pas d'arbre de l'Éveil
Ni non plus de miroir brillant
La nature de Bouddha est par elle-même vacuité,
Où dont pourrait se déposer la poussière ?

En lisant cette stance, les moines furent stupéfaits. Entre eux, ils se disaient : « Il ne faut vraiment pas juger selon les apparences. Comment se fait-il que soit à notre service un véritable *bodhisattva* ? » Je n'en étais pas moins retourné dans mon atelier. Le cinquième patriarche s'était tout de suite aperçu que j'avais acquis le sens ultime. Mais, pour calmer l'agitation des moines, il déclara : « Celui-ci non plus n'a pas compris ! »

Néanmoins, en secret, il me fit venir à minuit dans la grande salle. Là, il m'exposa toute la signification cachée du *Vajracchedikâ Sûtra*. En l'écoutant, je fus éveillé totalement. Cette nuit-là, à l'insu de tous, je reçus le *Dharma*.

« Maintenant que je t'ai transmis le *kasâya* et l'enseignement, tu es devenu le sixième patriarche. Ce *kasâyâ*, transmis à un seul de génération en génération en est le témoignage. Le *Dharma* qui ne se communique que de cœur à cœur est propre à conduire directement les hommes jusqu'à la révélation de leur nature profonde[86]. »

Le cinquième patriarche ajouta :

« Depuis les temps anciens, chaque fois que le *Dharma* est ainsi transmis, la vie du moine qui devient le nouveau patriarche ne tient plus qu'à un fil ! Si tu restes ici, tes jours seront en danger. Il faut que tu partes immédiatement. »

À minuit, en possession du *kasâya* et du *Dharma*, je dus donc me mettre en route. Le cinquième patriarche m'accompagna lui-même, afin de me montrer le chemin le plus direct, jusqu'à la halte de Kiu-kiang, où il fallait traverser le fleuve. Alors, il me fit ses adieux :

« Va maintenant ! Descends vers le sud et cache-toi, que nul ne puisse te découvrir. Pendant trois ans, ne prêche pas encore la Loi. Au bout de trois ans, je quitterai ce monde. Il n'y aura plus de danger pour toi. Alors tu pourras guider les égarés. Quand tu seras à

86. *Sin*, en chinois « cœur », signifie aussi « esprit ».

même d'ouvrir leur esprit, tu ne seras plus différent de moi. »

Au bout de deux mois, j'atteignis la chaîne des monts Ta-yu[87]. Je ne savais pas encore qu'une centaine d'hommes s'étaient lancés à ma poursuite dans l'intention de me tuer et de s'emparer du *kasâya*. À mi-chemin, n'ayant pu me rattraper, tous s'en retournèrent, à l'exception du moine Houei-ming. Dans la vie laïque, sous le nom de Tchen, il avait été général du troisième rang. C'était un homme grossier et brutal, aux manières rudes et impétueuses. Il gravit la montagne à ma suite, me rejoignit et me saisit violemment. Je lui tendis aussitôt le *kasâya*, mais il refusa de le prendre.

« Ce n'est pas pour lui que je viens de si loin. C'est du *Dharma* que je suis en quête. Frère lai[88], je vous en prie, instruisez-moi. »

Je lui demandai :

« Vénérable seigneur, quand vous ne pensez plus ni au bien ni au mal, en cet instant précis, quelle est votre véritable nature ? »

Alors, l'esprit de Houei-ming s'ouvrit :

« Malgré mon séjour au mont Huang-mei, je n'étais pas arrivé à découvrir ma véritable nature. Maintenant, je suis comme celui qui a bu de l'eau et en a goûté lui-même la fraîcheur. »

Il me demanda ce qu'il devait faire désormais. Je lui ordonnai de remonter au nord et de convertir les hommes à son tour. Le sixième patriarche n'avait alors que vingt-trois ans.

Ce récit, résumé succinct de sa carrière, Houei-nêng le fit devant une grande assemblée[89] où figuraient de très nombreux moines et nonnes, mais aussi des laïcs, dont « plus de

87. À la limite du Kiang-si et du Kouang-tong. Houei-nêng était donc presque arrivé à sa destination finale, le Kouang-tong, où il allait s'établir sur le mont Ts'ao-k'i.

88. Houei-nêng n'a pas encore reçu l'ordination, c'est donc un laïc.

89. « Environ mille personnes », d'autres versions donnent : dix mille, mais *wan*, qui signifie en effet dix mille, ne désigne souvent qu'un très grand nombre.

trente mandarins et plus de trente lettrés confucianistes». Elle était présidée par le préfet de Chao-tcheou, Wei Jou qui avait invité le sixième patriarche à prêcher la loi de «la parfaite sagesse qui conduit sur l'autre rive» *(Prajñâparamitâ)* au monastère Ta-fan-sseu dans la ville de Chao-tcheou (à environ 150 km au nord de l'actuel Canton). À cette occasion, précise le texte, «le préfet Wei Jou pria un disciple, le moine Fa-hai, de recueillir par écrit ce qui fut dit afin que fut léguée aux générations futures et livrée aux disciples de la Voie l'essence de la doctrine et qu'elle fut transmise par eux. Cette base de l'enseignement, témoin de la succession directe, fut nommée le *T'an king*, c'est-à-dire le *«Sûtra de l'Estrade» (Lieou tseou ta che fa pao t'an king – Sûtra* du sixième patriarche sur le Trésor du *Dharma* prêché [du-haut] de l'estrade).

Cette estrade *(t'an)* était celle qui, dans un temple, servait aux ordinations et aux prédications solennelles. Que ce texte ait été appelé *sûtra*, titre unique dans la littérature chinoise, et réservé aux enseignements du Bouddha lui-même, ou, tout au moins, aux éveillés (Bouddha) soucieux de faire partager à leurs auditeurs le secret de leur propre libération, montre l'importance qu'on lui attribuait. L'inscription composée en 815 par Liou Tson-yuan (773-819) et destinée à commémorer l'attribution à Houei-nêng par l'empereur Sien-tsong du titre honorifique posthume de Ta-tchien («Grand Miroir») affirme: «Toutes les paroles du *tch'an* ont leur origine à Ts'ao-ki», ce qui, comme on le verra par la suite, n'est nullement exagéré. Le *Sûtra de l'Estrade* influença aussi les autres écoles du *Mahâyâna*, y compris le bouddhisme tibétain[90].

On a beaucoup discuté, malgré une longue tradition, sur l'authenticité de ce texte dont on ne connaissait de copies que

90. P. Demiéville, *Le concile de Lhasa*, Paris, 1952.

plus ou moins tardives et altérées. La découverte, dans les bibliothèques monastiques de Touen-houang[91], de manuscrits de beaucoup antérieurs a périmé de tels débats. Le plus ancien serait, selon les érudits, le plus proche de la source. Si, dans son état actuel, il ne remonterait qu'au IXe ou Xe siècle, il n'en serait pas moins une copie fidèle d'un texte de la seconde moitié du VIIIe siècle, donc composé quelques décennies après la mort du sixième patriarche, d'après la notice de transmission textuelle qui figure à la fin du manuscrit[92]. Il est relativement court et ne renferme ni interpolations ni subdivisions, ce qui indiquerait qu'il n'a guère été remanié. Le *T'an king* fut d'abord transmis en tant qu'enseignement secret de maître à disciple dans l'école du Sud, au sein de laquelle il faisait foi, ce que précise le texte lui-même : « S'il faut discuter de l'essence de la doctrine, reportez-vous au *T'an king* qui tient lieu de base d'accord. Ne pas l'acquérir reviendrait à ne rien recevoir. Les lieux, dates et noms, rattachés à ces remises successives, devront être connus. » On prenait donc les plus grandes précautions en vue de son exacte transmission. En revanche, il est incontestable que, dès qu'il fut mis par écrit, un texte doctrinal aussi important ne pouvait qu'être interpolé et de ce fait déformé, ce qui justifie le scepticisme des érudits du passé qui ne disposaient pas de sources aussi sûres.

Certains d'entre eux sont allés jusqu'à mettre en doute la personnalité du sixième patriarche et l'authenticité de la transmission[93]. Une de leurs principales objections est l'in-

---

91. Voir note 10, p. 28.

92. C'est le manuscrit S.5475 de la collection Stein au British Museum de Londres. Il est reproduit avec les autres versions connues, dans le *Rokudo dankyô shohan shusei*, édité par Yanagida Seizan, Kyôto, 1976, dans l'*Enô Kenkyû*, édité par l'université de Komazawa, Tokyo, 1978, enfin, avec le manuscrit de Touen-houang conservé à Pékin (8024 v) dans le *Sûtra de la plate-forme*, traduit en français par C. Toulsaly, Paris, 1992.

93. L'un des meilleurs spécialistes du zen, Ph. Yampolsky, conclut : « Si nous considérons tout le matériel disponible et en éliminons patiemment toutes les

sistance sur le fait que Houei-nêng était un illettré. Pour eux, il s'agit d'un argument de propagande : « L'Éveil est donc accessible à tous. » Ils ne tiennent pas compte du fait qu'il existe historiquement bien d'autres cas semblables, et que tel a été l'enseignement constant de l'école *tch'an*. Même si Houei-nêng était au départ analphabète, ce qui semble peu vraisemblable : il était fils de mandarin, il dut par la suite se cultiver, ne serait-ce qu'en vue d'enseigner, ainsi qu'en témoignent les nombreuses citations de *sûtra* qui émaillent ses sermons.

*

Après sa fuite précipitée, craignant d'être découvert et persécuté, Houei-nêng disparut pendant une quinzaine d'années[94]. Enfin, le sixième patriarche jugea que le moment était venu de sortir de l'anonymat dans lequel il avait vécu jusqu'alors. Le 28 janvier 676 – il avait alors trente-huit ans –, il demanda à être admis comme frère lai au monastère Fa-sing-sseu de Nan-hai (près de Canton), la ville où il avait passé sa jeunesse, mais il se garda bien de se faire reconnaître. Cependant, témoin de la querelle de deux moines qui se disputaient au sujet de la bannière du temple flottant dans le vent, l'un soutenant que c'était la bannière qui bougeait, l'autre que c'était le vent, Houei-nêng ne put se contenir et

---

inconsistances en choisissant les légendes les plus vraisemblables, nous pouvons parvenir à une biographie de Houei-nêng à peu près crédible. Si, en revanche, nous éliminons les légendes et les références au sixième patriarche qui ne s'appuient sur aucun document, il se peut que nous arrivions à la conclusion qu'il n'y a, en fait, presque rien que nous puissions dire à son sujet. » Mais, comme le remarque Th. Hoover, dans *L'Expérience du zen*, *op. cit.*, p. 81-82 : « Est-il donc si important de savoir si la légende est scrupuleusement fidèle aux faits ? Houei-nêng est autant un symbole qu'un personnage historique, et il était nécessaire qu'il eût des qualités légendaires. Il est possible dans ce cas que l'art ait quelque peu arrangé sa vie, mais ce fut dans un dessein de plus grande envergure. »

94. Selon certaines versions du *T'an king*, Houei-nêng aurait lui-même raconté qu'il avait alors vécu dans la montagne au service d'une troupe de chasseurs, mais cet épisode peu vraisemblable est très probablement une interpolation tardive.

déclara : « Ce n'est ni la bannière ni le vent, c'est votre propre esprit[95]. » Cette réflexion avait été entendue par l'abbé Yin-tsing (627-713) qui passait par là. Il posa respectueusement quelques questions au nouveau venu, qui répondit avec autant d'assurance que de profondeur. L'abbé lui dit :

> « Bien que frère lai, votre langage est celui d'un maître. Naguère, j'ai entendu dire que le successeur du cinquième patriarche était descendu vers le sud et avait disparu depuis quinze ans. Il me paraît maintenant très probable que c'est vous. »
>
> Houei-nêng répondit modestement, à la chinoise :
>
> « Oh, je ne suis pas digne ! »
>
> Yin-tsing comprit. Il lui rendit hommage, puis le pria de vouloir bien montrer à l'assemblée la robe et le bol qu'il avait reçus. Ensuite, il lui demanda :
>
> « Le cinquième patriarche ne vous a-t-il pas transmis un enseignement spécial ?
>
> – Aucun, si ce n'est la nécessité de voir sa nature propre. Il ne parlait même pas de délivrance par la pratique du *dhyâna**.
>
> – Et pourquoi cela ?
>
> – Parce qu'il ne saurait y avoir deux voies. Le *Dharma* du Bouddha exclut toute dualité. »
>
> Yin-tsing s'inclina profondément et dit :
>
> « Mes discours ne sont que briques et tuiles, votre interprétation est d'or pur. »

L'abbé commentait alors le *Mahâparinirvâna Sûtra* (*Sûtra* du *nirvâna* suprême du Bouddha), dans lequel il est dit que la nature de Bouddha est immanente chez tous les êtres. Le 26 février, un mois à peine après son arrivée, Houei-nêng recevait l'ordination monastique des mains de Yin-tsing qui sollicita la faveur de devenir son disciple. L'année suivante, escorté de l'abbé Yin-tsing et, nous dit-on, d'un millier de

95. C'est la vingt-neuvième règle de *Passe sans porte*, voir p. 172.

moines, le sixième patriarche vint s'établir solennellement au monastère Pao-lin-sseu, sur le mont Ts'ao-k'i (à trente-cinq *li* de Chao-tcheou), que l'on avait restauré pour lui. Il y résida pendant trente-six ans, jusqu'à sa mort en 713.

Sur cette longue période de sa vie, nous sommes beaucoup moins bien renseignés que sur la précédente. Le *Sûtra de l'Estrade* se contente d'affirmer : « S'il s'agissait d'évaluer le nombre de ses disciples, moines et laïcs, le chiffre de trois à cinq mille ne serait que partiel[96]. » Les *Annales de la lampe (P'ou têng lou)* de 1204 donnent les noms de quarante-trois héritiers directs. Parmi eux, se détachent ceux bien connus de K'ing-yuan (660-749), de Yong-kia (665-713)[97], de Houei-tchong de Nan-yang (v. 675-775), de Nan-yue (677-744) maître de Ma-tsou[98], de Chen-houei de Ho-tsê (668-760)[99], enfin de Che-t'eou, le benjamin (700-790)[100]. Chacun d'entre eux créa une lignée indépendante. Ces lignées donnèrent par la suite naissance aux « cinq maisons » et aux sept « écoles » de l'« Âge d'or » ; deux d'entre elles existent encore de nos jours. Néanmoins, Houei-nêng n'avait transmis le *kasâya* de patriarche à aucun de ses grands disciples. Il aurait déclaré : « À cause de ce *kasâya*, j'ai failli bien des fois perdre la vie. Il a été volé trois fois chez le grand maître Sin [Tao-sin, le quatrième patriarche], trois fois chez le grand maître Jen [Hong-jen, le cinquième patriarche], et chez moi enfin six fois[101]. » Le *T'an king* mentionne l'un de ces attentats nocturnes qui mit en émoi la communauté, mais Houei-nêng feignit d'ignorer qui avait été son agresseur.

96. *Sûtra de l'Estrade*, par. 38.
97. Voir p. 103.
98. Voir p. 113.
99. Voir p. 89.
100. Voir p. 109.
101. « Le *kasâya* du grand maître est exposé aujourd'hui au temple Nan-hua (ex-Pao-lin-sseu). Long de 2,86 m, sur fond de teinte abricot, [il] est brodé de douze dragons en bordure et de mille Bouddhas au centre. » *Sûtra de la plate-forme*, trad. fr. citée, p. 96-97, note 12.

*

Qu'était devenu entre-temps le doyen Chen-sieou, qui avait cinquante-six ans, quand il avait été supplanté par un novice encore laïc de vingt-trois ans en 661 ? D'abord lettré confucianiste, Chen-sieou ne s'était tourné vers le bouddhisme que sur le tard. Il était entré alors au service de Hong-jen qui n'était que de quatre ans son aîné. Il avait quarante-six ans lorsque Hong-jen avait fondé le monastère du mont Huang-mei où il le suivit. Après la mort du cinquième patriarche en 674, le doyen Chen-sieou prêcha dans tout le pays, puis alla résider, comme on le lui avait offert, au Tan-yan-sseu, situé sur le mont du même nom, dans le Hou-pei, non loin de Lo-yang, la capitale impériale. Sa réputation fit accourir vers lui les plus hauts dignitaires de la cour.

Régnait alors la redoutable impératrice Wou Tsö-t'ien, ambitieuse forcenée, qu'on accusait non sans vraisemblance d'avoir assassiné l'empereur, son époux, et qui régna pendant vingt-deux ans (683-705), au nom de leur fils, l'empereur Tchong-tsong qu'elle avait eu l'audace de faire déposer en 684, un an après son avènement. Wou Tsö-t'ien n'en était pas moins une bouddhiste fervente qui comblait de ses dons et de ses faveurs les moines, espérant acquérir ainsi des mérites qui feraient oublier ses forfaits. En 701, l'impératrice envoya à Chen-sieou un messager chargé de l'inviter à venir jusqu'à la capitale, afin qu'elle puisse l'honorer comme sixième patriarche. Il semble bien que Chen-sieou, qui avait quatre-vingt-quinze ans, ait hésité. Mais l'impératrice se fit si pressante qu'il dut céder. Il fut accueilli triomphalement à Lo-yang et conduit au palais dans un palanquin en bois de palmier. L'impératrice s'inclina devant lui et laissa la place d'honneur au saint homme, en la présence de qui elle « se sentait purifiée ». Malgré son désir de regagner son monastère, Chen-sieou dut rester à la cour où il eut pour disciples princes et dignitaires. Fort honnêtement, il refusa le titre de sixième patriarche, faisant valoir que « le maître de *dhyâna* Houei-nêng du Sud… avait hérité du *Dharma* et de la robe du cinquième patriarche, ainsi que du Sceau du Cœur du Seigneur Bouddha ». C'est là ce que déclare l'édit impérial de Wou Tsö-t'ien, par lequel elle conviait Houei-nêng à se rendre à son tour dans la capitale, invitation qu'il déclina poliment. Finalement, Chen-sieou mourut plus que centenaire au « Palais céleste » à Lo-yang, le 18 avril 706. Son disciple, Pou-tsi (651-739), poursuivit son œuvre. Malgré la faveur impériale, l'École du Nord ne survécut que pendant quelques générations. Les causes de son irrémédiable décadence furent en partie son succès « mondain » et sa collusion avec le pouvoir, surtout du temps de l'impératrice Wou Tsö-t'ien. Le 22 février 705, elle avait été détrônée par un complot qui rendit le trône à son possesseur légitime, son fils, Tchong-tsong, elle mourut peu après de dépit, à l'âge de quatre-vingt et un ans[102].

Quant à la rivalité entre l'École du Nord et l'École du Sud, elle semble n'avoir jamais eu l'importance que lui prêtent les historiens, au moins du vivant de Chen-sieou et de Houei-nêng. Les divergences de méthode procédaient d'une différence de compréhension. Les tempéraments des deux maîtres étaient diamétralement opposés. Chen-sieou, confucianiste dans sa jeunesse, était un lettré formaliste, quelque peu timoré, dont l'enseignement savant convenait aux mandarins du Nord, gouvernemental et intellectuel. Houei-nêng, plus vif, plus hardi, s'il n'était tout de même pas le barbare inculte qu'on a dit, n'en était pas moins vierge de toute influence quand il rencontra grâce au *tch'an* son propre Éveil. De plus, les deux hommes n'appartenaient pas à la même génération, Houei-nêng avait trente-trois ans de moins que le doyen

102. C. P. Fitzgerald, *The Empress Wu*, Vancouver, 1968.

Chen-sieou[103]. Houei-nêng traita toujours son aîné avec la plus grande déférence. De son côté, Chen-sieou, qui le reconnaissait pour le sixième patriarche, n'hésitait pas à lui envoyer certains de ses disciples, tel, semble-t-il, Chen-houei, et, si Tche-teng avait été chargé par lui de se renseigner sur la méthode de Houei-nêng, il fut si bien convaincu de sa supériorité qu'il se mit au service du sixième patriarche.

> Chen-sieou disait : « La méthode de Houei-nêng est prompte et directe. Pourquoi vous attarder ici ? » Un jour, il prit à part son disciple Tche-teng et lui dit : « Toi qui es intelligent et dont les connaissances sont multiples, va donc au Ts'ao-k'i, rends hommage au maître et écoute son enseignement, sans lui dire que c'est moi qui t'envoie. Souviens-toi bien de ce que tu auras entendu afin de pouvoir me le rapporter. Ainsi, je verrai qui de lui ou de moi détient la meilleure compréhension. »
>
> Tche-teng se réjouit de cette mission. Quinze jours plus tard, il était au Pao-lin-sseu. Il rendit hommage au sixième patriarche et l'écouta attentivement. Mais il advint que, sous sa parole, il connût l'Éveil et communiât avec son esprit originel. Alors, il se leva, s'inclina et dit tout naturellement :
>
> « Maître, votre disciple vient du monastère Yu-tchuan. Sous mon maître Chen-sieou, pendant neuf années, je n'ai pu parvenir à l'Éveil. Mais, en écoutant votre sermon, j'ai trouvé soudain mon esprit originel. Maître, puis-je solliciter de votre miséricorde d'être dorénavant mon instructeur ?
>
> – Si tu viens de là-bas, tu es sûrement un espion.
>
> – Lorsque je n'avais pas encore parlé, j'en étais un. Maintenant, je ne le suis plus. »
>
> Alors Houei-nêng l'interrogea :
>
> « J'ai entendu dire que ton maître de *dhyâna**, lors-

103. Ce dont les historiens ne tiennent pas assez compte.

qu'il enseigne, ne transmet que discipline, concentration et sagesse. Qu'entend-il par là ? Dis-le-moi !

– Ne pas mal agir constitue la discipline. Pratiquer le bien est sagesse. Purifier le mental, voilà la concentration. Tel est l'enseignement au Yu-tchuan. Mais je ne sais pas encore quel est votre point de vue sur ces questions, maître.

– Je n'ai pas, moi, de système. J'agis selon les circonstances et les capacités de chacun. Je tente de délivrer le disciple de ses liens et d'ouvrir devant lui la terre spirituelle. Affranchie de toute erreur, elle est discipline de la nature propre. Débarrassée de tout trouble, elle est concentration de la nature propre. Libérée de l'ignorance, elle est sagesse de la nature propre. Discipline, sagesse et concentration, telles que les enseigne ton maître, sont destinées à des élèves à la compréhension limitée. Mon enseignement s'adresse à des être supérieurs. Ceux qui n'ont pu s'éveiller par eux-mêmes à leur nature propre, sont incapables d'établir discipline, concentration et sagesse véritables.

– Pourquoi, maître, ne peuvent-ils les établir ?

– Seuls, ceux qui ont réalisé leur nature propre, se référant sans cesse à la sagesse innée, sont détachés de tout concept, aussi n'ont-ils rien à établir. Ils ont toute liberté d'aller et de venir. Ils peuvent utiliser tel système, ou se dispenser de tout système. Ils agissent spontanément de manière appropriée, quelles que soient les circonstances. La nature propre est subite ; pratique et réalisation sont immédiates, établir est graduel. C'est pourquoi je dis qu'il n'y a rien à établir. »

Tche-teng se prosterna. Il ne quitta plus le mont Ts'ao-k'i.

[...]

Le troisième jour de la huitième lune de l'année Kuei-tcheou, deuxième de l'ère de Sian-tien, le sixième patriarche réunit ses disciples après le repas et leur dit :

« Vous tous, prenez place ! Le moment est venu de vous faire mes adieux. »

À la demande de Fa-hai[104], il exposa la succession depuis les sept Bouddhas du passé, dont Shâkyamuni est le septième, puis énuméra les patriarches à partir de Mahâkasyapa, pour conclure : « Je suis donc le quarantième qui ai reçu le *Dharma*[105]. Désormais, il vous faudra à votre tour le transmettre exactement afin que son essence ne se perde pas. »

Fa-hai interrogea encore :

« Grand maître, puisque maintenant vous nous quittez, quelle Loi nous donnez-vous à transmettre ? Comment faire découvrir leur nature de Bouddha à ceux qui demeurent dans l'illusion ?

– Sachez qu'il leur suffira de prendre connaissance de la nature des êtres. Même s'ils étaient auparavant aveuglés, ils verront clairement le Bouddha. Sans cette connaissance des êtres, rechercher le Bouddha serait vain, même s'ils y consacraient dix mille *kalpa**. Bouddha ne veut rien dire d'autre que connaissance des êtres. Ceux qui l'ignorent, ne sont que des Bouddhas en puissance, tandis qu'un Bouddha ne voit aucune différence entre lui-même et les autres êtres.

Éveillé, même un être ordinaire devient Bouddha.

Ignorant et inconscient, un Bouddha n'est qu'un être ordinaire. »

Puis le sixième patriarche ajouta :

« Vous, mes disciples, demeurez en harmonie ! Avant que nous nous quittions, je vais vous léguer l'hymne de la libération du véritable Bouddha de la nature propre. Lorsque les êtres aveuglés des générations futures l'entendront et le comprendront, ils verront aussitôt leur vraie nature et par leur propre esprit réaliseront le Bouddha qui est en eux :

« La nature propre des êtres tels qu'ils sont en vérité *(tathâta*)* est le Bouddha véritable.

104. Fa-hai fut, rappelons-le, le rédacteur du *T'an king*.

105. Habituellement, on fait commencer la liste des patriarches à Mahâkashyapa, qui reçut la transmission du Bouddha lui-même, ce qui fait du sixième patriarche chinois le trente-troisième patriarche. En incluant les sept Bouddhas, Houei-nêng était en effet le quarantième patriarche.

Les trois poisons[106] et les vues erronées sont Mâra[107].
Le démon fait de ceux qui ont des vues erronées ses victimes.
Lorsque dominent en nous les trois poisons,
Nous sommes possédés par Mâra.
Lorsque nous acquérons la vue juste, ils n'ont plus de prise sur nous.
Mâra lui-même se transforme en véritable Bouddha.
Les trois corps[108] ne forment en réalité qu'un seul corps
Parvenir à le réaliser intuitivement
Est la cause directe de l'Éveil.
À l'origine, de notre corps de métamorphose[109], émane notre pure nature,
Quelles que soient nos défaillances, elle ne cesse d'être présente
Guidé par sa pure nature, notre corps de métamorphose marche de lui-même sur la Voie,
De ce fait, il est en soi destiné à atteindre la plénitude et la vérité de l'infini.
[...]
Ceux qui s'exercent à la pratique, prétendent rechercher le Bouddha,
Où pensent-ils donc le trouver ?
[...]
Si vous ne le cherchez en vous-mêmes, mais au-dehors,
Quand bien même vous feriez des efforts surhumains,
Vous ne le rencontreriez jamais.
Je lègue donc, à vous et à la postérité l'enseignement de l'Éveil subit
Pour le salut de tous.

---

106. La convoitise, l'orgueil et la haine.

107. Littéralement, le « destructeur », la personnification du Mal, le Tentateur, tel qu'il se manifesta, par exemple, lors de l'Éveil du Bouddha, cherchant à l'en détourner par tous les moyens.

108. *Dharmakâya*, le Corps de la Loi, *Sammboghakâya*, le Corps de rétribution, *Nirmânakâya*, le Corps de métamorphose, voir *Trikâya**.

109. Le corps dans lequel nous nous incarnons lors de notre conception.

Enseignez-le à ceux qui étudient la Voie dans le monde, afin qu'ils s'y conforment. »

Le patriarche ajouta encore :

« Ne vous laissez pas aller aux usages mondains. Ne me pleurez pas, ne portez pas le deuil, ne recevez ni condoléances ni offrandes, sinon vous ne seriez pas en accord avec la sainte Loi et vous ne seriez pas mes disciples. Demeurez paisibles et sereins. Qu'il en soit comme de mon vivant. Pratiquez ainsi que je vous l'ai enseigné. Si vous agissiez contrairement à mon enseignement, même si j'étais encore parmi vous, vous n'en tireriez aucun profit. »

Puis le sixième patriarche se tut. Il resta immobile en posture jusqu'à la troisième veille de la nuit. À minuit, le 28 août 713, il fut emporté. Il avait soixante-quinze ans révolus[110].

Mahâ Prajñâ Paramitâ

(La perfection de la Grande Sagesse)

Bienveillant auditoire[111], la sagesse de l'Éveil est inhérente à notre nature. C'est à cause des illusions sécrétées par notre mental que nous ne parvenons pas à la voir. Du point de vue de la nature de Bouddha, il n'existe aucune différence entre un Éveillé et un être ordinaire, sinon que l'un la connaît et que l'autre l'ignore. C'est pourquoi, il nous faut recourir aux instructions des éveillés si nous voulons la connaître. Le *sûtra* dit de chercher refuge dans le Bouddha qui est en nous, il ne dit pas de prendre refuge en d'autres que lui. Si vous ne prenez refuge dans votre propre nature, vous ne trouverez de refuge nulle part.

110. Sur Houei-nêng et son enseignement : Ph. Yampolsky, *The Platform Sûtra of the Sixth Patriarch*, New York, 1967. – Fa-hei, *Le sûtra de l'Estrade du sixième patriarche Houei-nêng, 638-713*, trad. fr. de Patrick Carré, Paris, 1995.

111. Ce sermon fut prononcé par le sixième patriarche, à la suite du récit qu'il avait fait de sa carrière, au monastère Ta-fan-sseu de Chao-Tcheou.

Maintenant, je vais vous exposer la loi de la perfection de la Sagesse *(prajñâ)* qui conduit sur l'autre rive *(paramitâ)*, afin que chacun d'entre vous puisse y accéder. Écoutez donc avec attention.

Mahâprajnâparamitâ est un terme sanskrit qui nous est venu de l'Inde avec le bouddhisme. Il ne s'agit pas de prononcer ces mots, si on ne les met en pratique. Réciter sans pratiquer est élever une chimère. Pourquoi dit-on *Mahâ* ? *Mahâ* signifie « grand », la capacité de l'esprit est aussi étendue que l'espace vide. Vacuité ne veut pas dire néant, le vide de l'esprit ne signifie pas son anéantissement. Ne commettez pas d'erreur à ce sujet. Le vide illimité de l'espace contient le soleil et la lune, les étoiles, la terre, tous les êtres vivants, les six mondes *(samsâra*)*, le ciel et l'enfer. Tous sont compris dans la vacuité. Telle est la vacuité de la nature humaine.

La nature propre embrasse les dix mille choses, les dix mille choses constituent la nature propre. Si, devant ce que nous jugeons bon ou mauvais, juste ou injuste, nous n'éprouvons ni attrait ni répulsion, alors notre esprit est vide comme l'espace. Mais il est des êtres aveuglés qui vident leur esprit au point de ne plus penser à rien et s'intitulent « grands ». N'est grand que celui qui reconnaît par la pratique la capacité immense de l'esprit qui pénètre le *Dharmadhâtu* [le « monde de la Loi », l'univers entier, la totalité immuable], en lequel se produisent les phénomènes qui naissent et qui meurent.

Qu'appelle-t-on *prajñâ* ? *Prajñâ* est la Sagesse suprême[112]. Qu'à tout instant, aucune pensée ne provienne de l'ignorance, telle est la pratique de la Sagesse. Qu'une seule pensée procède de l'ignorance, et la Sagesse disparaît. Mais qu'une seule pensée naisse de la connaissance, et la Sagesse naît avec elle.

Qu'appelle-t-on *paramitâ* ? Le mot veut dire « atteindre l'autre rive ». Comprendre cela, c'est rompre avec le cycle de production et de destruction,

112. La sagesse immédiate, intuitive, opposée à la soi-disant sagesse abstraite, soumise à l'intellect.

aller au-delà de l'existence et de la non-existence. Si vous demeurez attachés aux circonstances, aux apparences, vous demeurerez ballottés sur la mer houleuse. Telle est cette rive-ci. Si l'on s'en détache, il n'y a plus ni naissance ni mort, mais un courant paisible, sans remous ni écume. Voilà ce qu'est atteindre l'autre rive, *paramitâ*. La bouche de l'aveuglé récite, le sage pratique. Si vous ne vous y exercez, vous resterez un être ordinaire. Mais si, à la moindre pensée, vous vous y exercez, votre corps de la Loi *(Dharmakâya)* sera semblable à celui du Bouddha. Sachez-le, ce sont les passions qui donnent naissance à l'Éveil. Tant que la pensée est aveuglée, on est un être ordinaire, mais, dès que la pensée est éveillée, le Bouddha est là. La Grande Sagesse qui conduit sur l'autre rive *(Mahâprajñâparamitâ)* est première et insurpassée, elle ne va ni ne vient, n'a ni présent ni passé ni futur. Tous les Bouddhas de tous les temps procèdent d'elle. Par la Sagesse suprême, les cinq agrégats *(skandha*)*, passions, angoisses et tourments sont annihilés. Elle transforme les trois poisons de l'existence en discipline, concentration et sérénité.

Bienveillants auditeurs, ma Loi, qui est la porte de l'Éveil, est née des quatre-vingt-quatre mille sagesses[113]. Pourquoi cela ? Parce qu'il existe en ce monde quatre-vingt-quatre mille tourments. Sans les tourments, la Sagesse serait invincible, elle ne se détacherait pas de la nature propre. Celui qui s'éveille à cette loi est libéré des pensées, des souvenirs et des attachements. Ne rejetez donc ni vos mensonges ni les erreurs de votre mental ! Ils forment en soi la nature de votre Ainsité *(tathâta*)*. Contemplez toute chose à la lumière de votre Sagesse ! Ainsi, sans vous attacher ni renoncer à aucune, vous verrez votre nature et atteindrez la Voie du Bouddha.

Cette Loi du Véhicule suprême est exposée à l'intention des êtres sages doués de hautes facultés. Lorsque les êtres peu sages entendent cette loi, nulle

113. Quatre-vingt-quatre mille représente un nombre illimité.

confiance ne naît dans leur esprit. C'est comme si un énorme dragon déversait une pluie torrentielle sur Jambudvîpa[114]. Les cités, les villes, les villages, tout serait emporté comme des herbes et des feuilles flottantes. Si cette pluie diluvienne tombait sur la mer, celle-ci n'en serait ni accrue ni troublée...

À l'écoute de l'enseignement de l'Éveil subit, les êtres dotés de petites facultés ressemblent aux plantes dont les racines sont courtes. Qu'une grosse pluie les inonde, elles sont déracinées et ne peuvent plus pousser. Ainsi en va-t-il des êtres de petites facultés. Et pourtant ils possèdent par nature la connaissance de la Sagesse suprême et de ce point de vue ne sont pas différents des plus grands sages... Mais les êtres dont l'esprit est aveuglé par les passions et les vues erronées recherchent le Bouddha au moyen de pratiques extérieures et n'aspirent même pas à reconnaître leur véritable nature. S'ils écoutaient l'enseignement de l'Éveil subit et le mettaient en pratique, même les êtres les plus obtus s'éveilleraient tous à l'instant même.

N'ayez de demeure ni intérieure ni extérieure ! Allez et venez en toute liberté ! Rejetez seulement de votre esprit ce à quoi il s'accroche ! Que votre pénétration ne rencontre aucun obstacle ! Lorsque votre esprit sera exercé à cette pratique, il n'existera plus fondamentalement aucune inégalité entre vous et la Grande Sagesse qui conduit sur l'autre rive.

*

*   *

HO-TSÊ CHEN-HOUEI
(668-760)

Chen-houei, qui prit le nom de Ho-tsê (Heze Shenhui), celui de son monastère à Lo-yang, la capitale impériale,

114. Dans la cosmologie indienne, *Jambudvîpa* désigne le continent subhimalayen, donc l'Inde.

naquit à Siang-yang dans le Hou-pè, probablement en 668. Il étudia d'abord le taoïsme, puis se tourna vers le bouddhisme. Il semble que vers 699, il devint le disciple de Chen-sieou, il serait resté auprès de lui jusqu'à son départ pour Lo-yang en 701. Il partit alors pour le Sud et vint trouver le sixième patriarche au Pao-lin-sseu.

> À son arrivée, après avoir rendu hommage au maître, il lui demanda :
>
> « Maître, lorsque vous êtes assis en méditation, voyez-vous ou ne voyez-vous pas ? »
>
> Le maître se leva et frappa Chen-houei par trois fois. Puis il lui demanda :
>
> « Chen-houei, quand je te bats, est-ce que tu as mal ?
>
> – J'ai mal sans avoir mal.
>
> – Et moi, je vois sans voir. – Mais toi, tu ne vois même pas ta propre nature, comment oses-tu venir te jouer de moi ? »
>
> Chen-houei s'inclina et ne prononça plus un mot.
>
> « Parce que ton esprit est aveuglé, tu es venu demander ton chemin à un ami bienveillant. Mais c'est seulement en cultivant la pratique conformément à la Loi que ton esprit s'éveillera. Alors, tu verras par toi-même. Mais parce que tu t'égares et que tu ne vois pas ton propre esprit, tu es venu me demander si, moi, je voyais. Moi seul sais si je vois, comment pourrais-je me substituer à toi qui est aveuglé ? Pourquoi ne pas t'exercer toi-même au lieu de me demander si je vois ? »

Chen-houei se prosterna. Il devint disciple et ne quitta plus le mont Ts'ao-k'i jusqu'à la mort du sixième patriarche. Peu auparavant celui-ci lui aurait transmis le *Dharma*. Lorsque Houei-nêng annonça sa mort un mois à l'avance, tous les disciples proches éclatèrent en sanglots. Seul, Chen-houei demeura impassible. Le sixième patriarche lui dit :

> « Chen-houei, bien que moine depuis peu, tu es parvenu à la juste indifférence, ni les éloges ni les blâmes

ne t'émeuvent. Vous autres, vous n'y êtes pas parvenus. Pendant toutes ces années, quelle voie avez-vous donc suivie sur cette montagne ? Sur quoi vous lamentez-vous aujourd'hui ? Vous imaginez-vous que je ne sais pas où je vais ? Vous sanglotez parce que vous ne connaissez pas ma destination. Si vous la connaissiez, vous ne pleureriez point. »

Après la mort de son maître, Chen-houei quitta le Pao-lin-sseu pour accomplir un long pèlerinage. En 720, un édit impérial lui ordonna de se fixer au monastère Long-sing, non loin de Lo-yang. Il y reçut des visiteurs de marque, dont le grand ministre Tchang-yué. Déjà, semble-t-il, Chen-houei était devenu l'ennemi actif de l'école du Nord en la personne du successeur de Chen-sieou, P'ou-tsi (651-739). En 725, celui-ci reçut l'ordre de venir résider à la cour. C'était un homme grave, taciturne et méprisant, qui prétendait représenter seul l'orthodoxie. L'école du Nord triomphait alors, on semblait avoir oublié Houei-nêng, ce que ne pouvait supporter Chen-houei. Il eut alors de longs entretiens avec Tchang-yué[115] et d'importantes discussions doctrinales avec le célèbre maître de *dhyâna** Tch'ong-yuan[116].

En 734, Chen-houei prit l'offensive en réunissant une importante assemblée des maîtres les plus éminents du *tch'an*, à Houa-t'ai, près de Lo-yang. Devant eux, il déclara que les prétentions de l'école du Nord au patriarcat étaient sans fondement. P'ou-tsi n'avait aucun droit de se parer, comme il le faisait, du titre de septième patriarche, en faisant de son maître le sixième patriarche, titre que celui-ci avait toujours refusé. C'était là une initiative courageuse, mais extrêmement risquée, l'école du Nord jouissant des faveurs de la cour. Chen-houei en acquit une grande renommée et poursui-

115. J. Gernet, *Entretiens du maître de Dhyâna Chen-houei de Ho-tsö (668-760)*, Paris, 1977, p. 31.

116. J. Gernet, *op. cit.*, p. 92-97.

vit activement sa campagne en vue de la réhabilitation du sixième patriarche. Il eut à ce sujet de nombreuses entrevues avec des maîtres et des officiels. En 739, il rencontra le poète Wang Wei, qui occupait d'importantes charges dans l'État, et, d'abord adepte de l'école du Nord, se rallia alors à celle du Sud[117] ; en 741, il eut avec le ministre Wang-kiu[118] un entretien qui lui valut la bienveillance de la cour. Entre-temps, P'ou-tsi était mort. En 745, Chen-houei fut invité à diriger l'important monastère Ho-tsê de Lo-yang. Bien qu'âgé de soixante-dix-sept ans, il y déploya une activité étonnante ; chaque mois, il organisait des conférences où il exposait devant un public étendu les enseignements de Houei-nêng. Ses succès exaspéraient ses adversaires ; victime de leurs calomnies, Chen-houei fut exilé en 753. Mais la chute de l'empereur Hiuan-tsong et la venue au pouvoir de son fils, Sou-tsong (756-762), entraînèrent son rappel. On avait besoin de son éloquence pour remplir les caisses vides de l'État en vendant des certificats d'ordination monastique. Chen-houei se prêta à cette douteuse opération et mourut, en pleine gloire, en 760, à l'âge de quatre-vingt-douze ans[119].

Quoi que l'on puisse penser d'un personnage certainement pas irréprochable, puisqu'à la fin de sa vie, il en était arrivé aux compromissions qu'il avait condamnées chez ses adversaires, il faut lui rendre cette justice qu'avec une loyauté et un dévouement dignes d'estime, il était parvenu à ses fins : personne ne contestait plus que Houei-nêng avait été le seul véritable sixième patriarche et ses héritiers devaient en bénéficier. Le *tch'an* ne pouvait plus être que « subitiste ». L'école du Nord était pratiquement condamnée, elle ne survécut que peu de temps.

117. *Idem*, p. 63-65.

118. *Idem*, p. 25-26.

119. Une biographie détaillée de Chen-houei figure dans l'Introduction des *Entretiens* cités, ainsi que dans Yampolsky, *Platform Sutra of the Sixth Patriarch*.

Controverse de Chen-houei et de Tch'ong-yuan [120]

Le maître Yuan demanda :

« Le maître de *dhyâna* P'ou-tsi et le maître de *dhyâna* Hiang-mo enseignent à immobiliser l'esprit, afin d'entrer en concentration, et à le fixer pour saisir sa vacuité, à le mettre en mouvement pour qu'il illumine le dehors et à le concentrer afin qu'il obtienne l'Éveil au-dedans. Ils maintiennent que telle est la doctrine. Pourquoi n'enseignez-vous pas cette méthode ? »

« Je ne puis l'enseigner, car elle constitue par elle-même un obstacle à l'Éveil. Examiner son esprit serait faire de lui un objet de connaissance et perdre de vue le véritable but... Les paroles de mon grand maître, le sixième patriarche, pénétraient une à une ses auditeurs telles des flèches. Elles leur faisaient saisir directement leur nature propre sans recourir à l'enseignement graduel. Ceux qui étudient la Voie doivent être éveillés subitement. Ce n'est qu'après qu'il leur faut pratiquer graduellement afin d'obtenir la délivrance. Une mère ne met-elle pas son enfant au monde subitement? Ensuite, elle lui donne le sein, le nourrit, et peu à peu la sagesse de l'enfant s'accroît spontanément. Il en va de même pour l'Éveil. La vue de la nature de Bouddha survient brusquement. La grande sagesse *(prajñâ)* s'accroît ensuite d'elle-même. *Tso-tch'an (zazen)*, qui est non-production de pensée, ne doit pas être séparé de *dhyâna*, qui désigne la nature foncière. Voilà pourquoi la théorie dont vous parlez doit être rejetée.

De son vivant, le maître de *dhyâna* Chen-sieou déclarait que le sixième patriarche avait reçu le *kasâya* de la Loi, il n'a jamais prétendu être lui-même le sixième patriarche. Mais, aujourd'hui, le maître de *dhyâna* P'ou-tsi se donne le titre de septième patriarche, en établissant faussement son maître comme le sixième patriarche. Cela, on ne peut l'admettre. »

120. J. Gernet, *op. cit.*, kiuan III, p. 92-97. Nous avons beaucoup amendé cette traduction, afin de la rendre plus lisible et doctrinalement plus exacte.

Maître Yuan répliqua :

« La gloire et le nom de maître P'ou-tsi couvrent le monde. Il fait parler de lui partout et son enseignement se transmet de bouche en bouche. L'attaquer comme vous le faites n'est-ce pas risquer sa vie[121] ? »

« Ceux qui ont lu mon traité "fixant le vrai et le faux au sujet de l'école du Sud de Bodhidharma"[122] se méprennent lorsqu'ils disent que c'est une critique. P'ou-tsi se déclare en désaccord avec l'école du Sud. J'ai examiné le vrai et le faux et j'ai rétabli les principes. Je ne fais que répandre le *Mahâyâna**, je fais connaître et entendre la vraie Loi à tous les êtres[123]. Comment aurais-je souci de mon existence ? »

« En composant ce traité, n'avez-vous pas eu en vue la gloire et le profit ? »

« Puisque je n'ai pas souci de mon existence, comment me soucierais-je de la gloire et du profit ? »

121. On en était en effet venu là. Déjà, lors de l'attentat nocturne contre le sixième patriarche que nous avons mentionné plus haut, le coupable n'était autre qu'un compagnon de P'ou-tsi.

122. C'est le traité que Chen-houei devait diffuser peu après, lors de l'assemblée de Houa-t'ai.

123. Selon le *T'an king*, Houei-nêng aurait prophétisé : « Un peu plus de vingt ans après ma mort, quelqu'un viendra, qui, sans craindre pour sa vie, fixera le vrai et le faux de la doctrine et établira les principes, c'est-à-dire ma vraie loi. »

Chapitre III

L'Âge d'or du *tch'an*

TCH'AN ET CIVILISATION CHINOISE

L'« âge d'or » du *tch'an*[1] a historiquement coïncidé avec l'apogée de la civilisation chinoise sous la dynastie des T'ang (618-907). En 617, le jeune Li Che-min (597-649), fils de Li Yuan, comte de T'ang et gouverneur d'une marche frontière, sut tirer parti de l'anarchie qui suivit la chute de la dynastie des Souei (589-618) pour s'emparer du trône. Comme il n'avait que vingt ans, Li Che-min y plaça son père, qui régna sous le nom de Kao-tsou (618-626), mais il conserva la réalité du pouvoir et lui succéda sous le nom de T'ai-tsong (626-649)[2]. Homme d'une énergie prodigieuse, vaillant guerrier, politique habile, T'ai-tsong le Grand réorganisa l'empire de fond en comble et l'étendit au nord-est et surtout vers l'ouest, faisant passer sous sa vassalité les petits royaumes turcs qui s'y étaient constitués.

1. L'expression est de John Wu, *L'âge d'or du zen*, trad. fr., Paris, 1980.
2. C. P. Fitzgerald, *Li Che-min*, trad. fr., Paris, 1935. – W. Bingham, *The Founding of the T'ang*, Baltimore, 1941.

Grand lettré lui-même et protecteur des arts, l'empereur fit des deux capitales, Tch'ang-ngan (actuel Xian) et Lo-yang, les foyers rayonnants d'une civilisation raffinée, enrichie par les apports venus de l'étranger. Ainsi, à Tch'ang-ngan, qui comptait environ un million d'habitants, se croisaient Syriens, Arabes, Iraniens, Sogdiens, Turcs, Indiens et Coréens. Les échanges entre la Chine, l'Inde et l'Iran furent très actifs, le bouddhisme en profita pour s'implanter au Tibet, dont le roi épousa une princesse chinoise, tandis que des moines pèlerins se rendaient en Inde pour y recueillir les textes sacrés. Le plus illustre d'entre eux fut le moine chinois Hiuan-tsang (v. 596-664). Homme d'une culture immense et philosophe subtil, il parcourut l'Ouest pendant seize ans et fut accueilli solennellement par l'empereur à son retour dans la capitale, où il consacra ses dernières années à traduire les nombreux textes qu'il avait rapportés.

Envers toutes les religions étrangères, y compris le christianisme, T'ai-tsong se montra fort tolérant. En 635, il laissa le prêtre nestorien, que les Chinois appelaient A-lo-pen, s'installer à Tch'ang-ngan, où il construisit une église. Le fils de T'ai-tsong, Kao-tsong (650-683) qui était loin de posséder le caractère énergique de son père, protégea les nestoriens et honora lui-même tous les cultes. Sous son règne, l'empire conquit la Corée, mais au nord et à l'ouest les Turcs, subjugués par T'ai-tsong, redevinrent menaçants.

Kao-tsong vivait sous l'emprise de Wou Tsö-t'ien, ex-favorite de son père, dont il s'était épris. Aussi ambitieuse que belle, celle-ci prit la direction des affaires. Elle fit probablement assassiner l'empereur pour régner seule ; ayant déposé son propre fils Tchong-tsong, elle fut pendant vingt-deux ans la maîtresse absolue de l'empire. Sous son règne, le recrutement des administrateurs commença à être assuré par des concours qui favorisèrent les lettrés, souvent originaires du sud et de l'est. Wou Tsö-t'ien s'appuya sur cette nouvelle classe issue de la bourgeoisie provinciale, qu'elle opposa à la vieille aristocratie du Nord qui lui était hostile. Ces mandarins devaient jouer par la suite un rôle majeur dans la vie politique de l'empire[3]. Enfin, en 705, un complot remit sur le trône Tchong-song, après avoir déposé sa mère qui mourut peu après. Bouddhiste fervente, Wou Tsö-t'ien n'avait pas seulement protégé Chen-sieou et l'école du Nord, mais aussi le second des grands moines pèlerins, Yi-tsing qui avait séjourné pendant vingt-quatre dans les sanctuaires de l'Inde et des pays bouddhiques du sud de l'Asie, et fut, comme Hiuan-tsang, un grand traducteur[4].

Le règne de Tchong-song ne dura que cinq ans. Aussi faible que son père, il mourut empoisonné par sa femme, l'impératrice Wei en 710. Indigné par ses scandales successifs, la famille impériale se révolta sous la conduite du prince Li Long-ki qui prit le pouvoir et fit exécuter Wei. À l'exemple de T'ai-tsong, Li Long-ki mit sur le trône son propre père, Jouei-tsong, qui abdiqua deux ans plus tard. Sous le nom de Hiuan-tsong, Li Long-ki régna pendant quarante-quatre ans (712-756). Actif et courageux, c'était un homme fort cultivé, poète et musicien, qui s'honorait de protéger les lettrés.

Les relations de la Chine avec tous les pays bouddhistes facilitaient échanges et pèlerinages. Les différentes écoles du bouddhisme connurent alors un prodigieux essor qui eut pour résultats, sur le plan artistique, la construction de temples et de monastères et, corrélativement, le développement de la sculpture et de la peinture religieuses, et, dans les lettres, la multiplication des travaux d'exégèse et d'érudition. Le premier livre imprimé en Chine, le 11 mai 868, fut une traduction du *Vajracchedikâ Sûtra* (Sûtra du diamant).

---

3. R. des Rotours, *Traité des examens*, Paris, 1932. – E. Balazs, *La Bureaucratie céleste*, Paris, 1968.

4. E. Chavannes, *Mémoire composé à l'époque de la grande dynastie des T'ang sur les religieux éminents qui allèrent chercher la loi dans les pays d'Occident*, Paris, 1894.

Les poètes et le tch'an

La poésie chinoise connut alors tout son éclat avec les quatre grands : Wang Wei (701-761), Li Po (Li T'ai-po, 701-762) et Tou Fou (712-770), et leur successeur Po Kiu-yi (772-846)[5]. Wang Wei et les deux amis Li Po et Tout Fou furent les protégés personnels de l'empereur, mais la mort de ce dernier rendit leur situation fort difficile. Si l'influence de l'atmosphère bouddhiste ne fut sur Li Po et Tou Fou qu'indirecte et diffuse – Li Po était un taoïste convaincu et Tou Fou plutôt confucéen –, elle est en revanche évidente sur Wang Wei et Po Kiu-yi. Exact contemporain de Li Po, Wang Wei était un fidèle du *tch'an*. D'abord adepte de l'école du Nord, il se rallia à l'école du Sud, après avoir rencontré Chen-houei. Ses convictions transparaissent en particulier dans les très beaux poèmes qu'il consacra à la nature. Ministre sous Hiuan-tsong, Wang Wei passa quelque temps en prison lors de la révolte de Ngan Lou-chan en 756, et se livra ensuite à la méditation dans la retraite. Érudit éminent, musicien, poète d'un classicisme sobre et très pur, Wang Wei fut aussi le créateur d'un nouveau style de peinture n'utilisant que les nuances de l'encre de manière libre et spontanée, allant jusqu'à se servir, dit-on, des éclaboussures. Dans ce domaine, Wang Wei fut un précurseur qui détermina, dans le sens de l'esprit du *tch'an*, l'évolution d'un courant novateur d'une grande hardiesse. Po Kiu-yi, poète en son temps fort populaire, défenseur des humbles, n'hésitait pas à adresser des remontrances à l'empereur qui l'exila à deux reprises. Il était, lui aussi, un adepte de l'école du Sud et eut pour maître Wei-kouan (775-817), disciple de Ma-tsou.

---

5. Liu Wu-chi, *An Introduction to Chinese Literature*, Londres, 1966. – P. Demiéville, *Anthologie de la poésie chinoise classique*, Paris, 1962. – A. Waley, *The Life and Times of Po Chü-i*, Londres, 1949 ; *The Poetry and Career of Li Po*, Londres, 1950. – W. Hung, *Tu Fu, China's Greatest Poet*, 2 vol., Cambridge, Mass., 1952.

Ainsi que l'a remarqué l'éminent sinologue Paul Demiéville[6], certains maîtres du *tch'an* furent eux-mêmes d'excellents poètes. Ainsi l'*Inscription sur la Foi en l'Esprit (Sin Sin ming)*, attribuée à Seng-ts'an, le troisième patriarche, est, selon lui, « une pièce d'une haute tenue littéraire et philosophique ». Parmi les disciples directs de Houei-nêng, se distinguèrent en tant que lettrés, Yong-kia, l'auteur du *Chant de la certification de la Voie (Cheng tao ko)*, Fa-hai, le rédacteur du *Sûtra de l'Estrade*, connu aussi pour ses poèmes, Pen-tsing (667-761) et Chen-houei. Un peu plus tard, P'ang Yun, dit P'ang le Laïc (740-811), présenta sous forme de poèmes d'une grande originalité de ton, ses entretiens avec les grands maîtres du *tch'an* qu'il était allé visiter[7]. Lin-tsi fut un maître du verbe, et son contemporain Tong-chan, auteur du *Samâdhi du Miroir du Trésor (Pao-ching san mei)*, un poète, comme l'un de ses disciples, Kiu-touen de Long-ya (835-923). « Vers la fin des T'ang, alors qu'on voit... la poésie du *tch'an* adopter les formes et les procédés de la lyrique classique... se développent des théories esthétiques identifiant l'inspiration poétique à l'intuition du *tch'an*. Dès la fin du VIIIe siècle, un poète laïc, Tai Chan-louen, écrivait que "l'esprit poétique ouvre la porte du *tch'an*"[8]. »

Ce point de vue deviendra déterminant sous la dynastie des Song (960-1279). Ainsi Li Tche-yi pouvait-il écrire à son ami, le grand poète Sou-che (Sou Tong-p'o, 1036-1101), qui qualifiait sa poésie de « recueillement au pinceau » : « Entre *tch'an* et poésie, pas de différence ; l'éveil du pinceau est pareil à l'éveil du *tch'an*. » Les lettrés song fréquentaient plus que jamais les maîtres du *tch'an*, « lesquels se comportaient eux-mêmes en lettrés. Le *tch'an* tomba alors aux mains des

6. « Le *tch'an* et la poésie chinoise », étude publiée dans *Tch'an – Zen*, *op. cit.*, p. 314-326.
7. R. Fuller-Sasaki, *The Recorded Sayings of Layman P'ang*, New York, 1971.
8. P. Demiéville, *op. cit.*, p. 324.

lettrés et des esthètes.»[9]. À côté du *K'an-houa-tch'an* (le *tch'an* de la contemplation de la Parole), le futur *Kanna zen* du Rinzaï, le *Wen-tseu-tch'an* (*tch'an* de la lettre), qui fut alors à la mode, n'était plus, par rapport au *tch'an* de l'âge d'or, qu'une parodie littéraire. Ainsi, au début du XIIIe siècle, le poète Yen Yu prétendait-il « traiter de la poésie comme on traite du *tch'an* », ce qui permet à l'un de ses modernes commentateurs[10] d'écrire : « De même que le principe du *tch'an* est tout entier dans l'illumination irrationnelle, de même le principe de la poésie… Il y a dans la poésie [song] une certaine qualité qui n'a rien à faire avec l'écrit, un certain goût qui n'a rien à faire avec la raison. » Si la poésie en reçut un nouvel élan, il n'en alla pas de même, évidemment, pour le *tch'an*. Ce courant littéraire chinois devait pénétrer au Japon en même temps que le *tch'an* et il influença à ses débuts l'école Rinzai.

*

Le règne, si long et si brillant, de Hiuan-tsong eut une fin tragique. L'empereur n'était plus jeune quand il s'éprit de la femme de son fils, la belle Yang Kouei-fei qui, en 738, divorça pour devenir concubine impériale. Elle en profita pour placer des membres de sa famille aux principaux postes de l'État et gouverna elle-même l'empereur. Un aventurier tartare, Ngan Lou-chan (An Lu-shan), devenu leur favori, exploita cyniquement la haine qui s'était accumulée contre Yang Kouei-fei et avait rejailli sur son impérial amant, en levant, en 755, l'étendard de la révolte[11]. Tout le pays le suivit. Hiuan-tsong dut s'enfuir précipitamment ; les soldats de son escorte, s'étant mutinés, massacrèrent la favorite et ses

9. *Idem*, p. 325.
10. G. Debon, *Ts'ang-lang's Gespräche über Dichtung*, Wiesbaden, 1962.
11. E. G. Pulleyblank, *The Background of the Rebellion of An Lu-shan*, Oxford, 1955.

deux sœurs. Pendant ce temps, Ngan Lou-chan avait occupé Tch'an-ngan, la capitale. Le fils de Hiuan-tsong, Sou-tsong, prit la tête des troupes restées fidèles, qui le proclamèrent empereur. Mais il dut consacrer tout son règne (756-762) à combattre les rebelles dont il ne vint à bout qu'avec l'aide du chef des Turcs Ouïghours de Mongolie.

En Chine, celui-ci rencontra un prêtre manichéen qui le convertit. Le manichéisme devint la religion de l'État et du peuple et les souverains ouïghours obtinrent de la cour de Tch'ang-ngan, qui ne pouvait rien leur refuser, la création de temples manichéens dans plusieurs villes de l'empire. Mais, quand les Ouïghours furent vaincus en Mongolie par d'autres Turcs, les Kirghiz, les communautés manichéennes de Chine furent aussitôt proscrites. En revanche, les nestoriens jouirent de la faveur constante du gouvernement.

Depuis longtemps, taoïstes et confucianistes conservateurs s'indignaient de la présence sur le sol chinois des religions étrangères qui faisaient des prosélytes, et persistaient à considérer le bouddhisme comme l'une d'entre elles. Ils l'accusaient, non sans raison, de nuire au redressement de l'État, en capitalisant dans les monastères exonérés d'impôts, d'immenses richesses aussi bien en hommes qu'en numéraire. Les moines, dont un grand nombre, il est vrai, n'avaient pas de véritable vocation, mais trouvaient dans les monastères un refuge sûr, étaient tenus pour des parasites, puisqu'ils ne travaillaient ni ne procréaient. Ils étaient d'ailleurs beaucoup trop, leur nombre dépassait probablement le million, dans un pays qui souffrait de la très grave crise démographique engendrée par les troubles : à la veille de la guerre civile, le recensement de 754 avait enregistré, après cent cinquante ans de paix et de prospérité, quelque cinquante-deux millions d'habitants ; dans celui de 839, alors que le pays s'était en partie remis des destructions, ce chiffre ne dépassait pas trente millions. De plus, la levée de milices contre les rebelles avait ruiné les campagnes, le commerce périclitait, les biens des marchands ayant été confisqués, puis les spéculations très lourdement taxées en vue de renflouer le trésor de l'État, vidé par les guerres civiles[12].

La montée sur le trône en 841 d'un souverain taoïste poussé par son entourage déclencha en 842-845 une persécution extrêmement violente contre tous les cultes étrangers. Le bouddhisme en fut la principale victime. S'il se releva ensuite rapidement, il n'en avait pas moins perdu bcaucoup de son élan créateur et de sa vitalité tant intellectuelle que spirituelle, et fut incapable de lutter contre la renaissance du confucianisme. Cependant de toutes les écoles du bouddhisme, la moins touchée fut le *tch'an*. Il sortit pratiquement indemne de l'épreuve, les monastères se trouvaient en effet à l'écart, loin des grandes villes, les moines y vivaient pauvrement de leur travail et donnaient l'exemple d'une moralité irréprochable. Aussi, sous les Song, le *tch'an* devint-il la plus influente de toutes les écoles et connut-il une prospérité sans précédent, ce qui n'alla d'ailleurs pas sans dommage.

La misère persistant, la ruine des paysans et des commerçants ne pouvait conduire le pays qu'à une nouvelle révolte. À la fin de l'année 874, le lettré Houang Tch'ao, qui avait été victime d'une injustice, homme intelligent, énergique, mais sans scrupule[13], se mit à la tête d'un soulèvement de mécontents qui se livrèrent aussitôt au pillage. Le gouvernement fit appel aux Turcs Cha-t'o, dont le chef le soutint loyalement. Mais un chef de bande chinois, Tchou Wen, fit assassiner l'empereur, puis massacrer sa famille en 904. Ne survécut qu'un enfant de treize ans qu'il plaça sur le trône, mais déposa peu après, le 12 mai 907, pour se proclamer lui-même

12. J. Prip-Moller, *Chinese Buddhist monasteries*, Copenhague, 1937. – J. Gernet, *Les aspects économiques du bouddhisme dans la société chinoise du Ve au Xe siècle*, Saigon, 1956.

13. H. S. Levy, *Biography of Huang Ch'ao*, Berkeley, 1955.

empereur. La dynastie des T'ang, qui régna pendant près de trois cents ans, avait vécu, et la Chine sombra dans l'anarchie dont elle ne fut tirée qu'en 960 par la nouvelle dynastie des Song (960-1279), qui restaura l'unité et la prospérité du pays.

*

*   *

YONG-KIA HIEN-TSIUE
(665-713)

On le surnomma le « Maître de l'Éveil d'une nuit », il obtint en effet la certification de son Éveil au cours d'une très brève visite au sixième patriarche, rapportée dans les *Annales de la transmission de la lampe (Ching-te tch'ouan teng lou)*.

> Arrivé devant Houei-nêng en tenue de voyage, il se mit à tourner aussitôt autour de lui, en faisant tinter les clochettes de son bâton [de pèlerin] et, sans le saluer, se tint debout devant lui.
>
> « Un moine a pour obligation de se comporter suivant les trois mille règles et les quatre-vingt mille pratiques. Que faites-vous de tout cela. Vous me semblez bien arrogant !
>
> – Je n'ai pas de temps à perdre. Le problème de la vie-et-mort est trop important. Notre existence est éphémère et changeante.
>
> – N'avez-vous pas réalisé le principe de la non-naissance qui résout le problème de l'impermanence ?
>
> – Lorsqu'on a réalisé la non-naissance et saisi en sa soudaineté l'ici et maintenant, il n'y a plus rien.
>
> – C'est cela, c'est cela ! »
>
> L'assistance fut très impressionnée par ce bref dialogue. Yong-kia, ayant remis de l'ordre dans ses vêtements, salua avec respect le patriarche et prit congé de lui.
>
> « Vous repartez bien vite !

– Comment y aurait-il rapidité, puisque depuis l'origine, il n'y a pas de mouvement.
– Qui vous dit qu'il n'y a pas de mouvement ? Voilà encore une vue du mental.
– C'est vous qui avez créé une différenciation.
– Vous avez réellement compris le principe de la non-naissance.
– Le principe de la non-naissance aurait-il un sens ?
– Non, il n'y a pas de signification, même de la non-naissance.
– S'il n'y a pas de signification, il n'y a personne pour la comprendre.
– Comprendre non plus n'a pas de signification. »

Houei-nêng donna à Yong-kia sa certification, mais il insista : « Passez tout de même la nuit ici. » Yong-kia se remit en route le lendemain matin.

Yong-kia Hien-tsiue (Yongjia Xuanjue, en japonais, Yôka Genkaku) avait quitté très jeune sa famille pour devenir moine. Il étudia beaucoup, surtout le bouddhisme, mais aussi le taoïsme et la confucianisme. Pendant longtemps, il suivit l'enseignement de l'école T'ien-t'ai (école de la plate-forme céleste) et pratiqua le *chih-kuan*, méthode de méditation propre à cette école qui, passant par l'apaisement préalable de l'esprit *(chih)*, permet d'atteindre ensuite la contemplation des vérités du bouddhisme *(kuan)*, méthode proche du *tch'an*, où ces deux aspects ne sont pas séparés. Yong-kia aurait obtenu l'Éveil par lui-même à travers l'étude du *Mahâparinirvâna Sûtra* et du *Vimalakîrti Nirdesa Sûtra* (Sermon de Vimalakîrti). Mais il fallait que sa compréhension fût reconnue par un maître éminent.

Dès qu'il eut entendu parler de Houei-nêng, il se mit en route pour venir le trouver. Par la suite, il fonda son propre monastère et eut de nombreux disciples, mais sa lignée n'a pas survécu. Yong-kia mourut, jeune encore, le 17 octobre 713, quelques semaines après Houei-nêng. De lui, ont été conservés le *Yong-kia tch'an tsong ki* (Recueil des œuvres du maître tch'an Yong-kia) et le *Yong-kia chi tcheng Tao ko* (Le Chant de la certification de la Voie).

Chant de la certification de la Voie [14]

(Cheng Tao ko)

Ne voyez-vous pas cet homme de l'Éveil
Qui a cessé d'étudier et reste inactif.
Il ne cherche plus ni à écarter les illusions
Ni à trouver la vérité.
La nature réelle de notre ignorance
N'est autre que notre nature de Bouddha.
Notre corps impermanent et illusoire
Est lui-même le *Dharmakâya* [15].
Quand nous coïncidons avec notre véritable nature,
Il n'existe plus rien, ni de personnel ni d'impersonnel.
Nous faisons retour à la source originelle :
Notre pure et véritable nature de Bouddha.
Les cinq skandha [16] ne sont plus
Que nuages flottants dans le ciel,
Les trois poisons [17] sont seulement un peu d'écume
Qui apparaît et disparaît sur le vaste Océan.
Si nous atteignons la compréhension du réel,
Pour nous n'existe plus ni moi ni Loi [18]
Instantanément, le karma infernal est détruit.
Que si j'ose vous égarer par des paroles trompeuses,
Je sois condamné à subir à jamais le supplice de la langue arrachée.

---

14. Traduit d'après les fragments du texte chinois publié par R. H. Blyth, *Zen and Zen Classics*, vol. I, 8e édit., Tokyo, 1972, et la traduction anglaise de Lu K'uan Yü, *Ch'an and Zen Teaching*, Third Series, édit. de 1976, Londres.

15. Le Corps véritable, cosmique et ultime d'un Bouddha, identique à la Réalité absolue.

16. Les cinq agrégats : forme, sensation, perception, projections mentales et conscience qui constituent l'individualité provisoire.

17. Le désir, la colère et l'ignorance, fondements et origine de notre incarnation.

18. Le texte dit : *dharma*, au sens de la loi de tout être, liée à son *karma*.

Une fois éveillé, le tch'an des Tathâgata[19] est parfait en son essence.
Les six Paramitâ[20] et les dix mille modes salvifiques
Se réalisent immédiatement dans notre corps.
C'est seulement dans le rêve que nous percevons les six modes d'existence[21].
Au réveil, tout cela se dissipe, comme les phénomènes sans nombre.
Plus de faute, plus de châtiment,
Ni bonheur ni malheur, ni gain ni perte.
Dans la paix de l'achèvement absolu
Qu'aurions-nous à chercher ?
C'est comme un miroir depuis toujours empoussiéré, enfin essuyé,
Dans lequel se révèle une éblouissante clarté.
Qui est libéré de la pensée, qui est non né ?
L'incréé peut être réalisé sans que soit détruit le créé.
Demandez donc à une marionnette si c'est en accumulant des mérites
Qu'on atteint la nature de Bouddha.
Abandonnez les quatre éléments, ne vous raccrochez à rien.
Dans la paix de l'achèvement
Mangez et buvez selon vos désirs.
Percevoir que les phénomènes n'ont ni durée ni existence réelle
Est réaliser le parfait Éveil de tous les Bouddhas.
Désormais, je dois parler clair, et directement
Répondre à ceux qui ne sont pas d'accord et qui m'interrogent.
Conformément à ma certification, je dois, tel un Bouddha, couper les racines,
Sans plus me soucier des branches et des rameaux.
Les hommes ignorent le joyau précieux[22].

---

19. Les Bouddhas.

20. Les vertus transcendantes, les « perfections » des Bodhisattvas : le don, la conduite pure, la patience, l'énergie, la méditation et la sagesse.

21. Les six conditions d'existence dans le *samsâra*, le cycle des naissances et des morts : devas ou dieux, asuras ou titans, hommes, animaux, esprits affamés et habitants des enfers.

22. La nature de Bouddha, le plus grand trésor.

Pourtant, chacun possède le Trésor des Tathâgata
Enfoui au plus profond de sa plus profonde conscience[23].
L'action mystérieuse des six sens
Naît de la parfaite lumière qui a et n'a pas de forme.
En purifiant nos cinq visions[24], nous obtenons les cinq pouvoirs[25].
Cela, on ne peut le concevoir que par l'expérience personnelle.
Il est facile de percevoir la forme dans le miroir,
Mais qui pourrait saisir le reflet de la lune dans le courant de l'eau ?
Nous sommes des marcheurs solitaires, on ne peut aller que seuls
Sur le chemin du nirvâna, seuls jouent ensemble les accomplis.
En suivant l'ancienne tradition, notre esprit sera noble et pur,
Qu'importe qu'à notre mine sauvage, à nos os renforcés
Nul ne prête attention.
Un fils de Shâkya[26] est pauvre, il accepte sa pauvreté.
Son apparence est pauvre, son esprit ne l'est pas.
Même vêtu de haillons, il possède le Trésor inestimable,
De ce Trésor, il peut se servir à sa guise, sans jamais l'épuiser.
Aussi, peut-il en faire bénéficier chacun,
En toute occasion, sans l'épargner.
En lui, se réalisent pleinement les trois Corps[27] et les quatre sagesses[28],

23. La huitième conscience, la plus profonde *Alaya vijñâna**.

24. Les cinq modes de visions : la vision humaine limitée et obstruée, qui doit être purifiée, la vision divine ou cosmique illimitée, la vision de la sagesse qui voit toute chose comme intrinsèquement vide, la vision du *Dharma* qui pénètre tout, la vision des Bouddhas qui est omnisciente.

25. Ce sont la foi, l'effort, la pensée juste, la concentration et la sagesse.

26. Le Bouddha Shâkyamuni.

27. Le *Trikâya*, c'est-à-dire le *Dharmakâya*, corps essentiel de Bouddhas, le *Sambogakâya*, corps de rétribution des Bodhisattvas, le *Nirmânakâya*, corps de transformation, celui des hommes.

28. La Sagesse du grand Miroir, la Sagesse équanime, la Sagesse intuitive et la parfaite Sagesse, celle des Bouddhas.

Les six pouvoirs surnaturels[29] et les huit formes de libération[30].
L'homme supérieur atteint d'un coup cette compréhension parfaite,
L'homme moyen ou inférieur reste sceptique quand il entend [le *Dharma*],
Car il craint de quitter ses vieux vêtements souillés
Qui dissimulent sa vérité intérieure.
Comment peut-il se glorifier de son attachement aux apparences ?
Laissez-le vous critiquer et même vous calomnier
En cherchant à enflammer le ciel avec une torche,
Il finira par se lasser.
Quand j'entends les paroles de mes adversaires, c'est pour moi un nectar,
Qui me permet de me trouver dans un état pour eux inconcevable.
Les paroles offensantes sont des bénédictions,
Celui qui les prononce est mon ami et mon guide.
Si, grâce à ces critiques, vous ne transcendez pas les notions d'ami et d'ennemi,
Comment pourriez-vous réaliser les pouvoirs illimités
De la compassion et de l'endurance ?
[...]
Quant à moi, j'ai franchi montagnes et rivières
En quête de maîtres et d'instructions pour la pratique du tch'an.
Mais ce n'est que depuis que j'ai trouvé le chemin du mont Sokei[31],
Que je sais qu'il n'y a ni naissance ni mort.
Que l'on marche ou que l'on s'asseye,

29. La vue divine illimitée, l'audition illimitée, la compréhension de l'esprit de tous les êtres vivants, la connaissance de toutes les existences antérieures, de soi-même et des autres, le pouvoir d'apparaître où l'on veut, la perception de la fin du courant de la naissance et de la mort.

30. Les huit formes de libération correspondent aux huit étapes de la méditation : délivrance de la forme, délivrance de l'impureté, délivrance du désir, accès à l'immatérialité sans limite, accès à la connaissance illimitée, accès à la vacuité, accès à l'état où il n'y a plus ni pensée ni non-pensée, accès à l'état où sensations et idées *(samjñâ)* sont éliminées.

31. C'est sur le mont Sokei que se trouvait le monastère du sixième patriarche.

Que l'on parle ou que l'on se taise,
Que l'on bouge ou qu'on reste immobile,
On demeure dans le tch'an et toujours en paix,
Même sous la menace d'une épée,
Même si l'on a absorbé un poison.

*

* *

CHE-T'EOU
(700-790)

Le plus jeune des disciples du sixième patriarche, Che-t'eou Hsi-ts'ien (Shitou Xiqian) n'avait que treize ans à la mort de son maître. Peu auparavant, il lui avait demandé de lui désigner quelqu'un sous la direction de qui il pourrait poursuivre ses études, Houei-nêng s'était contenté de lui répondre : « Va méditer ! » Après sa mort, le moinillon restait des journées entières en posture auprès de la tombe du patriarche. Un jour, le doyen des moines de Pao-kin lui dit : « Ton maître est mort. À quoi cela te sert-il de rester en zazen auprès de lui. – C'est lui qui m'a dit : Va méditer ! – Tu n'as pas compris. Le maître a effectivement répondu à ta question. Il ne t'a pas dit : "Va méditer !" *(sseu)*, mais : "Va auprès de Sseu. Hing-sseu était son meilleur disciple ; c'est ton frère aîné dans le Dharma." »

K'ing-uan Hing-sseu (Qingyuan Xingsi, 660 ?-740) avait une personnalité si forte que son maître l'envoya fonder un nouveau monastère. Che-t'eou s'y rendit. À son arrivée, K'ing-yuan lui demanda : « D'où viens-tu ? – De Pao-lin. – Qu'en as-tu apporté ? – Quelque chose qui continuait déjà avant maître Houei-nêng. » K'ing-yuan, qui comprit aussitôt ce que Che-t'eou voulait dire : ce quelque chose, je l'avais dès avant ma naissance, mais mon maître me l'a révélé, fut enchanté de la compréhension profonde de ce gamin. Celui-ci en profita pour lui demander, non sans audace : « Comprenez-vous bien maître Houei-nêng ? » K'ing-yuan garda le silence, puis, comme l'autre insistait, il lui dit : « Ce n'est pas que je ne veuille pas te répondre. Seulement je crains que personne ne nous comprenne à l'avenir. » K'ing-yuan aurait alors remarqué : « Jusqu'à présent, j'avais beaucoup de bétail à deux cornes, maintenant, j'ai une licorne et cela me suffit. »

K'ing-yuan passe pour avoir été un éminent enseignant et il semble probable que Che-t'eou ne le quitta pas jusqu'à sa mort. Par la suite, il aurait fondé un des grands centres du *tch'an* sur les monts Heng dans le Ho-nan, qui fut en rapports étroits avec le monastère de Ma-tsou. Celui-ci n'avait que neuf ans de moins que Che-t'eou, mais n'avait connu l'enseignement du sixième patriarche qu'à travers Nan-yueh lequel avait été son disciple direct. Les deux maîtres avaient l'un pour l'autre beaucoup d'estime et s'envoyaient mutuellement des disciples, mais Ma-tsou les mettait en garde : « Méfiez-vous du sommet glissant ! » Che-t'eou voulait dire « Tête de pierre » et le maître méditait habituellement sur une plateforme rocheuse, près de son monastère. Il y avait établi un petit ermitage au toit de paille, dont il dit lui-même dans un poème qui a été conservé :

> Bien que la hutte soit minuscule, elle contient l'univers entier.
> Sur dix pieds carrés, un vieil homme illumine les formes et leur essence.
> [...]
> Ainsi, ce moine des montagnes ne comprend plus rien du tout.
> Il vit là où il est et ne fait plus d'effort pour se libérer.
> Qui donc pourrait disposer des sièges pour séduire les disciples ?
> Retournez plutôt la lumière vers le dedans, faites demi-tour.

La source infinie et inconcevable ne peut être ni affrontée ni évitée
[...]
Ouvrez vos mains et marchez en toute innocence[32].

Che-t'eou eut trois grands disciples : Tan-hsia T'ien-jan (739-824), T'ien-huang Tao-wou (748-807) et Yue-chan Wei-yen (751-834), qui fondèrent chacun une lignée prospère. Ces trois lignées donnèrent naissance à trois des cinq écoles du *tch'an*. La lignée de Yue-chan est à l'origine de l'école Ts'ao-tong, qui devint au Japon l'école Sôtô. Aussi maître Dôgen faisait-il montre d'un très grand respect à l'égard de Che-t'eou qu'il considérait comme l'ancêtre de sa propre lignée. Le corps momifié de Che-t'eou en posture de *zazen* se trouve aujourd'hui au Japon. Il est toujours visible au temple Soji-ji à Yokohama.

Si la personnalité historique de Che-t'eou est peu connue, au moins possédons-nous l'essentiel de son enseignement grâce à son poème *Ts'an T'ong K'i* (en japonais, *San Do Kai*), qui, aujourd'hui encore, est souvent psalmodié dans les monastères zen du Japon, et même tous les matins, après le zazen, dans ceux de l'école Sôtô.

L'interpénétration de l'Essence et des phénomènes[33]
(Ts'an T'ong K'i)

L'esprit du grand sage de l'Inde s'est transmis
Fidèlement de l'Ouest à l'Est.
Sensations et intelligences diffèrent

32. « Le Chant de la hutte au toit de paille » a été traduit par P. Crépon dans *Les fleurs du Bouddha*, *op. cit.*
33. Traduction personnelle.

Mais dans la Voie il n'y a ni Nord ni Sud[34].
La source claire brille dans l'obscurité
Seuls les affluents sont boueux.
S'attacher aux phénomènes est tomber dans l'illusion
Mais s'attacher à l'Essence n'est point le véritable Éveil.
Parce qu'ils sont interdépendants,
Les phénomènes se conjoignent,
Perçus par les six sens[35], ils sembleraient sans rapport,
S'ils n'étaient liés,
On ne pourrait échapper à la différenciation.
Essence et phénomènes doivent s'harmoniser,
Sinon, chacun demeure sur sa position.
Toute forme a ses caractéristiques propres.
La voix est harmonieuse ou discordante ;
Plaisir et souffrance paraissent séparés.
Dans l'obscur, où est le haut, où est le bas ?
Dans la lumière, on distingue aisément le pur du souillé.
Les quatre éléments retournent à leur source
Comme l'enfant à sa mère.
Le feu brûle, l'air se meut,
L'eau mouille, la terre supporte.
Pour les yeux, il y a formes et couleurs,
Pour le nez, les odeurs ; pour la langue, le sucré et le salé.
Des phénomènes, il en va comme des feuilles de l'arbre,
Ils ont même racine.
Début et fin ont commune origine,
Noble ou vulgaire, à votre gré.
Il n'y a pas d'obscurité sans lumière,
Ne voyez pas que l'obscurité,
Dans la lumière existe l'obscur,
Ne voyez pas que la lumière.
Lumière et ténèbre paraissent opposées,
En fait, elles dépendent l'une de l'autre,
Comme un pas en avant et un pas en arrière.

---

34. Allusion à la scission, à la mort du cinquième patriarche, entre l'école du Nord de Chen-hsieou et l'école du Sud de Houei-nêng.

35. Les six sens, nos cinq sens, plus la conscience qui n'est que l'un d'eux.

Toute existence a son utilité,
Usez-en suivant sa position.
Essence et phénomènes s'adaptent
Comme le couvercle à la boîte.
La lance arrête la flèche en son vol,
La parole doit être saisie à sa source.
Ne demeurez pas sur vos propres catégories.
Vous-mêmes êtes la Voie,
Mais si vous n'y marchez pas,
Vous ne pourrez l'obtenir.
Quand on avance, au moment même,
Il n'y a plus ni proche ni lointain.
Mais le moindre doute crée une distance infranchissable
Entre la montagne et la rivière.
Vous qui cherchez la Voie,
Je vous en supplie, ne perdez pas un instant.

*

* *

MA-TSOU
(709-788)

« D'une allure étrange et peu ordinaire, il avait la démarche d'un buffle et le regard d'un tigre. Il pouvait toucher son nez de la pointe de sa langue et deux rides circulaires marquaient la plante de ses pieds. » Selon la physiognomonie chinoise, la démarche du buffle dénotait puissance et stabilité, le regard du tigre énergie et majesté. Quant aux deux derniers traits, ils faisaient partie des signes distinctifs des Bouddhas. Que l'on y ajoute une voix tonitruante dont il savait se servir à bon escient, le portrait de Ma-tsou le présente comme un personnage des plus impressionnant[36].

36. *Les entretiens de Mazu*, introd., trad. et notes de C. Despeux, Paris, 1980. – Chang Chung Yuan, *Original Teachings of Ch'an Buddhism*, *op. cit.*, p. 130 *sq.*

Son nom de famille lui-même – *ma* veut dire « cheval » – parut un signe à ses contemporains. Contrairement à l'usage, il prévalut sur son nom monastique. On l'appela Ma-tsou, le « patriarche Ma », sans doute aussi en raison d'une prophétie attribuée au sixième patriarche, qui aurait annoncé qu'après sa mort, paraîtrait « un poulain qui piétinerait le monde entier ».

Né à l'ouest de la Chine, en Sseu-tchouan, Ma entra très jeune dans les ordres et reçut sa première instruction d'un maître qui aurait été un descendant spirituel du cinquième patriarche. À la mort de son maître, Ma partit vivre en ermite sur le mont Heng, une des cinq montagnes sacrées de la Chine. C'est là qu'eut lieu la rencontre fameuse qui fit de lui le disciple de Houai-jang (677-744), lui-même disciple du sixième patriarche, qui avait établi son monastère sur le mont Nan-yue[37]. Voyant le jeune moine absorbé nuit et jour en zazen, Nan-yue lui demanda quel but il visait :

> « Devenir un Bouddha. »
>
> Le maître prit alors un morceau de brique et se mit à le frotter sur une pierre. Décontenancé, Ma ne put s'empêcher, au bout d'un moment, de lui demander :
>
> « Que voulez-vous donc faire avec cette brique ?
>
> – Je la polis pour en faire un miroir.
>
> – Comment pouvez-vous espérer faire un miroir avec une brique ?
>
> – Et toi, comment peux-tu espérer devenir un Bouddha en restant assis jour et nuit ?
>
> – Alors, que dois-je faire ?
>
> – Il en est comme d'un buffle attelé à une charrette. Si la charrette n'avance pas, est-ce elle que tu frapperas ? »
>
> Ma-tsou ne trouvant rien à répondre, le maître poursuivit :
>
> « Désires-tu apprendre à être assis en zazen, ou bien

37. On a mis en doute, assez gratuitement, l'existence même de Nan-yue, sous le prétexte qu'on ne sait presque rien de lui.

à être assis en Bouddha ? Si tu veux apprendre à être assis en *zazen*, sache que le *zazen* ne relève ni de la position assise ni de la position allongée. Si tu veux apprendre à être assis en Bouddha, sache que le Bouddha n'a pas de caractéristiques déterminées. Au sein du *dharma* de la non-demeure, ne t'occupe ni d'obtention ni d'attachement. Si tu t'assois en Bouddha, tu tues le Bouddha. Si tu t'attaches à la position assise, tu n'atteindras pas la vérité absolue[38]. »

Ayant entendu ces mots, Ma en fut ravi comme s'il avait bu le plus exquis nectar. Il se prosterna, puis demanda :

« Comment utiliser l'esprit[39] afin qu'il ne fasse qu'un avec le *samâdhi** sans caractéristique[40].

Nan-yue répondit :

« La pratique que tu suis est la graine que l'on sème,
Les principes fondamentaux que je t'enseigne sont les averses célestes,
Les conditions karmiques sont donc réunies,
Tu peux maintenant voir la Voie. »

Ma objecta :

« Mais, puisqu'elle n'a pas de caractéristiques formelles, comment la voir ? »

Nan-yue répondit :

« On peut voir la Voie avec l'Œil du *Dharma*, de même peut-on obtenir le *samâdhi* sans caractéristiques. »

Ma demanda encore :

« Y a-t-il production et non-production ?

– Celui qui considère la Voie en termes de production et de non-production, d'accumulation et de dispersion, ne voit pas vraiment la Voie… »

Ma connut alors l'Éveil. Il servit son maître pendant six ans.

*

38. Propos qui reflète les enseignements de Houei-nêng.

39. *Sin*, qu'on peut également traduire « Cœur ». En chinois, *sin* désigne ce que nous avons divisé, le cœur et l'esprit.

40. L'état indifférencié et serein obtenu dans et par le *zazen (dhyâna)*.

Puis il partit, enseigna dans plusieurs monastères et se fixa finalement dans celui de K'ai-yuan à Hong-tcheou, dans l'actuel Kiang-si. Le gouverneur de la ville, ayant entendu parler de lui, vint en personne suivre son enseignement. Les disciples accouraient de toutes parts. Ma-tsou mit alors au point une méthode d'éducation très personnelle, interprétation quelque peu sommaire, sinon grossière, du « subitisme » du sixième patriarche. Puisqu'il s'agissait essentiellement de mettre le novice en face de sa propre nature, qui était par définition « nature de Bouddha », tous les moyens lui semblaient légitimes pour réveiller ceux qui dormaient et qui rêvaient : coups de bâton et coups de pied, gifles retentissantes, cris inarticulés poussés à l'oreille du disciple qui, bien évidemment, sursautait – Ma-tsou affectionnait particulièrement un « Ho ! » sonore, qui deviendra célèbre dans l'école –, mais il employait aussi quelques artifices plus subtils : interpeller brusquement par son nom celui qui s'apprêtait à sortir sans avoir obtenu de réponse, répondre à une question par une autre, ou faire comme s'il n'avait pas compris la question. C'étaient là des ruses destinées à écarter distraction, doute, hésitation et toute forme de raisonnement, afin d'obtenir du disciple une réponse spontanée, sortie en quelque sorte des entrailles, donc sincère, donc véridique.

La méthode, évidemment, fit merveille. Les monastères nouveaux fondés par les disciples de Ma-tsou autour de Hong-tcheou la popularisèrent et attirèrent à leur tour des étudiants venus de partout. Les générations successives du lignage de Ma-tsou ne firent plus que la perfectionner.

*

Il ne faut pas cependant s'hypnotiser sur ces façons de faire, l'enseignement de Ma-tsou n'en était pas moins profond et différencié :

> Un moine lui ayant demandé :
> « Pourquoi, Révérend, prêchez-vous tout le temps : L'Esprit même, c'est le Bouddha ?
> – Pour faire cesser les pleurs du petit enfant.
> – Et s'il s'arrête de pleurer, que direz-vous ?
> – Ni Esprit, ni Bouddha.
> – Et à quelqu'un qui n'est ni dans l'un ni dans l'autre cas, qu'enseignerez-vous ?
> – Je lui dirai qu'il ne s'agit pas de quelque chose.
> – Et si vous rencontrez un homme libre de tout attachement à toute chose ?
> – Je lui apprendrai à faire lui-même l'expérience de la Voie. »

Certains disciples savaient d'ailleurs préserver leur indépendance :

> La première fois que le moine Fa-tchang du mont Ta-mei rendit visite à Ma-tsou, il lui demanda : « Qu'est-ce que le Bouddha ? » Le maître répondit : « L'Esprit même, c'est le Bouddha. » Fa-tchang obtint sur l'heure le grand Éveil. Par la suite, il partit s'installer sur le mont Ta-mei (« Grande Prune »). Un jour, Ma-tsou lui envoya un de ses moines qui lui demanda : « Qu'avez-vous donc obtenu du maître pour résider ainsi sur ce mont ? – Le Maître m'a dit : "L'Esprit même, c'est le Bouddha." – Depuis quelque temps, le Maître enseigne différemment. – Et quelle est cette différence ? – Maintenant, il dit : "Ni l'Esprit, ni le Bouddha." – Décidément, ce vieux singe veut absolument troubler l'esprit des gens. Qu'il enseigne donc ce qu'il veut. Moi, je m'en tiens à "L'Esprit même, c'est le Bouddha". » Quand le moine rapporta cette conversation à Ma-tsou, il se contenta de répliquer : « La Grande Prune est mûre. » Fa-tchang devint par la suite un maître réputé[41].

41. Ta-mei Fa-tchang (Damei Fachang, 752-839). Après avoir reçu l'Éveil de Ma-tsou, il vécut en solitaire, se consacrant à la méditation assise pendant trente ans sur le mont Ta-mei, avant d'accepter des disciples.

D'autres répondaient directement à la violence par la violence. Ainsi, le moine Yin-feng de Wu-t'ai. Un jour qu'il poussait une charrette, il trouva son maître assis, jambes étendues sur le chemin. Il le pria de retirer ses pieds. Ma-tsou répondit : « Ce qui est déployé ne peut plus être replié. » À quoi le disciple répliqua : « Une fois qu'on a avancé, on ne peut plus reculer. » Et il poussa sa charrette qui, passant sur les pieds de Ma-tsou, le blessa. Peu après, le maître parut dans la grande salle, une hache à la main : « Que celui qui m'a blessé les pieds s'avance ! » Sans se laisser intimider, Yin-feng s'avança et tendit le cou. Le maître déposa sa hache[42].

« Le maître eut cent trente-neuf disciples ; chacun d'eux devint maître en un lieu différent, convertissant d'innombrables personnes. »

Parmi ces disciples, plusieurs s'illustrèrent, ainsi Nantchuan P'ou-yuan (Nanquan Puyan, 748-835), qui eut dixsept successeurs dans le *Dharma*, dont le grand Tchao-tchou, et Pai-tchang Houai-hai (720-814), lequel eut pour grand disciple Houang-po Si-yuan (mort en 850), maître de Lin-tsi. Leurs écoles demeurèrent célèbres et les enseignements de Ma-tsou, Pai-tchang, Houang-po et Lin-tsi furent rassemblés dans le *Sseu-kia-yu-lou* (Entretiens des quatre maisons). Comme on l'a vu, l'enseignement de Che-t'eou était très différent, et Che-t'eou fut par la suite considéré comme l'ancêtre lointain de l'école Sôtô, de même Ma-tsou devint celui de l'école Rinzai. Elles ne devaient d'ailleurs se séparer que beaucoup plus tard.

Au début de l'année 788, se promenant avec ses moines sur le mont Chi-men, Ma-tsou vit une pierre plate dans une grotte sous une falaise et dit : « Le mois prochain, ma dépouille pourrie retournera à la terre. » Le quatrième jour du

42. John Wu, *op. cit.*, p. 80.

deuxième mois (1er mars), il prit un bain, s'assit en posture de méditation et « entra dans la grande extinction ».

*

L'Esprit, c'est le Bouddha

Un jour, Ma-tsou s'adressa à l'assemblée en ces termes : « Vous tous avez la conviction que l'Esprit, c'est le Bouddha. C'est parce que l'Esprit est le Bouddha que le grand maître Bodhidharma est venu du sud de l'Inde jusqu'en Chine pour transmettre la doctrine de l'Esprit unique du *Buddhayâna*[43] et ainsi vous éveiller tous. À l'aide du *Lankâvatâra Sûtra*, il a marqué du sceau la terre de l'Esprit des êtres, de crainte que vous ne conserviez votre esprit à l'envers, n'ayant pas foi en cette doctrine de l'Esprit unique, inné en chacun de nous. Le *Lankâvatâra Sûtra* a pour base la quintessence des paroles de Shâkyamuni et pour méthode l'absence de méthode. Ainsi, ceux qui recherchent la Loi ne doivent rien rechercher. Il n'est pas de Bouddha en dehors de l'Esprit, il n'est point d'Esprit en dehors du Bouddha. Ne vous attachez pas au bien, ne rejetez pas le mal, ne vous appuyez pas sur la séparation du pur et de l'impur. Ainsi, vous comprendrez que la nature des fautes commises est vacuité. Les pensées sont hors de portée, car elles n'ont pas de nature propre. Le triple monde *(triloka*)* n'existe que dans l'Esprit. L'univers et ses myriades de formes ne sont que le sceau du *Dharma*. Toutes les formes que l'on voit ne sont que visions de l'Esprit. L'Esprit n'existe pas en soi, il existe à travers les formes. Mais, quand vous parlez de l'Esprit, souvenez-vous que les phénomènes et l'Absolu sont sans obstruction réciproque. Ainsi en est-il du fruit de l'Éveil. Ce qui est produit par l'Esprit est appelé forme. Lorsqu'on sait

43. *Buddhayâna* ou *Ekayâna*, le « Véhicule » du Bouddha ou « Unique Véhicule », moyen d'accès unique, surmontant la division entre *Hinayâna* (Petit Véhicule) et *Mahâyâna* (Grand Véhicule).

que la forme est le vide[44], la production devient non-production. Ayant compris la signification de cela, vous pouvez agir selon les circonstances, vous vêtir, vous nourrir et, vivant en accord avec le spontané, entretenir longuement en vous l'embryon saint *(cheng-tai)*[45]. Je n'ai rien d'autre à vous enseigner. Voici ma stance :

La terre de l'Esprit s'exprime selon les circonstances,
L'Éveil n'est qu'apaisement.
Phénomènes et Absolu ne connaissent pas d'obstruction,
Production et non-production sont simultanées.

La Voie

Un moine demanda un jour à Ma-tsou : « Comment doit-on cultiver la Voie ? » Ma-tsou répondit : « La Voie n'a rien à faire avec la culture. Si l'on dit que la Voie peut être cultivée, la culture accomplie, il y aurait de nouveau destruction, et l'on ne dépasserait pas le niveau de l'"auditeur"[46]. Si l'on dit que la Voie ne peut être cultivée, on est semblable à un être ordinaire. »

Le moine interrogea de nouveau :

« Par quel mode de compréhension peut-on atteindre la Voie ?

– La nature propre est originellement parfaite. Celui qui ne s'attache pas aux phénomènes bons ou mauvais est appelé "celui qui cultive la Voie". S'attacher au

44. Cf. le *Hridaya Sûtra* (Sûtra du Cœur, en japonais, *Hannya Shingyô*), résumé très succinct des *Prajnâpâramitâ Sûtra* : « La forme est vide, le Vide est forme. La forme n'est pas différente du Vide, la Vacuité n'est pas différente de la forme. »

45. Il s'agit du *Tathâgatagarbha**, le « germe » ou « embryon » de Bouddha qui se trouve en chacun de nous. Mais d'ordinaire ce mot sanskrit n'est pas traduit par le chinois *cheng-tai* qui est un terme taoïste : « l'embryon saint », qu'il s'agit de développer grâce à l'alchimie intérieure. En empruntant ce mot au taoïsme, Ma-tsou lui donne un tout autre sens. C'est ce qu'ont fait souvent les maîtres tch'an, mais en modifiant le sens des mots employés, ce qui a pu donner le change.

46. *Sravaka*, en sanskrit, ceux qui, écoutant la Doctrine, n'ont accès qu'à son niveau le plus élémentaire, n'étant pas encore assez avancés dans leur compréhension pour atteindre les niveaux plus élevés des enseignements, accessibles seulement aux *Arhat** et *Pratyeka-Bouddha** du *Hinayâna*, et aux *Bodhisattvas** du *Mahâyâna*.

bien, rejeter le mal, contempler la Vacuité, entrer en *samâdhi**, tout cela n'est que créations [de notre esprit]. Ceux qui cherchent la Voie au-dehors ne font que s'en éloigner de plus en plus. Qu'ils épuisent toutes les pensées de l'esprit sur le triple monde, il suffit qu'une seule pensée subsiste dans l'esprit pour que demeure la racine de la transmigration dans le triple monde. Tandis que lorsque cette unique pensée disparaît, la cause de la transmigration est éliminée et l'on obtient le trésor suprêmement précieux du Roi de la Loi (*Dharmarâja*, le Bouddha lui-même)...

Ceux qui ne savent pas retourner à la source s'attachent aux noms, poursuivent les phénomènes, de ce fait s'élèvent en eux passions disturbantes et pensées erronées, et ils cultivent toutes sortes de *karma**. Mais celui qui est capable en un seul éclair de retourner à la source, celui-là devient tout entier l'Esprit saint. »

L'Esprit

Quelqu'un ayant demandé : « Si la Voie ne doit pas être cultivée, elle ne doit pas être souillée. Que faut-il entendre par souillure ? »

« On ne parle de souillure que lorsque l'Esprit de production et de non-production crée les destinées. Si vous voulez saisir directement la Voie, sachez que l'Esprit ordinaire est la Voie. Qu'est-ce que l'Esprit ordinaire ? C'est celui qui ne crée pas, ne fait pas de discrimination entre ce qui est et ce qui n'est pas, reste sans attachement et sans détachement, ne distingue pas le profane et le saint, l'annihilation ou la permanence. Dans un *sûtra*, il est dit : "Ce ne sont là ni des actes d'homme ordinaire, ni des actes de saint, mais des actes de *Bodhisattva**." Ainsi, à présent, que vous marchiez ou que vous vous teniez immobile, assis ou couché, il vous suffit de réagir aux choses comme elles se présentent, et vous serez dans la Voie. »

[...]

Tous les enseignements proviennent de l'Esprit unique. [Une fois que l'on a compris cela] on peut laisser surgir les choses, les balayer, les utiliser au mieux.

Tout devient notre propre demeure, puisqu'il n'y a nul endroit où l'on puisse se tenir en dehors du réel. Puisque l'endroit où l'on se tient est par lui-même la réalité. S'il n'en était ainsi, quel genre d'homme serions-nous ?

Tous les *dharma* sont les *dharma* de la boddhéité. Tous les *dharma* sont délivrance. Toutes choses sont l'Ainsité *(Tathâta)*[47]. Tout devient d'une inconcevable utilité, sans qu'il soit besoin d'attendre le moment propice. Il est dit dans un *sûtra* : « Le Bouddha est omniprésent. » Le Bouddha est le suprêmement bienveillant, plein de sagesse, qui aide à aller jusqu'au fond de sa nature, détruit tous les doutes, toutes les illusions, tranche les idées d'être et de non-être et tous les liens. Ayant par lui-même épuisé les passions, les notions d'état ordinaire et de sainteté, considérant que les êtres et les choses sont vides, il ne cesse de tourner la Roue de la Loi*, transcendant le monde relatif, montrant que phénomènes et Absolu s'interpénètrent. Qu'il en va comme des nuages dans le ciel, comme les rides à la surface des eaux, qui apparaissent et disparaissent sans laisser de traces : telle est la grande extinction *(nirvâna)*. Tant que l'être n'est pas libéré, on parle de *Tathâgatagarbha*[48], une fois qu'il l'est, on parle de *Dharmakâya*[49]. Le *Dharmakâya* est illimité, sa substance n'augmente ni ne diminue, il peut être grand ou petit, carré ou rond, il ne manifeste de forme qu'en réponse aux éléments, tel le reflet de la lune dans l'eau. Vaste est son utilisation. Il n'est pas érigé sur une base ou un support, il n'épuise pas toutes les possibilités d'agir, et ne réside pas dans le non-agir. Il ne peut en aucune façon servir d'appui. Ainsi, il est dit : « L'Ainsité-Vacuité ne s'appuie sur rien. » Tel est le sens ultime de la production et destruction de l'Esprit ; tel est aussi le sens ultime de l'Ainsité qu'est l'Esprit.

---

47. *Tathâta*, qu'on traduit par *Ainsité** : les choses telles qu'elles sont, la vraie nature des choses, telle qu'on la perçoit, quand elle n'est plus voilée par les illusions, dans une perspective non dualiste, où il n'y a plus ni sujet ni objet.

48. Le germe ou embryon de Bouddha qui est en nous, voir note 45.

49. Le Corps absolu des Bouddhas.

L'Esprit, en tant qu'Ainsité, est comparable à un miroir clair qui reflète les objets, sans les déformer. Le miroir est une métaphore pour l'Esprit, les objets sont une métaphore pour les *dharma*. Si l'Esprit s'accroche aux *dharma*, il demeure au-dehors. Les causes primaires et secondaires mènent alors à la production et à la destruction. Si l'Esprit ne s'accroche pas aux *dharma*, c'est l'Ainsité.

[...]

Être égaré, c'est avoir perdu l'Esprit originel et errer loin de sa propre demeure. Être éveillé, c'est redécouvrir sa nature originelle et revenir à sa propre demeure. À partir du moment où l'on est éveillé, on l'est à jamais, et l'on ne retourne plus à l'égarement, tel le soleil qui ne peut être obscurci. La sagesse intuitive est le soleil levant qui dissipe les souillures des ténèbres. Les pensées fausses ne peuvent plus se manifester. Les pensées fausses ne naissant plus, on a atteint la Loi éternelle qui existe depuis toujours et maintenant. C'est le pur *dhyâna* du *Tathâgata*. Si dès à présent, vous saisissez la justesse de ce principe, vous n'engendrerez plus de *karma* et vivrez selon les circonstances, au gré des choses telles qu'elles se présentent.

*

* *

PAI-TCHANG HOUAI-HAI
(720-814)

Disciple de Ma-tsou, Houai-hai apporta au *tch'an* une contribution essentielle en édictant des règles monastiques qui, encore respectées de nos jours, complétaient les mesures prises deux siècles auparavant par le quatrième patriarche Tao-sin. Les moines bouddhistes chinois suivaient les anciennes règles du *Vinaya* indien, mais, très formalistes, elles n'étaient adaptées ni au pays ni aux circonstances.

Conformément à une tradition qui remontait au Bouddha lui-même, les moines vivaient de mendicité, mais les dons offerts par de pieux laïcs avaient considérablement enrichi les monastères. S'en était suivi un net relâchement des mœurs contre lequel sévit le gouvernement impérial.

La règle de Pai-tchang, que l'on a pu comparer à celle de saint Benoît, veillait à ce que l'activité spirituelle, en particulier la pratique de la méditation ne fût pas séparée du travail quotidien dans le monastère et aux champs[50]. Celui-ci faisait partie de la méditation, mieux il en était la manifestation tangible. C'est à Pai-tchang que l'on doit le fameux précepte : « Un jour sans travail, un jour sans nourriture », qui fit par la suite autorité. L'abbé ne se contentait pas de le faire observer, il était le premier à donner l'exemple, même dans son grand âge – il mourut à quatre-vingt-quatorze ans. On raconte que, dans ses dernières années, ses disciples, ayant caché ses outils, pour l'obliger à se reposer, il refusa de manger tant qu'on ne les lui aurait pas rendus. Les monastères *tch'an* devaient désormais se passer de toute aide extérieure et assurer leur propre subsistance, la mendicité ne fut cependant pas proscrite, mais elle n'était plus qu'un exercice d'humilité. Ces dispositions leur permirent de survivre à la violente persécution qui s'abattit sur le bouddhisme, trente ans après la mort de Pai-tchang.

*

Pai-tchang, ou Po-tchang Houai-hai (Baizhang ou Bozhang Huaihai, 720-814) naquit à Yueh-tchou en Tchö-kiang. Entré dans le monastère du « Grand Nuage » de sa ville natale, il y fut ordonné par son premier maître Tao-tche qui lui conféra le nom monastique de Houai-hai (« Océan de

50. Les règles de Pai-tchang n'ont pas été conservées dans leur état primitif. Remaniées à plusieurs reprises au cours du temps, elles ne sont connues qu'à travers une version tardive, la *Règle sacrée de Po-tchang* datée de 1282.

Sagesse »). C'était en effet un homme calme, réfléchi et chaleureux, qui ne se livra ni aux excentricités ni aux violences de certains maîtres contemporains. Il avait déjà atteint l'âge mûr quand il partit pour le Kiang-si afin de rendre visite au vieux Ma-tsou, alors très célèbre.

Celui-ci lui demanda :

« Que viens-tu chercher ici ?

– Je suis venu pour découvrir la vérité du Bouddha.

– Que peux-tu espérer de moi ? Pourquoi feins-tu d'ignorer le trésor qui est dans ta propre maison, et cours-tu au loin pour le trouver ?

– Quel est donc ce trésor que je feindrais d'ignorer ?

– Ton trésor est celui qui est en train de m'interroger. Il possède tout, il ne manque de rien, ce qu'il contient est inépuisable. »

Dès lors, Houai-hai acquit la connaissance intuitive de son propre esprit. Néanmoins, il ne s'était sans doute pas encore dégagé des liens du mental, ce qui justifierait l'intervention brutale de son maître, objet d'une anecdote célèbre.

Se promenant ensemble dans la campagne, maître et disciple entendirent caqueter au-dessus de leurs têtes des oies en migration. Ma-tsou demanda : « Quel est ce bruit ? – Ce sont les cris des oies sauvages. – Où sont-elles allées ? – Elles sont parties au loin. » Ma-tsou, se retournant, saisit le nez de son élève et le tordit jusqu'à ce qu'il se mette à crier. Ma-tsou lui dit tranquillement : « Imbécile, elles n'ont pas cessé d'être là. » Le disciple avait été encore victime des apparences, il fallait l'obliger à aller au-delà.

Houai-hai resta six ans auprès de Ma-tsou, puis il regagna sa ville natale, afin de prendre soin de son vieux maître Tao-tche. De là, il fit parvenir son premier traité à Ma-tsou. L'ayant lu, le maître fut si impressionné qu'il déclara : « Le voilà devenu une "Grande Perle", son éclat pénétrera partout librement et sans obstacle. » Ma-tsou, en lui donnant le nom sous lequel il fut désormais connu de Pai-tchang, avait fait un jeu de mot sur le nom de famille de Houai-hai, Ta-tchou, les caractères *tchou* et *tchang* se ressemblant beaucoup. Par la suite, Pai-tchang eut de nombreux disciples dont ses deux successeurs dans le *Dharma* : Kouei-chan Ling-you (771-853) et Houang-po Si-yun (mort en 850), et rédigea sa règle monastique.

Avec son *Toun-wou Jou-tao Yao-men loun* (Des principes essentiels pour entrer dans la Voie grâce à l'Éveil subit), nous possédons le premier écrit qui ait été rédigé directement par un maître. Auparavant, les paroles des maîtres étaient seulement recueillies par leurs disciples et publiés par eux après leur mort. Présenté sous la forme didactique d'un dialogue fictif, ce traité, qui témoigne d'une intuition psychologique remarquable, contient un exposé théorique de préparation à la pratique, où sont examinés les obstacles que doivent surmonter les pratiquants. Houai-hai y souligne l'accord existant entre la méthode de l'Éveil subit et les principaux *sûtra* du *Mahâyâna*, de façon à prévenir les objections de ceux qui en contestaient la légitimité. Cet enseignement fut complété par le *Hong-tchou Pai-tchang-chan Ta-tche Tch'an-che yu lou* (Recueil des paroles du maître *tch'an* de la Grande Sagesse, Pai-tchang de Hong-tchou) et le *Pai-tchang kouang lou* (Sermons de Pai-tchang), qui furent publiés après sa mort[51].

51. Ces différents textes ont été traduits en anglais par John Blofeld, *The Zen Teaching of Huai-hai, on sudden Illumination*, Londres, 1962, et par Th. Cleary, *Sayings and Doings of Pai-chang Ch'an Master of Great Wisdom*, Los Angeles, 1978.

Pai-tchang

Traité de l'Éveil subit

(Toun-wou Jou-tao Yao-men loun)

(extraits)

2. « Quelle méthode devons-nous pratiquer pour parvenir à la délivrance ?

– On ne peut l'atteindre que par l'Éveil subit.

– Qu'est-ce que l'Éveil subit ?

– Subit veut dire se débarrasser d'un coup de toute pensée erronée. L'Éveil, c'est comprendre que l'Éveil n'est pas quelque chose que l'on puisse atteindre.

– Quel est le point de départ de la pratique ?

– Vous devez partir de la racine.

– Qu'est-ce que la racine ?

– La racine, c'est le mental.

– Comment le sait-on[52] ? »

[...]

« Par quels moyens peut-on observer la racine ?

– Seulement en vous asseyant en méditation, car cette observation ne peut être menée à bien que grâce au *dhyâna* (tch'an)* et au *samâdhi* (ting)*. Le *Dhyâ-napâramitâ Sûtra* dit : « *Dhyâna* et *samâdhi* sont essentiels dans la recherche de la connaissance sacrée des Bouddhas ; sans eux, les pensées restent perturbées et les racines en souffrent dommage.

– Veuillez exposer ce que sont *dhyâna* et *samâdhi*.

– Quand cessent les pensées disturbantes, c'est *dhyâna*. Quand vous êtes assis contemplant votre nature originelle, c'est *samâdhi*. Grâce au *samâdhi*, vous retirez votre esprit de ce qui vous entoure, vous le rendez impénétrable aux huit vents, c'est-à-dire au gain et à la perte, à la calomnie comme à la louange, à l'approbation comme au blâme, au chagrin comme à la joie. En

52. À l'appui de ses dires, Houai-hai invoque alors quatre *sûtra*, ce qui montre que le second précepte du *tch'an* : « une transmission en dehors des Écritures » ne signifiait pas qu'il ne fallût pas les utiliser, mais que l'enseignement devait aller au-delà. Même les maîtres de l'école subitiste, à commencer par Houei-nêng lui-même, jugeaient nécessaire de s'appuyer sur les textes sacrés du *Mahâyâna*.

se concentrant ainsi, même un homme ordinaire peut entrer dans l'état de boddhéité..., autrement dit trouver la délivrance, passer sur l'autre rive, transcender les six conditions mortelles et les trois mondes[53], devenir un Bodhisattva accompli, un Sage tout-puissant, un Conquérant. »

[...]

9. « Comment atteindre à l'Éveil subit ? Quel est son but, sa nature et les moyens pour l'obtenir ?

– Son but est d'arrêter le flux des pensées et de ne plus se laisser troubler par les illusions quelles qu'elles soient. Sa nature est la pureté, et la sagesse *(prajñâ)* le moyen de l'obtenir.

– Pour ce qui est d'arrêter le flux des pensées, de quoi devons-nous nous abstenir ?

– De la pensée erronée, non de la pensée juste.

– Comment distinguer pensée erronée et pensée juste ?

– Penser en termes d'existence et de non-existence est appelé pensée erronée. S'abstenir de penser de telle manière est la pensée juste. S'en tenir au bien et au mal est erroné, ne pas s'y attacher est juste. Pareillement se laisser troubler par la tristesse ou la joie, la naissance ou la mort, l'acceptation ou le rejet, le plaisir ou le déplaisir, voilà les pensées erronées. Ne pas s'attacher à ces idées, telle est la pensée juste.

– Pourriez-vous définir plus clairement la pensée juste ?

– La pensée juste, c'est de ne plus penser qu'à l'Éveil.

– L'Éveil peut-il s'acquérir ?

– Non.

– S'il ne s'acquiert pas, comment peut-on parler de penser uniquement à l'Éveil ?

– L'Éveil lui-même n'a qu'une valeur relative. En fait, il n'a jamais été et ne sera jamais atteint. Puisqu'il n'y a rien à atteindre, il ne peut être matière à pensée.

53. Les six conditions différentes des êtres vivants et les trois mondes (du désir, de la forme sans désir et du sans-forme) qui constituent le *samsâra**.

De sorte que l'Éveil n'est pas quelque chose sur quoi notre pensée pourrait s'appuyer, puisque fondamentalement il ne demeure sur rien. L'expression "n'être pas matière à pensée" s'applique à toutes ces fausses notions dont je viens de parler, elles ne sont que des noms, utiles seulement dans certaines circonstances. Toutes émanent de la substance unique en laquelle résident différences et diversités. Être conscient de son esprit sans s'attacher à aucune pensée conduit tout naturellement à la délivrance. »

*

* *

HOUANG-PO SI-YUN
(mort vers 850)

Disciple et successeur dans le *Dharma* de Pai-tchang, et, par son entremise, de Ma-tsou, et maître de Lin-tsi, Houan-po occupe dans l'histoire du *tch'an* une position centrale. Non seulement, il lui permit de traverser sans dommage la crise à laquelle faillit succomber tout le bouddhisme chinois, mais surtout, formulant de manière décisive les particularités de l'école, il la conduisit, après une longue phase d'expérimentations et de controverses, à une maturité qui lui permit de devenir la branche la plus influente et la plus respectée de tout le bouddhisme chinois.

Houang-po Si-yun (Huangbo Xiyun, en japonais Obaku Kiun[54]), né dans l'actuel Fou-kien, province maritime du

54. L'école Obaku, la troisième au Japon, après le Sôtô et le Rinzai, ne descend pas de Houang-po, mais du moine chinois Yin-yuan Long-tch'i (1592-1673), abbé du monastère Wan-fou (en japonais, Mampuku-ji) situé sur le mont Houang-po du Fou-kien, où Houang-po Si-yun avait reçu son éducation huit cents ans plus tôt. Yin-yuan Long-tch'i, en introduisant au Japon la nouvelle école en 1654, lui donna le nom de la montagne sur laquelle s'élevait son monastère, Houang-po, qui devint en japonais Obaku.

Sud-Est de la Chine, se fit raser le crâne dans un monastère proche de sa ville natale (probablement Min-heou), le Chien-fou-sseu, situé sur le mont Houang-po. Les contemporains dépeignent Si-yun comme un homme de très haute taille (plus de deux mètres, disent-ils), portant « au milieu du front une protubérance pareille à une perle[55] ». Sa voix était chaleureuse et son timbre clair, son humeur à la fois vive et sereine[56].

La renommée de Ma-tsou l'attira dans la province voisine du Kiang-si où il résidait au K'ai-yuan de la grande ville de Hong-tcheou. Mais, lorsqu'il y arriva, le maître venait de mourir[57]. Si-yun resta néanmoins sur place et devint l'élève du successeur de Ma-tsou, Pai-tchang. Ce jeune moine se préoccupait déjà du problème de la transmission du *tch'an*, de la manière de l'enseigner. Telle fut, dit-on, la première question qu'il posa à Pai-tchang : « Comment les premiers maîtres ont-ils guidé leurs disciples ? » Pai-tchang garda un silence réprobateur. Si-yun ayant insisté, il lui répondit qu'il ferait bien de prendre garde s'il ne voulait pas être celui qui perdrait le *tch'an*[58]. Mais, à quelque temps de là, eut lieu un dialogue qui fit revenir Pai-tchang de sa prévention :

Un jour, Pai-tchang demanda à Houang-po où il était allé. Celui-ci répondit qu'il avait ramassé des champignons au pied du mont Ta-hsiong.

« Y as-tu rencontré des tigres ? »

Aussitôt, Houang-po se mit à rugir. Pai-tchang saisit une hache et la leva comme s'il voulait l'abattre sur le tigre, puis gifla Houang-po qui éclata de rire.

---

55. Pour les bouddhistes chinois, il s'agissait d'un signe, la marque de l'*ûrna* qui orne le front des « grands êtres ».

56. *Recueil de Wan-ling*, II, 1 a.

57. Ma-tsou est mort en 788. Mort vers 850, Houang-po était alors certainement très jeune.

58. Chang Chung-yuan, *op. cit.*, p. 103.

Peu après, dans la grande salle, devant les moines assemblés, Pai-tchang dit : « Au pied du mont Ta-hsiong, il y a un tigre. Méfiez-vous ! Il m'a déjà mordu ce matin. » Par ces mots, Pai-tchang désignait Si-yun comme son successeur dans le *Dharma*[59]. Il avait fourni la bonne réponse, la réponse sans mots, montrant qu'il avait résolu le problème qui le tourmentait et auquel son maître avait refusé de répondre.

Bien que Houang-po fût devenu le disciple le plus proche de Pai-tchang, il n'en consulta pas moins – mais peut-être seulement après la mort de Pai-tchang en 814 –, l'autre grand disciple de Ma-tsou, Nan-ts'iuan P'ou-yuan (Nanquan Puyuan, 748-835), tout en manifestant qu'il se considérait comme son égal. Dès son arrivée au monastère, il s'assit à la place du maître. Nan-ts'iuan lui demanda depuis combien d'années il suivait la Voie, pour faire preuve d'une telle audace : « Depuis bien longtemps avant Bhîsmarâja[60] », ce qui dans le langage *tch'an* signifiait : depuis toujours[61].

Enfin, Houang-po établit son propre monastère au Ta-an, à Hong-tcheou même. Là, il fit la connaissance du haut dignitaire Pei-sieou (797-870) qui devint son disciple et lui resta fidèle jusqu'à sa mort. Pei-sieou fit construire un grand monastère et pria Si-yun de s'y installer. Celui-ci en souvenir de celui du mont Houang-po au Fou-kien où il était entré dans les ordres, le nomma également Houang-po et fut lui-même désormais appelé par ce nom.

Cet événement dut avoir lieu peu avant le cataclysme qui allait ravager le bouddhisme chinois. Le ressentiment contre les moines s'était accumulé depuis longtemps : leurs vœux de célibat, leur retraite qui privait l'empire de leurs bras, enfin leur richesse excessive irritaient les traditionalistes confu-

59. Anecdote rapportée dans le *Recueil de la transmission de la lumière de la lampe* de 1004.

60. Bhîsmarâja était un Bouddha d'une des ères précédant la nôtre.

61. *Recueil de Wan-ling*, II, 4 a.

céens. Les empereurs, partagés entre plusieurs croyances, se montraient, eux, fort tolérants. En 819, l'empereur Hien-tsong, bien que taoïste, reçut avec les plus grands honneurs des reliques du Bouddha. Le célèbre lettré Han-yu (768-824), qui avait été ministre des Rites et jouissait d'une grande réputation, protesta véhémentement : « Le Bouddha n'était qu'un barbare qui ne connaissait pas notre langue et ignorait jusqu'à la coupe de nos vêtements. » (Les moines s'habillaient en effet à l'indienne). Selon lui, il fallait extirper ce culte étranger : « [Les moines bouddhistes] rejettent le pays et la famille, ils éteignent les lois naturelles, ils sont fils, et ne considèrent pas leur père comme leur père, ils sont sujets, et ne considèrent pas le prince comme leur prince, ils sont hommes et ne travaillent pas... Qu'on les restitue à une vie humaine, qu'on brûle leurs livres, que l'on convertisse leurs édifices en établissements pour tous les hommes ! » Han-yu fut exilé, mais son pamphlet circula, recueillant l'approbation des conservateurs.

En 841, montait sur le trône Wou-tsang, taoïste convaincu, bien décidé à anéantir toutes les religions étrangères. En 843, il s'attaqua aux manichéens, en 845, aux nestoriens et aux bouddhistes. En deux ans, furent détruits 4 600 grands temples et monastères et 40 000 plus petits ; 260 500 moines et nonnes en furent chassés et contraints de retourner à la vie laïque[62]. Wou-tsang mourut en 846 et la persécution s'apaisa aussitôt, sous le règne de son fils et successeur, Siuan-tsong (847-870) qui était, lui, un fervent bouddhiste et prit Pei-sieou comme premier ministre.

On peut supposer que, pendant cette période critique, Houang-po et ses moines furent protégés par Pei-sieou. Il est d'ailleurs possible que les communautés *tch'an*, situées à

62. Ce chiffre est énorme par rapport à une population totale estimée à 27 millions à l'époque. On comprend dès lors que les gouvernants se soient inquiétés.

l'écart des villes, dont les moines vivaient pauvrement et travaillaient de leurs mains aient été plus ou moins épargnées. Toujours est-il qu'en 842, nommé à Tchong-ling, Pei-sieou y invita son maître au monastère Long-sing. Six ans plus tard, nommé à Wan-ling, il lui demanda d'y séjourner. Au témoignage de Pei-sieou lui-même, Houang-po aurait eu alors cinq cents moines et un millier d'auditeurs, et il ne parle même pas de persécution contre eux. D'ailleurs, le fils du persécuteur et son futur successeur, Siuan-tsong, était lui-même novice au monastère de Houang-po, où le maître ne l'en traitait que plus sévèrement, n'hésitant pas à le gifler à tour de bras.

Houang-po mourut entre 849 et 855, certainement très âgé. Si son enseignement est parvenu jusqu'à nous, c'est grâce au ministre Pei-sieou qui le prit en notes et d'après elles, rédigea en 857, peu après sa mort, deux ouvrages : les *Principes de la transmission de l'Esprit (Tch'ouan-sin fa-yao)* et le *Recueil de Wan-ling (Wan-ling lou)*, qu'il prit soin de faire vérifier par deux moines, disciple de son maître, à qui, dans la préface du premier, il rendit cet ultime hommage : « Ses paroles étaient simples et ses assertions directes, sa voie abrupte et sa pratique solitaire. Des quatre coins de l'empire, les disciples affluèrent jusqu'au mont (Houang-po), qui, à la seule vue du maître, s'éveillaient[63]. »

---

63. *Les Entretiens de Houang-po*, présentés et traduits du chinois par P. Carré, Paris, 1985. – J. Blofeld, *The Zen Teaching of Huang-po on the Transmission of Mind*, New York, 1958. – *Der Geist des Zen. Die Zen-Lehre des chinesischen Meisters Huang-po*, trad. allemande, Berne, 1983. Voir aussi Ch. Luk, *The Transmission of the Mind outside the Teaching*, Londres, 1974.

Les principes de la transmission de l'Esprit
(Tch'ouan-sin Fa-yao)

Tous les Bouddhas et tous les êtres vivants ne sont autres que l'Esprit unique : il n'existe pas d'autre compréhension spirituelle. Depuis des temps sans commencement, l'Esprit n'est jamais venu à l'existence et n'a jamais cessé d'exister... Tel qu'il est, le voici, Réalité en soi, Ainsité*. Mais, dès qu'on le considère intellectuellement, on divague... Illimité, insondable, il est comme l'espace vide.

Ainsi, cet Esprit unique est le Bouddha, et, entre le Bouddha et les êtres vivants, il n'est pas de différence. Cependant, les êtres vivants parce qu'ils s'attachent à des caractères particuliers, cherchent toujours ailleurs, et, ce faisant, ils en arrivent à tout perdre. Envoyant leur idée du Bouddha à la recherche du Bouddha et leur esprit à la recherche de l'Esprit, ils ne peuvent aboutir à rien, même s'ils se consacrent exclusivement à cette recherche pendant des *kalpa**. Ils ignorent que le Bouddha apparaît spontanément à celui qui cesse de l'évoquer, en se dégageant du processus de la pensée.

Cet Esprit donc est le Bouddha et le Bouddha est la totalité des êtres vivants. Quand l'Esprit est être vivant, il n'en est en rien diminué ; quand il est Bouddha, il n'en est en rien accru. Les six *parâmitâ**, l'infinité des pratiques, tous les mérites, aussi nombreux que les sables du Gange, sont contenus en lui. L'exercice ne peut rien y ajouter. Quand l'occasion se présente, ils s'expriment, sinon, ils ne se manifestent pas.

Cet Esprit est le Bouddha. Il n'est point d'autre Bouddha ; il n'est point d'autre Esprit. L'Esprit clair et pur est semblable à l'espace vide car, en aucun point, il n'a de forme particulière. Susciter par le processus de la pensée un état d'esprit particulier, c'est dévier de l'essence en s'attachant aux caractères particuliers. Or, depuis des temps sans commencement, il n'a jamais existé de « Bouddha attaché aux particularités ». S'efforcer d'acquérir les six *parâmitâ*, s'exercer à l'infinité des pratiques pour devenir Bouddha, c'est suivre la voie graduelle. Or, depuis des temps sans commencement, on n'a jamais observé de « Bouddha par degrés ». Il suffit de s'éveiller à l'Esprit unique pour « ne plus avoir la moindre réalité à trouver[64] ». Tel est le véritable Bouddha... De nos jours, les adeptes qui ne se sont pas éveillés à cet Esprit ne font que produire pensée sur pensée, chercher le Bouddha au-dehors et pratiquer en s'attachant à des caractères particuliers. Elle n'est pas la Voie de l'Éveil.

[...]

Ceux qui se hâtent n'osent pas s'engager dans la véritable méthode. Ils ont peur de tomber dans le vide, sans n'avoir plus rien à quoi se raccrocher. Alors, ayant scruté l'abîme, ils reculent et, tous sur le même modèle, partent en quête de connaissances et d'opinions... Parce qu'ils ignorent que la vacuité n'est pas un vide, mais le domaine absolu, unique et véritable, ils en viennent à tourner le dos à la Voie.

[...]

Faire le bien ou faire le mal, c'est s'attacher à des caractères particuliers. Produire du mal en y croyant, c'est subir pour rien les tourments du *samsâra**. Faire le bien en y croyant, c'est se donner beaucoup de peine pour peu de choses. Cela ne vaut en aucun cas le fait de reconnaître soi-même sa propre méthode spirituelle, rien qu'en m'écoutant. Cette méthode est l'Esprit, parce qu'en dehors de l'Esprit, il n'est pas de méthode. Cet Esprit est la méthode, car, en dehors de la méthode, il n'est pas d'esprit. Bien que tout naturellement, cet Esprit soit non-esprit, le non-esprit n'a pas d'existence en tant que tel. Amener l'Esprit au non-esprit, c'est encore accorder l'existence à l'esprit. Une silencieuse coïncidence[65] suffit pour que s'arrête le discours intérieur...

---

64. Dans le *Vajracchedikâ Sûtra* (Sûtra de Diamant), le Bouddha dit : « Dans l'Éveil suprême et parfait, ô Subhûti, je suis arrivé là où il n'y a plus la moindre réalité à trouver, et c'est cela que j'appelle Éveil suprême et parfait » (chap. 22).

65. « Cette "silencieuse coïncidence" est une remarquable définition de l'Éveil lui-même, qui n'est rien d'autre.

Cet Esprit est notre boddhéité originellement pure que détiennent tous les hommes. Tout être animé, quel qu'il soit, forme avec les Bouddhas et les Bodhisattvas une seule et même substance. C'est seulement parce que, par erreur, nous introduisons des différenciations que nous produisons toutes sortes d'actions entraînant réaction.

[...]

Dans notre fondamentale boddhéité, il n'est rien, si ce n'est un vide béant et paisible, une clarté merveilleuse et béatifique, où la réalisation profonde et spontanée plonge directement. Tout est là, parfaitement complet, rien ne manque. Pratiquerait-on courageusement pendant trois *kalpa* incalculables, en passant par tous les degrés de la carrière d'un Bodhisattva[66] qu'à l'instant fulgurant de la réalisation, on ne serait le témoin d'autre chose que de la manifestation de sa propre boddhéité originelle et spontanée, et rien de plus. Considérez les mérites accumulés pendant ces *kalpa* comme les activités trompeuses que l'on a en rêve et qui se dissipent au réveil. C'est en ce sens que le *Tathâgata**[67] déclare : « Dans l'Éveil suprême, je n'ai en fait rien trouvé, car, si j'avais trouvé quoi que ce soit, le Bouddha Dîpamkara n'aurait pas prédit ma venue[68]. » Et aussi ceci : « Cette réalité, c'est l'égalité sans haut ni bas, l'Éveil. »

*

*   *

66. Selon la doctrine traditionnelle, la « carrière » du Bodhisattva commence par la recherche de l'esprit d'Éveil *(Bodhicitta)* et l'engagement solennel des vœux, elle se poursuit en dix étapes *(bhûmi*, « terre » ou « pays ») qui se déroulent sur trois *kalpa*, avant de parvenir à la parfaite boddhéité.

67. Épithète du Bouddha.

68. Citation du *Vajracchedikâ Sûtra*, chap. 17. Dîpamkara est le premier des six bouddhas antérieurs au Bouddha historique, Shâkyamuni, qui était alors un ascète nommé Sumedha. Grâce à ses dons surnaturels, Dîpamkara prédit que Sumedha, après de très nombreuses existences terrestres, deviendrait lui-même un Bouddha.

LIN-TSI
(mort en 866 ou 867)

Dans la succession du sixième patriarche, Lin-tsi occupe, à la cinquième génération, une place unique et centrale. Avec lui, s'instaure une méthode non tant d'enseignement de la Voie que de provocation à l'Éveil. Sans doute, la tenait-il de son maître Houang-po et avait-elle déjà été esquissée par Ma-tsou, mais, autorisé par leur exemple, Lin-tsi va plus loin dans l'iconoclasme, le sarcasme, le blasphème. Il en fait les préalables nécessaires à l'Éveil, une façon de se débarrasser d'un coup de tout l'acquis antérieur qui fait obstacle entre le pratiquant et la Voie. Pour guider l'apprenti plus sûrement que par des mots, il met au point tout un système de signes des plus concret puisqu'il s'exprime non plus par le mental, mais directement par le corps : coups de bâton donnés ou reçus, clins d'yeux, gestes incompréhensibles, qui sont autant de *kôans*, éructations sonores, propres à déconcerter le novice, à le faire vaciller sur ses bases, et, lui faisant perdre l'équilibre, à le précipiter tête la première dans l'Éveil comme dans l'abîme au bord duquel il tremblait.

Cette violence impétueuse, cette brutalité concertée, une certaine grossièreté voulue, Lin-tsi, semble-t-il, ne les possédait pas à l'origine. Ce que l'on sait de lui avant sa rencontre avec Houang-po – y compris ce qu'il a dit lui-même de son passé – le montre plutôt comme un garçon timide, effacé, très soucieux de ses obligations familiales et à la conduite irréprochable. Né dans les toutes premières années du IXe siècle, dans la préfecture de Nan-hua (actuel Shantung) au Nord-Est de la Chine, il se nommait Yi-hiuan[69]. Devenu moine très jeune, il étudia consciencieusement les textes sacrés :

69. *Les entretiens de Lin-tsi*, traduits et commentés par P. Demiéville, Paris, 1972. – R. F. Sasaki, *The Records Sayings of the Ch'an Master Lin-chi*, Kyoto, 1975.

« Naguère, dit-il, je m'étais intéressé au *vinaya* (code de discipline monastique), j'avais aussi fait des recherches sur les *sûtra* et les *shâstra* (interprétation philosophique de la doctrine incluse dans les *sûtra*[70]). Puis je m'aperçus que ce n'étaient là que drogues bonnes à soigner le monde et discours de surface ; d'un seul coup, je rejetai tout. Je me mis alors à m'informer de la Voie en consultant des maîtres du *tch'an*[71]. » Lin-tsi avait environ vingt ans, il entreprit une pérégrination de plus de deux mille kilomètres, qui le conduisit dans le Sud de la Chine, où brillaient d'un vif éclat les différentes branches de l'école issue du sixième patriarche. Partout, il rencontra les traces du grand Ma-tsou et rendit visite à la plupart de ses nombreux successeurs dans le *Dharma*. Lin-tsi cite lui-même ceux auxquels il se rattachait plus particulièrement. Quant à Ma-tsou, mort avant sa naissance, il le considérait comme son « aïeul ». Il précise qu'ils furent tous en leur temps des incompris, qui même firent scandale. « Personne n'a cru en eux, tous les ont calomniés[72]. » Il s'agissait de l'école, devenue déjà fameuse, de Hong-tcheou au Kiang-si, qui s'était répandue dans toute la Chine méridionale.

Il est certain que le jeune homme fut fort intimidé par ces personnages impressionnants et abrupts. Il le fut longtemps encore, quand il se fut arrêté enfin, encore plus au Sud, au monastère de Houang-po, successeur dans le Dharma de Pai-chang, disciple de Ma-tsou. Ainsi, nous savons par lui-même que, pendant trois ans, il n'osa poser de questions au maître, jusqu'au jour où le doyen des moines, Mou-tcheou, qui l'avait remarqué, disant : « Bien qu'il soit le plus jeune, il se distingue de tous », lui suggéra de le faire. Mais Lin-tsi ne

70. *Vinaya*, *sûtra* et *shâstra* forment les trois « corbeilles » *(tripitaka)* du canon bouddhique, l'ensemble des textes que doit étudier un novice.

71. *Entretiens*, 20.

72. *Entretiens*, 29.

savait que demander. Mou-tcheou lui recommanda de poser la question traditionnelle : « Quel est le sens de la venue de l'Ouest de Bodhidharma ? » Ainsi fit-il. Mais, en réponse, il ne reçut qu'une volée de coups de bâton. À son retour, le doyen lui demanda comment s'était passée l'entrevue. « Je n'avais pas seulement fini de parler que le Révérend m'a battu. Je ne comprends pas. » Le doyen le persuada de retourner voir Houang-po. De nouveau, Lin-tsi fut battu. Il y revint encore. Mais « trois questions, trois bastonnades ». À la fin, le jeune moine déclara au doyen : « Je ne parviens pas à saisir quelle est l'intention profonde du Révérend. Sans doute, quelque chose en moi fait-il encore obstacle. Je crois que je ferais mieux d'aller voir ailleurs. – Puisque vous voulez partir, il faut que vous alliez prendre congé du Maître. »

Aussitôt, Mou-tcheou s'en vint trouver Houang-po et lui dit : « Ce jeune moine qui est venu vous interroger se montre tout à fait conforme à la Loi. S'il vient vous faire ses adieux, veuillez le recevoir. À l'avenir, pour peu qu'on creuse, il deviendra un grand arbre qui procurera au monde entier la fraîcheur de son ombre. » Lorsque Lin-tsi se présenta, Houang-po lui dit : « Puisque tu veux aller ailleurs, va donc trouver le vieux Ta-yu (« Grand Idiot ») ; sûrement lui, il t'expliquera[73]. »

Lin-tsi rendit donc visite à Ta-yu, qui lui demanda d'où il venait. « De chez Houang-po. – Et qu'est-ce qu'il fit, Houang-po ? – Trois fois, je l'ai interrogé sur la grande idée du bouddhisme[74], et par trois fois, il m'a battu. Je ne sais si j'ai commis une faute ou non. – Comment ? Alors que Houang-po, comme une bonne vieille grand-mère, s'est

73. Ta-yu de Kao-ngan avait été le disciple de Lou-chan Tche-tch'ang de Koueitsong, lui-même disciple de Ma-tsou. Houang-po et Ta-yu s'étaient rencontrés chez Ma-tsou, quand ils étaient tous les deux très jeunes.

74. En fait, à cette question fondamentale, les maîtres ne répondaient jamais. C'était au disciple de trouver la réponse. Par la suite, Lin-tsi ne répondit lui aussi que par des coups de bâton.

donné tant de mal pour toi, tu viens jusqu'ici pour me demander si tu as commis une faute ! » À ces mots, Lin-tsi atteignit d'un coup le grand Éveil[75]. Tout joyeux, il constata : « Après tout, le bouddhisme de Houang-po, ce n'est vraiment pas grand-chose ! » Ta-yu l'empoigna : « Voyez-moi ce petit diable qui mouille encore son lit ! Il vient me demander s'il a commis une faute et le voilà qui maintenant ose dire que le bouddhisme de Houang-po ne vaut pas grand-chose. Mais qu'est-ce que tu as donc dans la tête ? Allez, dis-le ! Dis-le vite ! » Mais Lin-tsi se mit à bourrer les côtes de Ta-yu qui dut le lâcher et conclut : « Ton maître, c'est Houang-po, c'est une affaire entre vous. Après tout, ça ne me regarde pas. »

Lin-tsi retourna donc auprès de Houang-po. Le voyant arriver, celui-ci remarqua : « Mais quand va-t-il cesser d'aller et venir, ce type-là ? » Lin-tsi répartit : « Je ne suis revenu que parce que vous m'avez montré la gentillesse d'une bonne vieille grand-mère. » Puis, à la demande du maître, il lui raconta son aventure. Houang-po s'écria : « Ah, si je le tenais, l'animal, je lui en administrerais une bonne dose à lui aussi ! – Pas besoin d'attendre. La bonne dose, c'est vous qui allez la recevoir. » Et il le gifla. « Mais il est fou, ce gamin-là ! Osez tirer les moustaches du tigre ! » De ce jour, Houang-po comprit qu'il avait enfin trouvé son successeur. Mais Lin-tsi resta auprès de lui vingt ans pour parachever sa formation.

Enfin, il dut le quitter pour aller fonder, selon la tradition, son propre monastère. Venant faire ses adieux à son maître, il le trouva lisant des textes sacrés et remarqua : « Je croyais avoir affaire à un homme véritable. Ce n'est qu'un vieux

75. Ce qui prouve que Houang-po avait eu raison de ne pas lui répondre. La non-réponse est généralement considérée dans le zen comme une marque d'estime. Le maître signifie ainsi au disciple qu'il le considère comme capable de trouver par lui-même la réponse.

Révérend qui se gave de haricots noirs[76]. » Au moment du départ, Houang-po le battit pour la dernière fois et Lin-tsi répondit en le souffletant, puis ils éclatèrent de rire. Houang-po se fit alors apporter le bâton et le coussin de méditation de son propre maître, Pai-chang. Lin-tsi voulait se dérober, mais il l'obligea à les accepter : « Voilà qui te mettra à l'abri des calomnies ! »

La transmission ainsi validée, Yi-hiuan remonta vers le nord et s'établit dans un petit monastère près de la rivière Hou-t'o, ce temple portait le nom de *Lin-tsi*, « au-dessus du gué », il devint le sien. Mais, quelque temps plus tard, les combats qui sévissaient dans la région obligèrent Lin-tsi à quitter ce site agreste pour se rendre au chef-lieu de la préfecture. Là, le gouverneur lui abandonna sa propre maison pour qu'il en fît un monastère qui prit aussi le nom de Lin-tsi. La guerre civile l'en chassa de nouveau. Enfin, après bien des errances Lin-tsi put s'installer au monastère Hing-houa à Taming, dans le sud du Ho-pei. Il y fut entouré du respect de tous. Cependant, il demeurait sceptique quant à la survie de son enseignement.

« Entendant parler partout du vieux Lin-tsi, vous arrivez ici dans l'intention de me harceler de vos questions compliquées avec l'espoir de me mettre dans l'impossibilité de vous répondre. Mais, une fois devant moi, vous me regardez bouche bée, incapables de proférer un mot. Quand je vous adresse la parole, vous n'êtes même pas fichus de me répondre. Auparavant, vous vous exhibiez, vous frappant la poitrine à grands coups et vous frictionnant les côtes en proclamant : « Je comprends le *tch'an* ! Je comprends la Voie ! » Et maintenant, plus personne, vous ne savez plus rien faire. Vous serez tout juste bons à aller proposer votre salade aux

76. En chinois, « haricot noir » et « phrase » sont homonymes. Ce que Lin-tsi reproche à Houang-po, c'est de se bourrer de phrases, comme ceux qu'il condamne.

paysans. » La mort de Lin-tsi n'est que très brièvement relatée dans les *Entretiens* : « Un jour, soudain, sans être malade, il arrangea ses vêtements, se mit en posture de méditation et dit : « Après mon extinction, ne laissez pas éteindre mon Trésor de l'Œil de la Vraie Loi[77]. » Sortant du rang, l'un des principaux disciples, San-chêng, protesta : « Comment l'oserions-nous, Révérend ? – Alors, dis-moi, si plus tard on t'interroge, que diras-tu ? » San-chêng répondit par un *Ho* ! sonore. Le maître remarqua : « Qui l'eût cru que mon Trésor de l'Œil de la Vraie Loi s'éteindrait avec cet âne aveugle ! » Ceci dit, il se redressa bien droit et partit dans la quiétude. C'était le dixième jour de la première lune de l'année Ting-hai, huitième de l'ère Hien-t'ong des T'ang. »

Ce qui correspond au 18 février 867, mais presque toutes les autres sources donnent le 27 mai 866. Il se peut que l'« appendice biographique » qui termine les *Entretiens* ne leur ait été ajouté que plus tard. En revanche, il semble à peu près certain que les *Entretiens de Lin-tsi – Lin-tsi lou –* dont le titre complet est *Tchen-tcheou Lin-tsi Houei-tchao tch'an che yu* (Recueil des paroles du maître de *tch'an* Houei-tchao de Lin-tsi de *la* préfecture de Tchen) furent rédigés par l'un de ses plus proches disciples, précisément ce San-chêng Houei-jan avec qui il échangea ses dernières paroles qui, dans la bouche de Lin-tsi, correspondaient à une manière d'investiture, ironique, comme toujours. C'est donc fort peu de temps après la mort du maître que furent compilés ses propos, ce qui n'a rien de surprenant, on avait tout de suite compris qu'il fallait les transmettre aux générations suivantes.

Lin-tsi avait eu de très nombreux disciples. Aucun d'eux, cependant, ne s'illustra. Ce qui s'explique probablement par les graves événements qui secouaient alors la Chine. Au

77. Autrement dit, la transmission authentique depuis le Bouddha.

règne de l'empereur Wou-tsang (841-846), le persécuteur acharné du bouddhisme, succéda une longue période de troubles qui mirent fin à la dynastie des T'ang, ils durèrent pendant toute l'ère dite des Cinq Dynasties (907-960) et ne prirent fin qu'avec l'avènement de la première dynastie Song.

Durant ce long siècle, les maîtres du *tch'an* eurent tout intérêt à ne pas faire parler d'eux. Certains vécurent en ermites, tel le « solitaire du mont T'ong-fen », dont il est question au 85e exemple du *Pi-yen-lou* (Recueil de la falaise verte), ou entourés d'un très petit nombre de disciples. Cependant, contrairement aux autres écoles, le *tch'an* semble avoir plutôt bénéficié de cette éclipse. L'épreuve le mûrit. Toujours est-il que dans la Chine des Song (960-1279), il occupa dans le bouddhisme une place prépondérante. Entre-temps, l'école de Lin-tsi avait pratiquement absorbé toutes les autres lignées, exception faite de celle de Tong-chan et de Ts'ao-chan, la future école Sôtô. L'école Lin-tsi, transplantée au Japon, y devint au XIIIe siècle le Rinzai (transcription japonaise de Lin-tsi).

L'homme vrai sans situation [78]

> « Ayant pris place sur son siège, [le maître] dit : "Sur ce conglomérat de chair rouge apparaît un homme vrai sans situation, qui sans cesse affleure et rentre par les portes de votre visage. Voyons, qu'en pensent ceux qui n'ont encore rien dit !" Un moine sortit de l'assemblée et demanda comment était l'homme vrai sans situation. Le maître sauta de l'estrade et, empoignant le moine, l'immobilisa : "Allons, dis-le, toi-même ! Dis-le, dis-le !" Le moine hésita. Lin-tsi le lâcha : "L'homme vrai sans situation, c'est un je ne

78. Les *Entretiens de Lin-tsi*, édition de P. Demiéville, *op. cit.*, 13

sais quoi à se torcher le cul." Et aussitôt il retourna dans sa cellule. »

Sans doute, tout Lin-tsi est-il là, sa véhémence dans l'apostrophe, la virulence de ses propos. Mais que l'on ne s'y trompe pas. Que veut-il au juste ? Extorquer un aveu qui ne vient pas. Faire sortir du moine hésitant cet homme sans situation qu'il entrevoit, c'est-à-dire l'éveillé qui est en lui en puissance, et qu'on ne peut définir que par l'innommable, tant il est en soi indécent. Vouloir le qualifier serait le faire disparaître.

L'homme vrai sans situation traduit le chinois *wou-wei tchen-jen*. Ce *wei*-là n'est pas celui de *wou-wei*, le « non-agir », il signifie : « siège, situation, position, rang hiérarchique », tout ce qui précisément ne concerne pas l'homme vrai. Il ne se soucie nullement de sa position dans la société – fut-ce la communauté monastique –, il n'a par définition, aucune ambition, pas même de besoin, il se contente de ce qu'il a, ne dépend de personne et personne ne dépend de lui, il est, de ce fait, totalement indépendant, parfaitement libre.

Mais, dans le contexte bouddhiste, *wou-wei* a ici un autre sens plus profond : l'homme vrai, qui est l'éveillé, échappe au conditionnement habituel de l'être humain, il a coupé tous ses liens, sociaux, familiaux, mais aussi karmiques. L'homme vrai n'est plus attaché à rien, et surtout pas à lui-même. Mais cet état n'a rien d'extraordinaire, il n'est que retour à la normale.

L'homme vrai sans situation « se tient dans l'ordinaire : il chie, il pisse, il se vêt, et il mange. Quand vient le sommeil, il dort. Le sot rit de moi, le sage me connaît... Soyez votre propre maître où que vous soyez, et sur-le-champ vous serez vrais. »

« Vénérables, sachez saisir l'Homme qui, en vous, par derrière, joue avec tous les reflets et tire les fils des phénomènes. C'est lui qui est “la source originelle de tous les Bouddhas”, c'est lui qui est votre ultime recours, en lui que vous trouverez refuge.

« Ce n'est point votre corps matériel fait des quatre éléments qui sait percevoir la Loi ou écouter mon discours. Qui le comprend ? Est-ce votre rate, votre estomac, votre foie, votre vésicule biliaire ? Sont-ce les cavités de votre corps ? Non ! Qui donc comprend mon discours, qui écoute la Loi, sinon vous-mêmes qui êtes là devant mes yeux, bien distincts, c'est-à-dire cet individu qui, sans forme visible définie, est lumineux par lui-même, est par lui-même sa propre lumière. C'est lui qui en ce moment écoute effectivement mon discours et le comprend. Si vous saisissez cela, vous êtes là, tout de suite, identique à notre ancêtre spirituel, le Bouddha. Encore faut-il que cette compréhension soit constante, qu'elle imprègne chacune de vos pensées, qu'elle soit à l'origine de votre vision des choses. C'est seulement parce que s'interposent les passions que le vrai savoir se trouve intercepté ; c'est du fait des modifications de la conscience que l'essence se différencie [79]. »

*

« Que pensez-vous qui soit la réalité ? La réalité n'est autre que l'Esprit. L'Esprit-Réalité n'a pas de forme définie. Il imprègne et parcourt l'univers entier. Il est, en ce moment même, en ce lieu même, vivement présent. Mais les esprits des gens ordinaires ne sont pas assez mûrs pour le voir. Alors, ils mettent partout des appellations et des concepts, comme des étiquettes : “Absolu”, “Saint”, “Éveil”, etc., et ils cherchent vainement la Réalité dans ces noms…

« Dans l'œil, l'Esprit-Réalité opère comme vue, dans l'oreille comme ouïe, dans le nez comme odorat, dans la bouche, il parle, dans la main, il saisit, dans le pied, il marche. Toutes ces activités ne sont à l'origine qu'une seule et même Illumination spirituelle, qui se

79. *Entretiens*, *op. cit.*, 11 c.

diversifie en harmonieuses correspondances. C'est parce que l'Esprit n'a de cette manière aucune forme définie qui lui soit propre qu'il peut si librement opérer en toutes formes[80]. »

L'homme vrai sans situation est aussi « ordinaire » dans un autre sens, non opposé, mais complémentaire. Il est « ordinaire », il est normal, parce qu'il n'est pas encore – ou qu'il n'est plus – déformé, gauchi, tordu. Il est ce qu'il est véritablement, ce qu'il doit, ce qu'il devrait être : le lieu de l'actualisation de l'univers entier. C'est là, peut-être, ce qui est le plus difficile à comprendre du dehors, par la seule intelligence discursive, ce concept de l'humain selon Lin-tsi. L'« homme sans situation » est à la fois l'individu empirique, concret et sensoriel, qui ne perçoit que la diversité des phénomènes et s'y perd, et l'« Homme » qui transcende ce niveau empirique, existentiel, et atteint celui du suprasensible, de l'essentiel, et retrouve l'unité, qui, en un mot, s'est « éveillé ». Cela, on ne peut évidemment en saisir la possibilité qu'à travers la pratique, au moyen du « penser non pensé », de la « pensée sans pensée », qu'elle libère et rend en nous opérant, ce que l'on appelle en japonais *hi-shiryô* et en chinois *wou-sin*, qu'il faut ici comprendre dans la totalité de son sens, le « cœur » *(sin)* qui est à la fois l'organe lui-même – l'idéogramme *sin* dessine schématiquement la forme du cœur avec trois gouttes de sang – mais aussi, à la fois, la source de la pensée et le siège des passions.

« Le véritable apprenti de la Voie ne s'attache ni au Bouddha ni aux Bodhisattvas ni aux Arhat ni aux soi-disant prodiges du Triple Monde[81]. Ne dépendant plus de rien ni de

---

80. *Entretiens*, édit. Seizan Yanagida, Kyôto, 1961, cité par Yoshihito Izutsu, *Le Kôan zen*, trad. fr., Paris, 1978, p. 90-91.

81. Le Triple Monde, ou les Trois Mondes – *Triloka** –, celui du désir, celui de la corporéité dans désir, celui de la non-corporéité, donc uniquement spirituel, font tous trois partie du *samsâra**, du cycle des existences conditionnées.

personne, libéré de toute entrave, rien ne peut l'affecter. La terre et le ciel s'écrouleraient-ils devant moi que ma foi ne chancellerait pas. Verrais-je apparaître les Bouddhas des dix directions de l'espace, que je n'en ressentirais pas la moindre exaltation, l'enfer et ses démons que je n'en éprouverais pas la moindre crainte. Et pourquoi cela ? Parce que je perçois la vacuité de toutes choses, qui n'existent que par le mouvement de l'esprit. Sans mouvement de l'esprit, il n'y a plus rien. Le Triple Monde n'est qu'une manifestation de votre esprit, les dix mille choses émanent de votre conscience. C'est pourquoi, ces fantasmes du rêve, ces fleurs dans l'air[82] à quoi bon se fatiguer à vouloir les saisir ?

« C'est vous seuls, adeptes, hommes qui êtes là devant moi à écouter la Loi, c'est vous-mêmes qui "pénétrez dans le feu, sans être brûlés, dans l'eau sans vous noyer[83]", vous-mêmes qui vous promenez dans les enfers devenus un jardin d'agrément, vous qui pourvoyez aux besoins des *préta* affamés[84] et des bêtes, sans attendre la moindre rétribution. Et pourquoi cela ? Parce que vous laissez plus rebuter par rien, parce que vous ne cessez de pratiquer la non-discrimination. Si vous aimez les saints et réprouvez les pécheurs, vous coulerez encore dans l'océan des naissances et des morts (le *samsâra*). Les afflictions et les épreuves n'existent que parce que vous leur prêtez attention. Épargnez-vous donc la fatigue de faire d'inutiles distinctions et, à l'instant même, tout naturellement, vous trouverez la Voie. Au lieu de chercher partout, vous agitant comme les vagues de la mer, ce qui ne peut que vous conduire à retourner sans cesse dans le cycle des naissances et des morts, restez donc

82. Nées seulement de troubles de la vue.
83. Réminiscence du *Sûtra de la marche héroïque* et du *Sûtra du Lotus*.
84. Les « trépassés faméliques », une des six conditions d'existence du *samsâra**.

ici tranquilles, sans affaires, les pieds croisés devant votre coussin de méditation[85]. »

Pourtant, on a voulu trouver à tout prix dans Lin-tsi la condamnation de la méditation assise, du zazen. Ainsi, même le très érudit traducteur de Lin-tsi, Paul Demiéville, parle-t-il, non sans une certaine irritation de ce zazen qu'aurait « condamné formellement Lin-tsi » et qu'il « n'a du reste pas pour autant cessé de se pratiquer..., et dont les propagandistes du zen nous rebattent aujourd'hui les oreilles ».

> Or, que dit Lin-tsi ? « Il y a ici certains crânes rasés aveugles qui, après avoir fait leur plein de riz, s'assoient en *dhyâna* afin de se livrer à des pratiques contemplatives, attentifs à toute impureté de la pensée pour l'empêcher de se produire, recherchant la quiétude par dégoût du bruit. Ce sont là des procédés hérétiques[86]. »
>
> Ou encore : « Vénérables, quand je dis qu'il n'y a pas de Loi à chercher au-dehors, ces apprentis ne me comprennent pas et en déduisent qu'il faut la chercher au-dedans d'eux-mêmes. Alors, ils restent là, sans bouger, devant leur mur, la langue collée au palais, plongés dans la méditation. Et c'est cela qu'ils prennent pour la méthode des patriarches et la Loi du Bouddha. Quelle grande erreur !... Si c'est l'immobilité que vous reconnaissez comme vrai, alors les végétaux devraient posséder la Voie. L'homme vrai ne dépend, lui, de rien, il se sert tant de la mobilité que de l'immobilité[87]. »

Or, Lin-tsi s'adresse à des moines qui, comme lui et sous sa direction, consacrent la plus grande partie de leur temps au zazen. Ce qu'il condamne ne saurait donc être la méditation

85. *Entretiens*, 18 c.
86. *Entretiens*, 16 b.
87. *Entretiens*, 27.

assise en elle-même, mais l'usage erroné qu'on en fait. Ce contre quoi il met les moines en garde, c'est contre l'assoupissement repu et satisfait, mais aussi sur ce qui est bien pire, le vagabondage du mental et même toute recherche qui ne peut que faire perdre de vue la véritable démarche intérieure laquelle est ouverture, attente passive et renoncée, d'un éventuel surgissement, attente qui n'en est même plus une, qui n'est plus que vide intérieur. Lorsque Lin-tsi dit que l'homme vrai « se sert de la mobilité comme de l'immobilité », il ne fait que souligner, ainsi que l'ont fait en tout temps les maîtres avant lui et après lui, qu'il ne doit y avoir aucune discontinuité entre la méditation et la vie quotidienne, que la vie quotidienne est, elle aussi, pratique de la méditation.

> Maintes fois citées sont les célèbres imprécations blasphématoires de Lin-tsi : « Adeptes, voulez-vous voir les choses conformément à la Loi (au *Dharma*) ? Gardez-vous seulement de vous laisser égarer par les autres. Tout ce que vous rencontrez au-dehors, comme au-dedans de vous-mêmes, tuez-le. Si vous rencontrez le Bouddha, tuez le Bouddha ! Si vous rencontrez un patriarche, tuez le patriarche ! Si vous rencontrez un Arhat*, tuez l'Arhat ! Si vous rencontrez vos père et mère, tuez vos père et mère !... C'est là le moyen de vous délivrer, d'échapper à l'esclavage ; c'est là l'évasion, c'est là l'indépendance[88]. »
>
> « De ces adeptes qui de toutes parts viennent à moi pour que je leur apprenne la Voie, il n'en est aucun qui ne soit dépendant. Mais moi, dès l'abord, je les bats. S'ils s'expriment avec les mains, je les bats aux mains ; s'ils s'expriment par la bouche, je les bats à la bouche ; s'ils s'expriment avec les yeux, je les bats aux yeux. Car il n'y en a pas un seul qui ait fait preuve d'indépendance, tous sont tombés dans le piège illusoire tendu par les anciens. Moi, le moine des montagnes, je n'ai aucune Loi à donner aux hommes ; je ne

88. *Entretiens*, 20 b.

fais que traiter la maladie et dénouer les liens... Voilà cinq ans, voilà dix ans que je n'ai pas rencontré un seul homme véritable. Tous sont pareils à des farfadets des bambous et des arbres qui s'accrochent au feuillage comme des parasites – bêtes puantes, larves malignes qui vont se repaître à tous les tas d'excréments, bandes d'aveugles qui consommez indûment les dons faits par les dévots, en proclamant : « Nous sommes des moinillons sortis de la famille ! » Telles sont les vues qu'ils entretiennent.

« Je vous le dis : il n'y a pas de Bouddha, il n'y a pas de Loi, point de discipline à cultiver, point de fruit à en attendre. Que cherchez-vous donc auprès d'autrui ? Aveugles, qui vous mettez une tête sur la tête ! Qu'est-ce qui vous manque donc ? C'est vous, adeptes qui êtes là sous mes yeux, c'est vous-mêmes qui ne différez en rien du Bouddha et des patriarches ! Mais vous n'avez pas confiance, et vous allez chercher au-dehors.

« De mon point de vue, il n'y a pas à faire tant d'histoires ! Il suffit d'être *ordinaire*, de mettre ses robes, de manger son riz, et de passer son temps *sans affaires*[89]... »

Il ne faut pas s'y tromper. Pour Lin-tsi, être *ordinaire*, c'est tout simplement être « Éveillé », avoir reconnu sa nature propre, qui est nature de Bouddha, nature d'Éveil. Dès lors, plus de soucis, plus de craintes, plus d'*affaires*, puisqu'on se trouve dans l'Infini, dans l'Éternel, qu'on est passé de l'existentiel à l'Essentiel, qu'on est devenu l'Être lui-même. Cette vue, à laquelle il donne volontairement un tour paradoxal et scandaleux, Lin-tsi ailleurs la précise, quand un disciple pose la question : « Qu'est-ce que le vrai Bouddha, la vraie Loi, la vraie Voie ? Veuillez nous en instruire. » Lin-tsi répond :

« Le Bouddha, c'est la pureté de notre propre esprit, la Loi, c'est la luminosité de notre propre esprit, la

89. *Entretiens*, 20 c.

Voie, c'est son rayonnement qui partout illumine sans obstacle. Les trois ne sont qu'un ; ce ne sont que des noms vides qui n'ont pas d'existence en soi. Le vrai religieux est celui qui garde cela présent à l'esprit, constamment, sans la moindre discontinuité[90]. »

Revenant sur sa méthode propre, Lin-tsi ajoute :

« Quant à ma manière d'agir, celle que j'emploie aujourd'hui, elle est, en vérité, à la fois créative et destructive. Je me joue dans les métamorphoses spirituelles, tout en restant sans affaires en toutes circonstances. Nul ne saurait me faire dévier. Lorsque quelqu'un se présente, je sors de moi pour le regarder. Il ne me reconnaît pas. Alors, je m'affuble de toutes sortes de vêtements qui font naître chez l'apprenti des interprétations ; et, tout à coup, il se laisse prendre à mes paroles et à mes phrases, ô amertume ! Ces tondus aveuglés s'emparent des vêtements que j'ai mis pour me voir bleu, jaune, rouge ou blanc. Et si je les enlève afin d'aborder des domaines plus purs, les voilà qui aussitôt aspirent à la pureté. Et si j'enlève encore ce vêtement de pureté, ils en restent tout perdus et frappés de stupeur. Ils se mettent à courir comme des fous, racontant partout que je suis nu. Je leur dis alors : "Le reconnaissez-vous enfin *l'homme* qui a mis ces vêtements ?" Soudain, ils tournent la tête, et voilà qu'ils me connaissent[91]. »

Après avoir dévoilé sa méthode, sa maïeutique, Lin-tsi convient qu'il ne s'agit là que de « moyens habiles » *(upâya)*, ceux auxquels ne dédaignait pas de recourir le Bouddha lui-même, prêchant chacun selon la vérité qu'il était en mesure d'atteindre.

---

90. *Entretiens*, 31 b.
91. *Entretiens*, 29 b.

> « Adeptes, ne vous attachez pas à tout ce que je vous dis. Et pourquoi ? Mes paroles ne reposent sur rien, je ne puis vous fournir aucune preuve. Tout cela n'est que figures tracées par le doigt dans l'espace, images peintes de vives couleurs, illustrations didactiques[92]. »

Ce que vise Lin-tsi n'est rien d'autre que d'obliger ses élèves à acquérir enfin la « vue juste ».

> « Ne vous y trompez pas, vénérables ! Je ne tiens nullement à ce que vous expliquiez les textes *(sûtra)* et les traités *(shâstra)*, ni à ce que vous deveniez de grands hommes dans l'État, ni à ce que vous discutiez interminablement comme des cascades, ni même à ce que vous fassiez preuve d'intelligence et de sagesse. Tout ce que je veux, c'est que vous ayez la vue juste. Adeptes, mieux vaut être un modeste maître sans affaires que de savoir interpréter cent volumes de textes ou de traités, ce qui ne peut conduire qu'à mépriser les autres[93]... »

Aussi, aux paroles toujours trompeuses, Lin-tsi préfère-t-il des moyens plus directs et plus efficaces, ceux employés par la « tradition bouddhique clairement établie qui est la [sienne]. », autrement dit par Ma-tsou et Houang-po, mais il les porte à leur point de perfection : le coup de bâton assené au bon moment, ou le *Ho !* (en japonais, *kwatsu* ou *katsu*), hurlé à l'oreille du novice, artifices assurément, mais propres à déconcerter le mental, à mettre un terme à l'hésitation, parce qu'elle implique incertitude et cogitation, que la réponse en conséquence ne pourra être spontanée, ainsi qu'elle devrait l'être. Lin-tsi lui-même compare ce *Ho !* « au rugissement du lion [qui] fait éclater la cervelle du chacal ». Cela peut donner lieu à des sortes de duels entre disciple et

92. *Entretiens*, 37.
93. *Entretiens*, 39.

maître, lequel n'a d'ailleurs pas toujours le dernier mot. Nous n'en citerons ici qu'un exemple en apparence particulièrement absurde :

> « Un moine l'ayant questionné sur le sens général du bouddhisme, le maître leva son *hossu* (chasse-mouches que seuls les maîtres pouvaient utiliser). Le moine fit *Ho !*, le maître le battit. Le moine renouvela la question. Le maître leva à nouveau son chasse-mouches. Le moine fit *Ho !*, le maître fit *Ho !* à son tour. Le moine eut un moment d'hésitation. Le maître derechef le battit. Le maître dit alors : "Lorsque, pendant vingt ans, je fus le disciple de mon défunt maître Houang-po, trois fois, je le questionnai, et trois fois, il a bien voulu me donner le bâton. C'était comme s'il m'eut caressé avec un rameau d'armoise aromatique ; aujourd'hui encore, j'en ai la nostalgie d'une bonne bastonnade. Qui pourrait s'en charger ?" Un moine sortit de l'assemblée : "Moi, je le pourrais." Le maître lui tendit le bâton. Le moine hésita, le maître le battit. »

Ces affrontements, ces corps à corps avaient leur sens. Ce que Lin-tsi testait, c'était la spontanéité de chacun, la promptitude de réflexe qui exclut toute réflexion. Seulement, il advint – ce qui toujours arrive – que ce qui était sa manière à lui de manifester sans intermédiaire sa rude compassion ne fut plus par la suite qu'une méthode empruntée et systématique, ayant perdu de ce fait toute authenticité. Cela devint du théâtre, créant une certaine image caricaturale qui s'imprégna dans l'esprit des non-pratiquants, même bouddhistes, et qui finalement porta préjudice au zen lui-même.

Lin-tsi lui-même avait prévu la possibilité d'une telle déviation. Un jour, sans doute vers la fin de sa vie, il dit à ses disciples : « Vous tous maintenant imitez mon cri, mais je vais vous mettre à l'épreuve. L'un de vous va venir de la salle de l'Est, un autre de la salle de l'Ouest. Au moment où ils se rencontreront, ils crieront ensemble. À vous de distinguer celui qui est éveillé et celui qui ne l'est pas. Si vous n'en êtes pas capables, il vous sera désormais interdit d'imiter mes cris. »

*
* *

TONG-CHAN LIANG-CHIEH
(807-869)

Né dans l'actuel Tche-kiang, à l'Est de la Chine, Tong-Chan entra très jeune dans un monastère du *Vinaya**, école très formaliste, où l'on donnait une importance primordiale à la discipline monastique. Comme tous les novices, l'enfant dut apprendre par cœur le *Pan-jo Hsin King* ou *Sûtra du Cœur (Prajñâparamitâ Hridaya Sûtra*, en japonais, *Hannya Shingyô*). Arrivé à la phrase : « Il n'y a ni œil, ni oreilles, ni nez, ni langue, ni corps, ni conscience », il se couvrit le visage de ses deux mains et demanda à son maître : « Si, moi, j'ai des yeux, des oreilles, un nez, une langue... Comment ce *sûtra* peut-il affirmer qu'ils n'existent pas. » L'abbé ne sut que répondre à tant de désarmante sincérité. Il lui dit : « Je ne suis pas le maître qu'il te faut », et il l'envoya dans un monastère *tch'an*. À vingt et un ans, Tong-chan reçut l'ordination complète sur le mont Song-chan, dans le Ho-nan. Là, se trouvait le célèbre monastère de Chao-lin où Bodhidharma passa neuf années en méditation silencieuse devant un mur.

Puis, comme beaucoup de jeunes moines, Tong-chan partit à la recherche de « son » maître. Il fit une première halte auprès de Nan-ts'iuan P'ou-yuan (Nanquan Puyuan, 748-835), disciple et successeur dans le *Dharma* de Ma-tsou. Lorsqu'il lui rendit visite, le maître s'apprêtait à célébrer une cérémonie pour l'anniversaire de la mort de Ma-tsou. Devant l'assemblée des moines, il demanda : « Demain, nous ferons des offrandes à Ma-tsou. Je me demande s'il viendra. Qu'en pensez-vous ? » Personne ne répondit, mais le nouvel arrivant prit la parole : « Pourquoi ne viendrait-il pas retrouver son compagnon ? » Agréablement surpris, Nan-ts'iuan remarqua : « Malgré son jeune âge, voilà un excellent matériau à sculpter et à polir. » Mais Tong-chan répliqua : « Que le vénérable abbé ne fasse pas d'un homme libre un esclave. » Néanmoins, il resta quelque temps avec lui pour étudier.

Puis, il reprit la route et se rendit auprès de Kouei-chan Ling-you (Guishan Lingyu, 771-853). Disciple et successeur de Pai-tchang Houai-hai, lui-même disciple de Ma-tsou, Kouei-chan était le maître le plus célèbre de sa génération, il dirigeait dans le Sud une communauté de plus de mille moines. D'emblée, Tong-chan lui posa la question qui le tourmentait : « Si les êtres inanimés exposent le *Dharma*, comment se fait-il qu'on ne l'entende pas ? » Kouei-chan refusa de répondre et envoya son visiteur à Yun-yen T'an-cheng (Yunyan Tansheng, 782-841), qui avait été aussi disciple de Pai-tchang, mais n'avait connu l'Éveil que sous Yueh-chan Wei-yen (Wei-yen du mont Yueh, au nord du Ho-nan, 750-834), lui-même disciple de Che-t'eou. C'est donc par Yun-yen que Tong-chan, et à sa suite l'école Ts'ao-tong (Sôtô) se rattachèrent à Che-t'eou. Yun-yen avait établi son monastère dans le Ho-nan, sur le mont Yun-yen (« Falaise des Nuages »), dont, suivant l'usage, il avait pris le nom. Depuis sa province natale, Tong-chan avait parcouru environ deux mille kilomètres, comme Lin-tsi ; de telles errances à la recherche d'un maître étaient habituelles pour les jeunes moines qui avaient entrepris de sérieuses recherches.

Dès son arrivée, Tong-chan posa au maître sa question : « Quand les êtres inanimés exposent le *Dharma*, qui peut les entendre ? – Les inanimés. – Et vous, l'entendez-vous ? – Si je l'entendais, vous ne m'entendriez pas exposer le *Dharma*. »

Tong-chan restait insatisfait. Alors Yun-yen leva brusquement son *hossu* (chasse-mouches de maître). « L'avez-vous entendu ? – Non, je n'ai rien entendu du tout. » – « Si vous n'êtes même pas capable d'entendre mon sermon, comment pourriez-vous entendre celui des êtres inanimés ? »… N'avez-vous pas lu dans le *Sûtra du Bouddha Amitâbha* : « Les ruisseaux, les arbres, les oiseaux, tous célèbrent le Bouddha et le *Dharma* ? » Alors, les yeux de Tong-chan s'ouvrirent et, sur-le-champ, il composa les vers suivants :

> « Quelle merveille ! Quelle merveille !
> Les inanimés exposant le Dharma.
> Ô, vérité ineffable !
> Si l'on essaie de saisir avec les oreilles,
> On ne comprendra jamais.
> En l'entendant par l'œil,
> On le connaît vraiment. »

Yun-yen lui demanda : « Êtes-vous satisfait maintenant ? – Je ne dirais pas que je suis satisfait. C'est comme si j'avais ramassé une perle dans un tas d'ordures », ce qui signifiait qu'il avait conscience qu'il lui restait encore beaucoup à faire. Mais il avait enfin rencontré son maître. Lorsqu'il dut le quitter, Yun-yen, attristé de voir partir son meilleur élève, lui dit : « Après notre séparation, il sera difficile de nous revoir. » Mais Tong-chan répliqua : « Il sera difficile de ne pas nous revoir. » Puis il demanda : « Après votre disparition, si quelqu'un me demande : "Pouvez-vous vous rappeler quel était le véritable visage de votre maître", que lui dirais-je ? – Dis seulement : C'est juste ça ! »

En chemin, Tong-chan méditait cette réponse dont il n'avait pas saisi le sens. Mais, un jour, passant une rivière à gué, il vit en face de lui son propre visage reflété dans l'eau, et, tout à coup, il comprit. Plus tard, il résuma son expérience en ces termes :

« Ne le cherchez nulle part ailleurs,
Ou il vous fuira !
Maintenant que je chemine solitaire,
Je le rencontre partout.
Il est, en ce moment même, ce que je suis,
Je ne suis pas, en ce moment même, ce qu'il est.
C'est seulement de cette façon que l'on peut comprendre
Qu'il peut y avoir une véritable union avec l'Ainsité (*Tathatâ**). »

Tong-chan avait un peu plus de cinquante ans, lorsqu'il fonda son propre monastère sur le mont Tong-chan, au Kiang-si. C'était un maître patient et subtil, qui respectait ses disciples et des meilleurs d'entre eux, appréciait l'indépendance d'esprit, qui ne lui avait jamais manqué à lui. Un jour qu'il avait célébré un service pour l'anniversaire de la mort de son maître, un disciple l'interrogea : « Quand vous étiez chez maître Yun-yen, quelles instructions particulières avez-vous reçues de lui ? – Aucune. – Dans ce cas, pourquoi lui adressez-vous des offrandes ? – Je vénère mon regretté maître ni en raison de ses vertus ni en raison de son enseignement, mais parce qu'il ne m'a pas révélé son secret. » Le moine lui demanda alors s'il était d'accord avec l'enseignement de son ancien maître : « J'en accepte une moitié, l'autre, je la rejette. – Pourquoi n'acceptez-vous pas la totalité ? – Si je le faisais, je serais indigne de mon maître. » Une telle conduite est tout à fait caractéristique du zen. Le disciple, parvenu à l'Éveil, doit manifester sa propre compréhension. Il n'est pas l'égal de son maître, mais doit lui être sur un certain point supérieur, c'est seulement à cette condition qu'il peut devenir son successeur dans le *Dharma*.

Ainsi d'ailleurs, s'établit le lien entre Tong-chan et Ts'ao-chan (Ts'ao-chan Pen-chi – Caoshan Benji, 840-901). Celui qui s'appelait d'abord Pen-chi avait, dans sa jeunesse, étudié les classiques confucéens, mais, à dix-neuf ans, il quitta les siens pour devenir moine. À vingt-cinq ans, il reçut l'ordination complète au monastère du mont Ling-che à Fou-tcheou dans le Fou-kien, au sud-est de la Chine. Ayant entendu parler de Tong-chan, il fit un long voyage pour venir le trouver dans le Kiang-si. Maître Tong-chan l'accueillit en lui demandant : « Qu'as-tu à dire au sujet de la Réalité fondamentale ? – Je n'en dirai rien. – Pourquoi refuses-tu d'en parler ? – On ne peut même la nommer. »

Tong-chan prit alors soin de lui, qui devint l'un de ses meilleurs élèves. Mais, un jour, Ts'ao-chan dut prendre congé. « Où vas-tu ?, lui demanda son maître. – Là où il n'y a pas de changement. – Comment peux-tu aller où rien ne change ? – Mon départ ne change rien. » Après quoi, Ts'ao-chan parcourut le pays, en enseignant le *Dharma* chaque fois qu'on le lui demandait. Il fut invité au monastère du mont Ts'ao, non loin de Hong-tcheou. Il en prit le nom, y eut des élèves, mais finalement vécut sur le mont Ho-yu où vinrent à lui un très grand nombre de disciples. Il survécut très longtemps à son maître et mourut en 901.

Au printemps de 869, Tong-chan tomba malade. Quand il sentit qu'était venue l'heure du départ, il se fit raser le crâne, prit un bain, revêtit son grand késa (*kasâya**) de cérémonie, puis fit sonner la grosse cloche du temple. Ses disciples se rassemblèrent autour de lui. Il les reçut en posture de zazen. Soudain, sa respiration s'arrêta. Tous éclatèrent en sanglots. Alors, Tong-chan rouvrit les yeux et dit : « Si nous avons quitté notre maison, n'est-ce pas pour être détachés des choses transitoires ? Voilà ce qu'est la véritable vie spirituelle. Vivre, c'est travailler ; mourir, c'est se reposer. Pourquoi s'affliger et gémir ? » Et, tout aussitôt, il commanda qu'on prépare pour toute la communauté un « repas purificateur de la stupidité ». Les moines qui comprenaient qu'il s'agissait du dernier repas qu'ils prendraient avec lui, en prolongèrent les apprêts pendant toute une semaine. Le maître y fit honneur, puis leur dit : « Je vous en prie, ne faites pas d'embarras à cause de moi. Gardez votre calme comme il convient à une famille de moines. Celui qui s'apprête à partir n'a que faire du bruit et de l'agitation. » Puis il se retira dans sa cellule et reprit le fil de sa méditation jusqu'à son trépas[94].

Les enseignements de Tong-chan furent conservés, mais n'ont été publiés en Chine qu'en 1630 par le moine Yu-feng Yuan-hsin (1571-1646), sous le titre *Choei-tchou Tong-chan Liang-chieh tch'an-che yu-lou* (Recueil des dits du maître du *tch'an* Tong-chan Liang-chieh de Choei-tchou), en même temps que les œuvres de Ts'ao-chan, dans un recueil consacré à l'école Ts'ao-tong. On y trouve des éléments biographiques, des instructions, des *mondos* et le *Pao-ching san-mêi*. Pourtant, certains historiens ont mis en doute cette attribution. Sans doute, est-ce là leur métier, mais contester systématiquement toutes les attributions traditionnelles, sans pouvoir en fournir d'autres, reviendrait à supposer l'existence de nombreux grands maîtres qui n'auraient pas laissé de traces, ce qui est en soi invraisemblable. Les mêmes auteurs donnent une très grande importance à la formulation des « cinq degrés de l'Éveil », fondés sur la relation entre le particulier ou relatif et l'universel ou absolu. Or, il se trouve que les cinq degrés ont été surtout utilisés par l'école Rinzai, et particulièrement au Japon. « Ce sont simplement des moyens pratiques ou des schémas pédagogiques destinés aux étudiants les moins intelligents. Il est regrettable que les historiens du *tch'an* aient tendance à traiter ces éléments fortuits comme essentiels et à négliger totalement ce qui est vérita-

94. John Wu, *L'âge d'or du zen*, *op. cit.*, p. 170.

blement essentiel[95].» En effet, l'enseignement profond de Tong-chan se trouve contenu dans le *Pao-ching san mêi*, dont la paternité lui est justement contestée.

De l'héritage qu'il avait reçu de ses maîtres, disciples directs ou indirects de Ma-tsou, Tong-chan n'avait conservé, comme il le dit lui-même que la moitié, l'inverse de celle qu'avait au contraire fait fructifier son exact contemporain Lin-tsi. Les deux hommes étaient de tempéraments opposés et leurs méthodes d'enseignement leur ressemblaient. Au lieu de contredire systématiquement le disciple, de recourir aux coups et aux cris, Tong-chan répondait avec bienveillance aux questions qu'on lui posait, mais indirectement, à l'aide de métaphores qui, le plus souvent, déconcertaient le disciple et le renvoyaient à lui-même, tout aussi efficacement que les brutalités de Lin-tsi. De même, enseignait-il la méditation paisible, à la fois active et patiente. Plutôt que de provoquer brusquement l'Éveil, il préférait l'aider à mûrir. Pourtant, il ne s'agissait nullement, ainsi qu'on l'a prétendu, d'un retour à la méthode graduelle de l'école du Nord. Dans l'esprit de Tong-chan et de ses successeurs, il n'y avait pas un Éveil unique et définitif, mais une série d'éveils multiples, accompagnant et rythmant en quelque sorte la pratique. Pour lui, ces éveils devaient transformer progressivement la vie des pratiquants, méditation et vie quotidienne ne devant faire qu'un.

Sans avoir probablement songé à fonder un mouvement distinct, Tong-chan fut le créateur d'une des deux branches, encore aujourd'hui les plus florissantes, du zen, l'actuelle école Sôtô, transcription en japonais de Ts'ao-tong, ce qui ne veut pas dire que le disciple soit passé devant le maître, mais tient au fait que la montagne dont Ts'ao-chan prit le nom avait été ainsi nommée en l'honneur du sixième patriarche

95. John Wu, *L'âge d'or du zen*, *op. cit*, p. 157-158.

qui résidait à Ts'ao-ch'i, manière de se rattacher à lui par l'intermédiaire de Che-t'eou, l'ancêtre de la lignée.

Samâdhi du Miroir du Trésor[96]

(Pao-ching san mêi)

Sans erreur et sans doute, tel est le Dharma.
Le Bouddha et les Maîtres de la transmission n'en ont pas parlé,
À l'instant, vous pouvez l'obtenir,
Aussi, je vous en prie, conservez-le intact.

La neige sur le plateau d'argent,
La lune qui éclaire le héron blanc
Sont proches, mais non identiques
Intimement mêlés,
Mais chacune persévère en son être.
La conscience n'est point langage,
Mais, s'il le faut, nous devons nous exprimer.
Troublés par les mots,
Vous ne pouvez éviter le gouffre,
En désaccord avec les mots,
Vous arrivez à l'impasse du doute.
S'éloigner ou toucher,
L'un et l'autre sont erronés,
Cela est comme une boule de feu.

Minuit est la vraie lumière,
L'aube n'est pas claire[97].
Ce précepte doit devenir la règle :
Si vous savez l'utiliser,
Vous éliminez souffrances et difficultés.

---

96. Version inédite, directement traduite du chinois, et intégralement, à l'exception de douze vers qui nécessiteraient des explications beaucoup trop techniques pour cet ouvrage.

97. Dans le *Ts'an-t'ong-chi*, Che-t'eou avait écrit : « La lumière existe dans l'obscurité, l'obscurité existe dans la lumière. »

Sans langage, cela peut devenir conscient,
Si cela est inconscient, cela devient langage.

Quand vous vous regardez dans un miroir,
Forme et reflet se font face.
Vous n'êtes pas le reflet,
Mais le reflet est vous.
[...]
Quand le droit et l'oblique
Se rencontrent et se croisent[98],
Demande et réponse coïncident exactement.
Cela est intime avec l'origine,
Familier avec la Voie.
Si le mélange s'accomplit,
Naît la félicité,
Mais ne doit pas subsister
La moindre erreur.
C'est innocent et mystérieux,
Ce n'est ni illusion ni illumination.
La loi d'interdépendance se réalise
Dans le silence et la clarté du cœur.
Le microcosme pénètre dans l'infini,
Le macrocosme ne connaît point de limites.
Mais que surgisse la moindre différenciation,
Et se rompt l'harmonie musicale.

De nos jours, coexistent le subit et le graduel,
Il y a séparation et comparaison[99],
Quelle que soit la compréhension de chacun,
Quelle que soit sa réalisation,
Même le véritable Éveil n'échappe pas à la souillure.

Au-dehors, le calme,
Au-dedans, le mouvement,
C'est comme le cheval entravé

98. Comme les jambes par rapport au corps dans la posture du lotus.

99. Allusion à la rupture de l'unité du *tch'an*, après la mort du cinquième patriarche, avec la formation des deux écoles du Sud et du Nord. Dans la première, prévalut la méthode subitiste de Houei-nêng, le sixième patriarche, tandis que dans la seconde on enseignait la méthode graduelle de Chen-sieou.

Et le rat qui se cache.
Tous les maîtres de la transmission
S'en sont affligés
Aussi, ont-ils divulgué le Dharma[100].
Chacun suit l'illusion et se fourvoie,
Il ne distingue plus le blanc du noir
Mais, quand l'illusion se dissipe,
Chacun peut comprendre par lui-même.
Si vous désirez suivre
Les anciennes traces transmises[101],
Je vous en prie, examinez avec attention
L'exemple des anciens.
L'arbre a été observé
Depuis dix millions d'années
Pour réussir la Voie du Bouddha.

Comme le point faible du tigre,
Comme les yeux nocturnes du cheval[102],
Parce qu'ils se sous-estiment,
Les êtres humains croient
Inaccessible le trésor
Et leur esprit rôde dans l'horreur.
Aussi, pour eux, le maître doit-il
Se changer en chat ou en bœuf blanc[103].

Le maître du tir à l'arc
Grâce à sa technique parfaite
Peut atteindre la cible
Même à la plus grande distance.
Mais si la flèche et la lance
Se heurtent en plein vol
Il n'est plus question de technique.

---

100. Ici, l'enseignement unique du Bouddha.

101. Celles des enseignements anciens, antérieurs à la division.

102. Selon la tradition populaire, si un tigre dévore un être humain, ses oreilles se déchirent. Le cheval est censé avoir des poils blancs au niveau des genoux ; lorsqu'il galope dans la nuit, il serait invisible, si ses taches blanches ne le dénonçaient.

103. Afin de ne pas leur faire peur et de les apprivoiser. Si grande doit être sa compassion qu'il est dit dans le *Sûtra du Lotus* que « le Bouddha ou le maître doit trouver le moyen de pénétrer dans les entrailles de l'âne ou du cheval ».

L'homme de bois chante,
La femme de pierre se lève et danse[104].
Les suivants doivent obéir au souverain,
Le fils doit suivre le père.
Ne pas suivre est contraire au devoir familial,
Ne pas obéir serait contraire à l'ordre[105].

L'action cachée, intime et secrète
Du dehors paraît stupide et bornée,
Cela s'appelle le sujet dans le sujet,
Cela seulement réussit.

---

104. Impassibles, inanimés, cependant la joie fuse en eux. Tel est l'enseignement des êtres inanimés.

105. Ces préceptes d'apparence confucéenne ont ici une signification plutôt métaphorique : c'est l'ordre cosmique qu'il faut suivre, auquel il faut obéir, afin de s'harmoniser avec lui.

Chapitre IV

Les recueils de *kôan* (Xe-XIIIe siècle)

Après la mort de Lin-tsi (vers 867) et de Tong-chan (869), la brillante lignée des grands maîtres issus du sixième patriarche semblait près de s'éteindre, quand vint lui donner un nouvel essor Yun-men Wen-yen (Yunmen Wenyan, v. 860-949). Formé par Mou-tcheou, qui, alors presque centenaire[1], avait été l'élève de Hoang-po et le condisciple de Lin-tsi, et était renommé pour son extrême sévérité, Yun-men ne tarda pas à s'imposer en raison de l'originalité et de la vigueur de pensée. Le prince de Kouang, puis le roi de Nan-huan lui confièrent la charge d'importants monastères vers lesquels affluèrent les étudiants. À sa mort, Yun-men laissait plus de soixante successeurs dans le *Dharma*.

Comme tous les véritables maîtres conscients de leur immense responsabilité, Yun-men se posait la question de la légitimité et de l'utilité de l'enseignement. Qu'enseigner,

1. On le fait mourir vers 877. Né en 862 ou 864, comme on l'écrit d'ordinaire, Yun-men aurait eu treize, ou tout au plus quinze ans. Or, d'après sa biographie, il en aurait eu à peu près vingt lors de sa célèbre entrevue avec Mou-tcheou, ce qui laisse supposer ou bien que ce dernier ne mourut qu'après 877, ou bien que Yun-men naquit avant 862. Chang chug yuan, *Original Teachings of Ch'an Buddhism selected from the Transmission of the Lamp*, New York, 1979, p. 269.

puisque toutes les explications que l'on pouvait donner risquaient de détourner le disciple de sa recherche personnelle ?

> « Mon devoir m'impose de tenter l'impossible. Même en vous disant de regarder directement en vous et de ne pas vous occuper d'autre chose, j'enterre déjà la vérité sous du verbiage. Si vous partez de là pour vous mettre en quête de mots et de phrases, vous creusant la cervelle sur leur signification logique, élaborant mille possibilités et dix mille distinctions subtiles, suscitant questions et débats sans fin, tout ce que vous y gagnerez sera d'avoir la langue bien pendue, alors qu'en même temps vous vous éloignerez de plus en plus de la Voie, sans jamais mettre un terme à votre vagabondage... Suivre les intentions et les fantaisies de son esprit, c'est être aussi séparé de sa Nature de Bouddha que la terre l'est du ciel. »
>
> [...]
>
> « Que vous manque-t-il donc ? Tous les hommes ne possèdent-ils pas la nature de Bouddha ? Mais vous, la verriez-vous là, devant vos yeux, que vous la manqueriez encore ! »
>
> [...]
>
> « Si vous pensez qu'un grand maître du *tch'an* apparaîtra en ce monde pour vous dispenser son enseignement, vous feriez mieux de me cracher au visage. Tant que vous ne serez pas le maître de vous-même, vous croirez toujours tirer profit de ce que vous entendez, mais ce ne sera jamais que le bien d'autrui, non le vôtre. »

L'irrespect de Yun-men était systématique, définitif, mais aussi plein d'humour. Un moine lui ayant demandé :

> « Que doivent être pour nous les paroles des Bouddhas sublimes et des éminents patriarches ? – Des boulettes de viande avariée ! » Dans une de ses instructions, il évoqua la légende selon laquelle, aussitôt après sa naissance, le Bouddha Shâkyamuni, une main

> dirigée vers le ciel, l'autre vers la terre, fit sept pas traçant un cercle, prit possession des quatre directions, et proclama : « Au-dessus comme en dessous du ciel, je suis le seul Vénéré du monde. » Puis il ajouta : « Si j'avais été là, je l'aurais frappé à mort et j'aurais donné son corps aux chiens. Ainsi, j'aurais rendu un fier service à la paix et à l'harmonie du monde. »

Néanmoins, il lui fallait bien enseigner. Aussi, cet ennemi des mots mit-il au point un système laconique et subtil de l'utilisation de la parole, qui fut appelé par la suite *K'an houa tch'an* (le *tch'an* de la contemplation de la Parole). Il lui donna ses règles. Pour être efficace, toute sentence devait réunir, si possible en un seul mot, trois conditions essentielles : « embrasser tout l'univers, courir après la vague (s'adapter spontanément au niveau de compréhension et à l'état de conscience de l'interlocuteur ou de l'auditoire), trancher net le courant d'ignorance ». Souvent, les réponses de Yun-men ne comportaient effectivement qu'un seul mot ; elles deviendront célèbres par la suite, surtout dans l'école Rinzai au Japon, sous le nom de « barrières d'un mot », *Ichiji-kan*, qu'il vaudrait mieux traduire le « tranchant d'un mot », *k'an* en chinois signifiant : « couper, hacher, abattre ».

*

*   *

HONG-TCHE (1091-1157) et TAI-HOUEI (1089-1163)

Environ deux siècles plus tard, le dialogue entre Hong-tche Tcheng-tsiu (Hongzhe Zhengsue, en japonais : Wanshi Shôgatsu, 1091-1157) et son contemporain Tai-houei Tsong-kao (Dahui Zonggao, en japonais : Daie Sôkô, 1089-1163), manifesta nettement la séparation du *tch'an*, jusqu'alors latente, en deux branches opposées, sinon rivales, qui deviendront au Japon les écoles Sôtô et Rinzai. Cependant, ces deux maîtres entretinrent des relations de respect et d'amitié réciproques. Hong-tche, à sa mort, chargea même son ami de terminer son œuvre. Ce n'est que beaucoup plus tard, et surtout au Japon, que les rapports entre les deux écoles devinrent franchement hostiles, allant parfois jusqu'à une agressivité virulente.

Hong-tche joua un rôle important dans cette division, en se faisant le propagateur, sinon l'inventeur, du *Mo-tchao tch'an* (en japonais, *Mokushô zen*), le « *tch'an* de l'Éveil silencieux », qu'il défendit contre le *K'an-houa tch'an* (en japonais, *Kanna zen*), le « *tch'an* de la contemplation de la Parole », prôné par Tai-houei. Pourtant, Hong-tche lui-même composa un recueil de *kôan*, le *Mémorandum de la quiétude (Ts'ong-jang lou)*[2]. Ce qu'il critiquait n'était pas l'utilité du *kôan*, mais l'usage exclusif qu'en faisait l'autre école. Pour lui, il s'agissait d'un abus flagrant, puisqu'il reniait un des principes fondamentaux du *tch'an* : « Éviter les mots et les concepts. » De plus, la méditation sur le *kôan* excluait la méditation vide et sans support extérieur qu'il défendait et qui lui paraissait seule capable de faire parvenir le pratiquant à l'Éveil véritable, parce que totalement spontanée. Le *K'an-houa* était susceptible de remettre en action les dispositifs intellectuels qu'il s'agissait d'écarter et même d'éliminer. Seul, le silence de l'esprit permettait de voir les choses telles qu'elles sont, et non plus en fonction de, et à travers, nos préjugés, à travers aussi les mots de convention que nous leur appliquons comme des étiquettes qui les masquent au point que nous ne percevons plus les choses elles-mêmes, mais les

2. Le *Ts'ong-jang lou* a été traduit en anglais par Th. Clearly sous le titre *The Book of Equanimity*, New York, 1985.

appellations qui se sont substituées à elles dans notre esprit. C'est là ce qu'exprime le poème suivant, resté depuis lors un classique dans l'école Sôtô.

L'esprit du zazen

(Tso-tch'an sin)

La Voie de l'Éveil, transmise directement de Bouddha à Bouddha et de patriarche à patriarche,
Ne peut être actualisée que par la non-pensée[3] et accomplie par la non-discrimination.

*

Comme elle est actualisée sans pensée,
Sa compréhension est directe, intime et parfaite.
Comme elle est accomplie sans discrimination,
Elle est vérifiée spontanément et inconsciemment.

*

Comme son actualisation est inconsciemment et naturellement intime,
Elle est éternellement sans souillure.
Comme son accomplissement est vérifié spontanément,
Il transcende toute contradiction.

*

Sa lumière, ne dépendant de rien,
Brille d'elle-même, tel un joyau précieux.
Étant sagesse intuitive du Bouddha,
Elle est pure de toute trace d'illusion et [même] d'Éveil.

*

Comme sa vérification est libre de tout concept
Elle découle de la pratique persévérante et sans but

3. La non-pensée (en chinois, *wou niên**, en japonais *fushiryô*).

Elle est comme une eau pure qui pénètre jusqu'au tréfonds de la terre,
Aussi libre que le poisson qui nage.
Elle est comme le ciel sans limite,
Aussi libre que l'oiseau qui vole.

Si l'œuvre de Hong-tche, le *Hong-tche tch'an-che kouang lou*, publié par ses disciples en 1166, donc neuf ans après sa mort, a été lu et relu depuis lors, nous ne savons à peu près rien de son auteur. Ses successeurs sont moins connus que ceux de son condisciple Tchên-sie Ts'ing-liao (Zhenxie Qingliao, 1089-1151), lequel compte parmi ses descendants à la troisième génération T'ien-t'ong Jou-ching (Tiantong Rujing, en japonais, Tendô Nyojô, 1163-1228), qui fut le maître de Dôgen Zenji.

Au contraire, Tai-houei fut en son temps célèbre. Celui qui s'appelait alors Tsong-kao obtint l'Éveil sous maître Yuan-wou K'o-tch'in, l'éditeur du *Recueil de la Falaise verte (Pi-yen lou)*, qui fit de lui son assistant et lui donna le nom de Tai-houei (« Grande Sagesse »)[4]. La renommée du disciple devint telle qu'en 1137, il fut appelé à diriger un temple à Hang-tcheou, la nouvelle capitale des Song du Sud. Il y eut jusqu'à deux mille élèves, au nombre desquels, dit-on, quatre-vingt-quatorze dignes de lui succéder. Cependant, quelle que fût sa gloire, c'est d'un autre disciple de Yuan-wou, Hou-k'ieou (1077-1136) que devait sortir la lignée japonaise, initiée par Nampo Jômyô et qu'illustra au XVIIIe siècle Hakuin.

*

Considérant qu'avec Yun-men avait disparu le dernier des grands enseignants de l'« Âge d'or », ses successeurs jugèrent utile de rassembler pour les générations futures les

4. Sur Tai-houei, Th. Clearly, *Swampland Flowers : The Letters and Lectures of Zen Master Dahui*, New York, 1977.

paroles les plus percutantes des maîtres du passé, ainsi naquirent les recueils de *kôan*. Le premier à entreprendre une telle tâche fut Siué-tou Tch'ong-sien (Xuedou Chongxian, 980-1052), descendant à la troisième génération de Yun-men. Grand voyageur, il collecta pendant trente ans les dits des maîtres d'autrefois et rassembla cent *kôan*. En chinois, *kung-an* avait d'abord signifié « affiche publique », c'est-à-dire décret de justice faisant jurisprudence. Dans le *tch'an*, il s'agit de cas problématiques auxquels il est impossible de répondre de manière rationnelle. L'usage des *kôan* était déjà ancien à l'époque de Tai-houei. Ils avaient été utilisés par les maîtres afin de tester le degré de compréhension de leurs élèves. C'étaient, le plus souvent, soit des questions que les premiers maîtres avaient posées individuellement à leurs étudiants et les réponses données par ceux-ci, soit des questions posées aux maîtres par des étudiants au cours de conversations personnelles et les réponses des maîtres. Parmi les cent exemples exposés par Siué-tou, dix-huit mettaient en scène Yun-men.

Ce recueil devint bientôt si populaire qu'au siècle suivant, le célèbre maître Yuan-wou K'o-tsin (Yuanwu Keqin, 1063-1135) se trouva obligé, à la demande générale, de les commenter. Les cent *kôan*, accompagnés de notes critiques et de réflexions personnelles de Yuan-wou, en vinrent à former le *Recueil de la Falaise verte (Pi-yen lou)*, du nom de l'ermitage du Ho-nan, où Yuan-wou s'était retiré afin de rédiger ses commentaires. Le *Pi-yen lou* parut imprimé à la fin du printemps de 1125. Surchargé de notes, le *Recueil de la Falaise verte* est d'une lecture si difficile qu'elle a rebuté les spécialistes eux-mêmes, aussi n'en existe-t-il aucune traduction satisfaisante[5].

5. Les traductions anglaises, *The Blue Cliff Records : The Hegikan Roku*, par le Rév. R. D. Shaw, Londres, 1961, et *The Blue Cliff Record*, par Th. Clearly, Boulder, Colorado, 1978, sont peu utilisables du fait de l'inexpérience personnelle de leurs auteurs. On leur préfère généralement la version allemande, plus soigneuse et plus

WOU-MÊN
(1183-1260)

Plus simple, plus accessible, bien plus utilisé aussi, sinon plus facile à comprendre, le *Wou-men-kouan* (Passe sans porte) est l'œuvre d'un auteur unique, Wou-men Houei-k'ai (Wumen Huikai, en japonais, Mumon Ekai), maître de la branche Yang-tch'i (en japonais, Yôgi), la plus importante de l'école Lin-tsi (Rinzai), qui avait pris naissance au XIe siècle, à partir de Yang-tch'i Fang-houei (992-1049). Au XIIIe siècle, à la fin de l'époque des Song, les autres lignées de l'école Lin-tsi, entrées en décadence, se rattachèrent à celle-ci qui était encore vigoureuse et où l'on pratiquait un *tch'an* très strict. C'est vers elle que se tournèrent les moines japonais venus en Chine pour y recueillir la tradition du *tch'an*.

Houei-k'ai (1183-1260), originaire des environs de Hang-tcheou, la capitale des Song du sud, après son apprentissage auprès d'un premier maître, vint se placer sous la direction de Yue-lin Che-kouan, maître de l'école Yang-tch'i, qui imposait à sa communauté une discipline rude et austère. Yue-lin lui donna à méditer le célèbre *kôan « wou »* de Tchao-tcheou[6]. Pendant six années, Houei-k'ai se battit avec lui. Désespéré, il jura qu'il ne dormirait plus avant d'avoir trouvé. Lorsque le sommeil le gagnait, il se rendait dans le

---

compétente, de Wilhelm Gundert, *Bi-yän-lu. Meister Yüan-wu's Niederschrift von den Smaragdenen Felswand*, en 3 vol., Munich, 1964-1973. Il n'en existe aucune traduction française.

6. Tchao-tchou Ts'ong-chen (Zhaozhou Congshen, en japonais Hôshû Jûshin, 778-897), disciple de Nan-ts'uan P'ou-yuan (748-835), lui-même élève de Ma-tsou, connut l'Éveil dès l'âge de dix-huit ans. Néanmoins, il poursuivit sa formation auprès de tous les autres successeurs de Ma-tsou, quatre-vingts, dit-on, qu'il put rencontrer et ne consentit à enseigner qu'à l'âge de quatre-vingts ans, mais il ne mourut qu'à près de cent vingt ans. Maître Dôgen, si sévère à l'égard de ses prédécesseurs, avait pour lui un grand respect et ne l'appelait que « Jôshû, le vieux bouddha ».

corridor qui conduisait à la salle de méditation et se cognait la tête contre les piliers jusqu'à ce qu'il fût réveillé. Mais, un matin, alors qu'il se tenait près du dais abritant l'image du Bouddha et que l'on appelle « siège du mont Sumeru », le « sommet du monde », il entendit sonner la grosse cloche. D'un coup, tout fut résolu. Aussitôt, il composa ce poème :

« Dans le ciel bleu, par le grand soleil de midi,
Le craquement soudain du tonnerre !
Tous les êtres vivants sur la terre immense
Ouvrent grands leurs yeux.
Dans l'univers entier,
Tous s'inclinent d'un même geste
Et le Sumeru bondissant
Se lance dans une joyeuse danse populaire. »

Le lendemain, Houei-k'ai se présenta dans le chambre de son maître qui lui demanda : « Quels démons t'ont-ils ensorcelé ? » Houei-k'ai cria : *« Ho ! »* Le maître fit *« Ho ! »* à son tour. Houei-k'ai cria de nouveau : *« Ho ! »* De ce jour, on l'appela *Wou-mên*, « sans porte ».

À trente-six ans, Wou-mên commença à enseigner, allant de temple en temple ; sa renommée ne cessait de grandir. Il entreprit alors la composition du *Wou-mên-kouan* (Passe sans porte), qui fut publié en 1229. Ce recueil comprend quarante-huit *kôan*, accompagnés chacun d'une brève explication qui en approfondit le sens. Il commence par le *kôan « wou »* : « Le chien a-t-il la nature de Bouddha ? », grâce auquel Wou-mên avait connu l'Éveil. En 1246, quand il eut soixante-trois ans, l'empereur lui demanda d'établir un grand monastère près de Hang-tcheou. Là, en 1255, Wou-mên reçut la visite du moine japonais, Shinchi Kakushin. Après avoir poursuivi sa formation au Japon, auprès de différents maîtres, dont Dôgen, Kakushin était parti pour la Chine en 1249. Il devint rapidement l'un des meilleurs disciples de Wou-mên. Celui-ci lui conféra le sceau de la confirmation *(inka shômei*)* qui faisait de ce moine japonais son successeur dans le *Dharma*. Kakushin s'en retourna au Japon en 1254, introduisant dans son pays le *tch'an* de Lin-tsi de l'école Yang-tch'i (Yôgi), mais aussi une version manuscrite du *Wou-mên-kouan* que lui avait confiée son maître. L'école Yôgi, fondée au Japon par Kakushin, est encore vivante de nos jours.

Vingt ans après la mort de Wou-mên, la deuxième dynastie des Song, celle du sud, succombait sous les coups des Mongols de Qubilaï Khan, le petit-fils de Gengis Khan. En 1276, les Mongols prenaient Hang-tcheou, trois ans plus tard, disparaissait la dynastie Song ; en 1280, la nouvelle dynastie mongole des Yuan s'établissait dans la nouvelle capitale, Khanbaliq, le futur Pékin. Sous les Ming, qui succédèrent aux Yuan en 1368 et gardèrent le pouvoir jusqu'en 1644, le *tch'an* ne cessa de dégénérer, il en vint à se mêler au bouddhisme de la Terre pure*, la « voie facile » fondée sur la foi absolue en la compassion infinie du Bouddha Amitâbha, donc représentant un courant exactement opposé à l'esprit du *tch'an*. De ce fait, celui-ci en vint à perdre son caractère propre. Il a cependant survécu jusqu'à l'époque contemporaine[7]. Mais entre-temps, il avait été transplanté au Japon. Là, devenu le zen, il devait connaître de nouvelles floraisons.

Commentaire de Wou-mên sur le kôan « wou » de Tchao-tcheou

Dans la recherche du *tch'an*, le plus important est de franchir les passes établies par les patriarches et les maîtres. Pour atteindre l'Éveil, il est absolument nécessaire que vous alliez jusqu'aux racines du mental

7. Voir Hsu Yun, p. 229.

et que vous les tranchiez net. Tant que l'on n'a pas traversé les passes et barré le chemin de l'intellect, on est semblable aux larves qui parasitent les herbes et les arbres. Qu'est-ce donc que ces passes établies par les patriarches et les maîtres ? Ce n'est rien d'autre que *« wou »*, la porte d'entrée du *tch'an*. C'est pourquoi j'ai donné à mon livre le titre de *Wou-mên-kouan*.

Ceux qui la franchiront rencontreront non seulement le vieux Tchao-tcheou en personne, mais aussi les patriarches et les maîtres qui ont transmis la vérité du *tch'an*. Alors, on chemine avec eux, la main dans la main, on voit les choses avec les mêmes yeux, on entend avec les mêmes oreilles. Quelle joie peut surpasser celle-là ?

Ne désirez-vous pas franchir la passe ?

Si oui, soulevez la masse de doutes de votre corps entier avec ses trois cent soixante os et ses quatre-vingt mille pores, et concentrez-vous sur l'idéogramme *wou* ! Portez-le constamment dans votre esprit, jour et nuit. Ne lui donnez pas le sens de la simple vacuité, ne le prenez pas non plus pour l'expression de la relativité de l'être et du non-être. Ce serait comme avaler une boule de fer porté au rouge que, même si vous le vouliez, vous ne pourriez vomir. Rejetez vos anciennes conceptions, tout le savoir que vous avez accumulé au fil des années. Quand vous vous serez entraînés à cet exercice pendant un temps assez long, votre esprit mûrira peu à peu de lui-même et vous parviendrez à unifier le dedans et le dehors. Vous le saurez par vous-même. C'est comme le rêve d'un muet. Il sait qu'il a vu, mais il ne peut l'expliquer à personne. Quand, au terme de ce processus, surviendra le soudain cataclysme, ce sera comme si le monde entier était saisi de stupeur. Ou comme si vous vous étiez emparé de la grande épée de Kouan-yu[8] et qu'avec elle vous épouvantiez les Bouddhas et les patriarches qui se tiendraient sur votre chemin. Désormais, parfaitement

8. Kouan-yu était un héros fameux de l'histoire de la Chine. Il s'illustra aux IIe-IIIe siècles, à l'époque des Trois Royaumes.

maître de vous, vous pourrez affronter sans vertige le précipice de la vie-et-mort, traverser allégrement les six mondes et les quatre naissances.

Comment porter son *kôan* dans l'esprit ? En épuisant toutes vos énergies, en vous efforçant sans interruption, vous arriverez au moment où la lampe du *Dharma* s'enflammera d'elle-même.

Voici mon poème :

La nature de Bouddha dans le chien ?
Soulèvement total, ordre sans équivoque.
Si vous hésitez un seul instant entre être et non-être,
Vous êtes un homme mort.

Toute la littérature zen postérieure a commenté le *kôan « wou »*, le plus fameux de tous. Dans la formation Rinzai, c'est le premier qui soit imposé par le maître au disciple, lequel ne passera pas au cas suivant qu'il n'ait résolu celui-ci. Selon Ta-houei, qui fut à l'origine de cet usage, *wou* a presque une fonction magique, non par son sens, mais par le son lui-même. Il agit un peu à la manière d'un *mantra*, tel le son *Om* du tantrisme indien et du bouddhisme tibétain. C'est, en somme, une affaire de consonance, de résonance directement reçue par l'organisme, une vibration universelle perçue par l'être tout entier. À l'appui de cette appréhension, on peut invoquer le second poème que Wou-mên lui-même composa, après que son maître Yue-lin eut certifié son Éveil, poème qui est simplement la syllabe *wou* répétée vingt fois en quatre vers de cinq syllabes.

On peut ajouter cette précision : *wou* ne devrait pas être traduit par « non » ou « ne pas », qui en chinois se disent *pou*, devant le verbe être, et *meou*, devant le verbe avoir. Le vrai sens de *wou* est « sans, mis à part, mis de côté, dépouillé de ». L'idéogramme représente le feu sous une barrière. Il indique par conséquent à la fois la barrière qu'il faut détruire et le foyer central qui doit finalement consumer toutes les illusions, toutes les apparences qui dissimulent la vacuité, illimitée, inconditionnée, indéterminée, impersonnelle et éternelle.

La réponse de Tchao-tcheou est d'abord refus de répondre, impossibilité de se prononcer, mais elle est aussi mise en garde, un peu à la manière du célèbre *« Ho ! »* de Lin-tsi. Elle doit obliger au retour à l'unité primordiale, indûment divisée en « chien » d'une part, « nature de Bouddha » de l'autre, donc à la vacuité originelle, libre de toute distinction. Le disciple est enjoint de dépasser les notions ultimes d'être et de non-être, d'avoir ou de ne pas avoir. *Wou* est en somme négation absolue de tout dualisme et affirmation énergique du non-dualisme.

Or, cela, il ne s'agit pas seulement de l'admettre intellectuellement, mais de l'éprouver dans tout son être, corps et esprit, jusqu'au tréfonds de la conscience, de l'organisme lui-même. Il faut que *wou* pénètre jusque-là, imprègne la totalité de l'être. Finalement, le pratiquant doit devenir *wou* lui-même, ne plus faire qu'un avec lui, c'est-à-dire non seulement s'être réunifié, mais avoir réconcilié et joint le dehors et le dedans jusqu'à la totale indistinction. C'est là ce qui explique la longueur du processus du cheminement interne sous-terrain qu'on ne peut accélérer qu'en s'y acharnant sans trêve ni répit pendant des jours, des mois et même des années jusqu'à ce qu'enfin « craque le fond du seau ». Voilà ce que manifestent les récits d'Éveil provoqués par *wou* et d'abord celui de Wou-mên lui-même.

Chapitre V

Du *tch'an* au zen

ZEN ET CIVILISATION JAPONAISE

À l'époque de Kamakura (1185-1333), l'introduction du *tch'an*, transcrit *zen*, marqua d'une empreinte indélébile la civilisation, la mentalité et la vie quotidienne japonaises. Le *tch'an* était connu au Japon depuis plusieurs siècles, mais sous la forme d'une méditation pratiquée par les principales écoles du bouddhisme et c'est seulement après les voyages en Chine de Yôsai (1141-1215), puis de Dôgen (1200-1253) qu'il s'implanta en tant qu'école autonome et connut très vite un grand succès.

Il correspondait en effet aux besoins de la nouvelle société japonaise du XIIIe siècle. Le gouvernement militaire fondé en 1185 par Yoritomo, chef du puissant clan des Minamoto, à Kamakura, ville très éloignée de Kyôto, la capitale impériale, ne laissait qu'une autorité théorique à l'empereur, qui, en 1192, avait donné à Yoritomo le titre de *shôgun*, « généralissime ». Mais, peu après la mort du premier *shôgun*, le pouvoir passa aux mains de la famille Hôjo, qui lui était apparentée, et dont le chef, avec le titre de *shikken*, « régent », gouverna en fait le Japon jusqu'en 1333, au nom d'un *shôgun* qui n'était plus que sa créature.

Les nouveaux dirigeants, guerriers et administrateurs énergiques, devinrent des adeptes fervents et les protecteurs du zen, dont le dépouillement et la rudesse leur convenaient beaucoup mieux que le ritualisme et l'érudition des anciennes écoles du bouddhisme. L'esprit du Rinzai pénétra la classe des *samouraïs* (le mot signifie « suivant »), guerriers au service d'un grand, et modifia sensiblement leur mentalité. Il leur apprit à vaincre la peur de la mort et à utiliser au mieux leur spontanéité. Sous l'influence du Rinzai fut élaboré le code d'honneur appelé *budô*, de *bushidô*, la « voie des guerriers ». Il prit par la suite un grand développement, en particulier avec le maître zen Sôhô Takuan (1573-1645) [1], qui eut pour disciple le célèbre escrimeur et artiste Minamoto Niten, à qui, dans une lettre demeurée fameuse il écrivait notamment : « D'un point de vue *ken* (le sabre ou l'épée) bien compris, tout est *kendô*, aussi bien le zen que la grande Loi du Ciel et de la Terre et toutes les lois de l'univers. Et inversement, du point de vue zen, tout est vagues à la surface de l'océan, aussi bien le *ken* que toutes les choses de l'univers. » Ainsi naquit le *kendô*, la « voie du sabre », le premier et le plus répandu au Japon de ce que nous appelons les « arts martiaux », dont, du point de vue du zen, le plus important est le *kyûdô*, la « voie de l'arc » : « Dans le cas du tir à l'arc, celui qui lance et celui qui reçoit ne sont plus deux entités opposées, mais une seule et même réalité. L'archer n'a plus conscience de lui-même comme d'un être occupé d'atteindre le centre de la cible devant lui. Et cet état de non-conscience ne s'obtient que lorsque l'archer, parfaitement vide et débar-

1. *Mystères de la sagesse immobile*, trad. fr. M. Shibata, Paris, 1987.

rassé de son ego, ne fait plus qu'un avec l'amélioration de son habileté technique.» Cette observation, valable en somme pour tous les «arts martiaux», fut insérée par D. T. Suzuki, dans sa préface au livre du philosophe allemand, Eugen Herrigel, parti étudier le kyûdô au Japon, afin de se pénétrer de l'esprit du zen, *Le zen dans l'art chevaleresque du tir à l'arc* qui, publié en France en 1955, fut un des premiers ouvrages à faire connaître le zen en Occident.

Du contact du Rinzai avec les hommes au pouvoir à Kamakura devait naître un nouveau style de vie, qui prit ses distances par rapport à la culture raffinée, mais quelque peu décadente, qui restait celle de l'entourage impérial à Kyôto. Il fut caractérisé par une élégance sobre et dépouillée et par l'attention portée aux plus humbles détails de la vie quotidienne, ce que souligne par exemple le *chadô*, la «voie du thé», appelée plus vulgairement *cha-no-yû*, le *kadô*, ou *ikebana*, «voie des fleurs», toutes disciplines où le mot *dô (tao)* souligne la disposition d'esprit bouddhiste, et plus particulièrement zen dont elles sont imprégnées. Plus nettement monastique, l'art des jardins connut une grande vogue à l'époque suivante Muromachi (1335-1560), lorsque le moine rinzai Musô Soseki (1275-1351)[2] en fit une activité principalement zen. Plus tard, furent des «invitations à la méditation» les extraordinaires «jardins de mousses» et les fameux «jardins secs», consistant dans un assemblage subtil de roches et de sables, tel le plus célèbre d'entre eux, celui du Ryôan-ji à Kyôto (XIVe et XVe siècles).

L'influence du zen fut tout aussi sensible dans ce que nous appelons les «beaux arts», distinction que ne connaît pas la culture japonaise traditionnelle pour qui la calligraphie et la poterie, par exemple, sont des arts majeurs. Au Japon comme

2. Son œuvre la plus connue est *Muchû-mondô* qui expose les principes du zen par questions et réponses *(mondô)*; trad. fr. *Dialogues dans le rêve*, M. Shibata, Paris, 1974.

en Chine, dans le *shôdô*, la « voie de l'écriture », improprement appelé « calligraphie », ce qui prime en effet n'est pas l'esthétique, mais la spontanéité, la communication directe de « cœur/esprit » à « cœur/esprit » *(kokoro-o araeru)*. L'exemple le plus caractéristique du *shôdô* est le *bokuseki*, « graphisme à l'encre de Chine », comprenant un court poème, parfois un seul caractère, remis par les maîtres zen à leur disciples ou aux fidèles. Les *bokuseki* de Musô Soseki, d'Ikkyû Sôjin (1394-1481), d'Hakuin (1686-1769) et du moine-poète Ryôkan Daigu (1758 env.-1831) font partie des chefs-d'œuvre du graphisme japonais.

Ces calligraphies accompagnent, complètent et explicitent souvent les peintures à l'encre diluée (*suiboku* ou *sumi-e*), technique déjà utilisée en Chine (*chouei-mo houa*, « peinture à l'encre et à l'eau ») par les moines, surtout à l'époque Song. Les plus beaux *sumi-e* japonais datent de l'époque Muromachi. Ceux de Sesshû Yôyô (1420-1506), qui fut élevé dans un monastère zen et voyagea en Chine, ont une vigueur qui, à l'époque, était révolutionnaire[3]. Par la suite se développa l'art des *fusuma* (portes coulissantes) et des *byôbu* (paravents peints) et surtout des *kakemono*, rouleaux en hauteur destinés à être suspendus dans le *tokonoma*, alcôve surhaussée, caractéristique des intérieurs japonais. Le zen fut aussi à l'origine du renouveau de l'art du portrait. Ceux, à la fois austères et réalistes *(chinzô)*, des maîtres sont l'expression du lien qui les unit à leurs disciples à qui ils étaient offerts.

L'influence du zen fut beaucoup moindre dans le domaine de l'architecture et nulle dans celui de la sculpture, laquelle prit alors un grand essor quand de remarquables artistes, tels le grand Unkei (mort en 1223) et son disciple Tankei furent invités à remplacer les statues de l'époque de Nara (645-794)

3. « La peinture suiboku », dans *Deux mille ans d'art japonais*, de Yukio Yahiro, trad. fr. Paris, 1960, p. 169 *sq*.

qui avaient été détruites au cours des guerres civiles, et à orner les temples très décorés des autres écoles bouddhiques. Ils s'inspirèrent des chefs-d'œuvre de Nara et aussi de ceux de la Chine des Song, mais n'en créèrent pas moins un style nouveau, à la fois réaliste et pénétré d'authentique spiritualité. En revanche, l'apport du zen fut décisif dans l'art des potiers. Un disciple laïc de Dôgen rapporta de Chine la technique de la céramique qu'il pratiqua dans la ville de Seto, à partir de laquelle elle gagna tout le pays. Avec la fabrication des accessoires du *chadô*, en particulier des *chawan* (bols à thé), la poterie d'origine chinoise prit un caractère typiquement japonais.

Le zen n'eut guère d'influence sur la nouvelle littérature profane de la période de Kamakura. Elle était consacrée, d'une part, aux grandes épopées guerrières, colportées par des rhapsodes aveugles et devenues de ce fait très populaires et, d'autre part, à la recension dans des anthologies, sous la protection impériale, de la poésie ancienne et contemporaine, tel le célèbre *Nouveau Recueil de waka anciens et modernes (Shin kokin [waka] shu)*, publié en 1232, sur l'ordre de l'empereur-poète Go-Toba, par Fujiwara Teika. La trace du zen est néanmoins perceptible dans le nouveau théâtre *nô* (le mot signifie « exécution » ou « accomplissement »), créé, sous l'impulsion du *shôgun* Ashikaga Yoshimitsu, par l'acteur Kan-ami (1333-1384) et surtout par son fils et successeur, également acteur, le grand Zeami (1363-1443). Zeami fut aussi le théoricien du *nô* dans son *Livre pour transmettre la Fleur (Kadenshô)*, dont le titre est une allusion évidente au zen, et dans lequel il expose que le *nô* doit être l'harmonisation de l'imitation de la nature avec le *yûgen*, la « spiritualité mystique ou ésotérique », laissant entendre qu'il est porteur d'un enseignement secret et en quelque manière clandestin, puisqu'il doit pénétrer l'âme du spectateur sans qu'il s'en doute.

Beaucoup plus direct est le lien du zen avec le *haïku*, forme poétique connue depuis longtemps, mais qui prit son véritable essor quand, au *waka* traditionnel, devenu de plus en plus formaliste et maniéré, fut opposé le « *renga* libre », dont le moine Sôgi (1421-1502) définit les règles en 1470 dans l'*Azuma mondô* (*mondô**, « question-réponse » désignait le dialogue entre maître et disciples). Le plus grand poète de *haïku* fut Matsuo Munefusa, dit Bashô (1644-1694), qui pratiquait le *zazen* sous la direction du maître Bu'chô (1643-1715). Une fois ordonné moine en 1681, il se retira dans l'« ermitage du bananier » *(Bashô-an)* dont il tira son pseudonyme[4]. Ses *haïkus*, célèbres aujourd'hui dans le monde entier, devinrent des modèles de ce genre, dont l'un de ses traducteurs a pu écrire : « Sa pratique, écriture et lecture, est en elle-même un exercice spirituel. Il n'est pas exagéré de dire que ce que propose un *haïku* achevé est une expérience qui s'identifie peu ou prou à celle du *satori*, de l'illumination[5]. » Il s'agit en effet de ces moments privilégiés, où l'éternité est perçue dans l'instant même, le *nirvâna** dans le *samsâra**.

*

À la fin du XIIIe siècle, le zen Rinzai était solidement établi dans les deux capitales, Kyôto et Kamakura. Il y possédait de grands monastères, entretenus par de riches et puissants protecteurs à la tête desquels se trouvaient le régent et l'empereur. Les principaux d'entre eux formèrent des associations *(gosan)* créées sur le modèle du *wou-chan* (les « Cinq Montagnes »), réunion des cinq principaux monastères de Ming-tcheou et de Hang-tcheou[6], la capitale instituée par

4. R. H. Blyth, *Haïku*, 4 vol., Tokyo, 1950-1952. – *Haïku*, trad. franç. R. Munier, préface d'Yves Bonnefoy, Paris, 1978. – Bashô, *Journaux de voyage*, trad. fr. R. Sieffert, Paris, 1976.

5. R. Munier dans l'introduction à sa traduction citée, p. IV.

6. Le mot *chan*, « montagne », était dans ce cas synonyme de monastère *tch'an*, les anciens monastères se trouvant presque toujours établis sur des montagnes dont ils prenaient le nom, ainsi d'ailleurs que leurs abbés, comme nous l'avons vu.

Ning-tsong (1195-1224), l'empereur le plus illustre de la dynastie des Song du Sud, laquelle disparut sous les coups des Mongols en 1279. Au Japon, il y eut deux *gosan*, l'un à Kamakura, l'autre à Kyôto. Jouissant de la faveur impériale et shôgunale, ces puissantes institutions devinrent d'autant plus opulentes qu'elles détenaient le monopole du commerce avec la Chine, où se rendaient souvent les moines qui n'en rapportaient pas seulement des textes sacrés, mais aussi toutes sortes de produits de luxe, ainsi que de très nombreuses œuvres d'art, sources d'inspiration pour les artistes japonais, qui firent de certains temples de véritables musées. Les grands monastères étaient devenus les principaux centres de diffusion dans l'élite japonaise des lettres et des arts chinois, ce qui devait entraîner un très brillant renouveau. Paradoxalement, les moines rinzai se faisaient aussi les propagandistes du néo-confucianisme qui triomphait en Chine sous les Song et avait gagné le *tch'an*. Grâce à eux, le code moral confucéen fut adopté avec enthousiasme par la caste des guerriers. Dans les *gosan*, étaient de plus en plus nombreux les moines lettrés et artistes chez qui la culture primait la spiritualité, ce qui entraîna la décadence de celle-ci dans le Rinzai dès l'époque Muromachi. Contre un tel état de choses se révoltèrent certains moines. Le plus célèbre d'entre eux, Ikkyâ Sôjun (1394-1481), mena une existence scandaleuse en apparence ; excellent peintre, remarquable poète, célébrant le vin et l'amour sensuel, il n'en fut pas moins considéré comme un grand maître.

Les *gosan* avaient même leur école littéraire, le *Gosan Bungaku* (littérature des « Cinq Montagnes »), imbue de poésie chinoise et de néo-confucianisme, dont sont considérés comme les fondateurs le maître chinois rinzai, I-chan I-ming (1257-1317), arrivé au Japon en 1299 et devenu successivement abbé des plus importants monastères. Maître du *shôdô* et peintre, il eut pour élèves les moines japonais : Sesson

Yûbai (1288-1346) et l'illustre Musô Soseki, qui écrivait, lui, en japonais et en un style simple, accessible à tous.

Le zen eut cependant au XIIIe siècle de redoutables rivaux. Les nouvelles sectes bouddhiques qui naquirent alors prirent très vite une grande extension. Par sa nature même, le zen ne pouvait toucher que le petit nombre, deux écoles qui proposaient à leurs fidèles une voie plus simple et plus rassurante, conquirent les masses. Dans l'école de la « Terre pure » *(Jôdô-shû)*, devenue autonome et organisée par Hônen (1133-1212), l'invocation *« nembutsu »* : *« namu Amida Butsu »* (hommage au Bouddha Amida) suffisait à garantir le salut de celui qui la prononçait, Amida est le nom japonais du Bouddha Amitâbha, censé accueillir dans son paradis ou Terre pure de l'Ouest *(Sukhâvati)* tous les fidèles qui lui demandent protection. De la *Jôdô-shû*, fit dissidence au XIIIe siècle, la « Véritable école de la Terre pure » *(Jôdô-shin-shû)*, créée par le moine Shinran (1173-1262), qui renonça à ses vœux et se maria. S'adressant aux laïcs, la nouvelle école se répandit bientôt parmi le peuple. Fils d'un pauvre pêcheur et moine à quinze ans, Nichiren (1222-1282), déçu et scandalisé par la vie en vase clos des monastères, en vint à concevoir sa propre doctrine, fondée exclusivement sur le *Sûtra du Lotus*, que vénéraient d'ailleurs toutes les écoles du bouddhisme japonais. Pour lui, seul ce *sûtra* était capable de libérer les hommes en un temps de profonde décadence religieuse. Nichiren avait la conviction qu'il suffisait de réciter le titre de ce *sûtra* : *Namu Myôhô Renge Kyô* (Hommage au *Sûtra* du Lotus de la Bonne Loi), pour être certain de bénéficier des promesses de délivrance qui y étaient contenues[7]. À *jôriki*, la force psychique personnelle, résultant de la concentration, qui exigeait

7. Les écoles de la Terre pure (environ quinze millions d'adeptes) et de Nichiren (quelque dix millions) sont encore aujourd'hui celles qui, au Japon, rassemblent de loin le plus grand nombre de fidèles. Les deux écoles du zen en totalisent ensemble environ neuf millions.

un effort rude et constant, s'opposait *tariki*, « la force de l'autre », l'abandon confiant en la compassion des Bouddhas, en particulier Amitâbha, qui ne demandait aucun effort. Il était donc naturel que le plus grand nombre ait préféré la « voie facile ».

Le succès de ces deux écoles se trouva d'autant mieux assuré que le zen Rinzai commençait à éprouver le contrecoup négatif d'une prospérité devenue excessive et de ses liens trop étroits avec le pouvoir. Après une longue période de guerres civiles, celui-ci avait été restauré par le nouveau gouvernement mis en place par les *daimyo* (seigneurs locaux) vainqueurs au cours de la période Azuchi-Monoyama ou Tokugawa (1575-1615), et établi à Edo (actuel Tokyo) par Tokugawa Ieyasu (1542-1616), qui reprit en 1603 l'ancien titre de *shôgun*. Pendant la période suivante, dite d'Edo (1615-1867), le Japon, à la suite des tentatives de pénétration des missionnaires occidentaux, suivies de persécutions impitoyables, s'était finalement fermé à tout échange avec l'étranger. Il fut réorganisé de fond en comble par un pouvoir dictatorial, assisté par une bureaucratie efficace et pointilleuse. La classe montante fut la bourgeoisie des villes, au détriment des anciens *daimyo*, désormais soumis à une tutelle sévère.

Bien que la famille shôgunale des Tokugawa ait appartenu à la première école de la Terre pure *(Jôdô-shû)* de Hônen, le néo-confucianisme, qui mettait au premier plan les vertus civiques, devint l'idéologie officielle. Le bouddhisme, qui avait perdu toute influence politique fut régi par l'État, grâce au système des *danka* (paroissiens). Tout Japonais dut se faire enregistrer dans un temple bouddhiste, près duquel chaque famille aurait son tombeau familial. C'était là un moyen de contrôler toute la population. Apparemment, ces mesures servaient à la diffusion du bouddhisme parmi le peuple, en revanche, elles soumettaient entièrement les moines, devenus simples desservants de paroisses, avec un statut de fonctionnaire et des revenus liés aux funérailles et autres cérémonies.

Si le gouvernement shôgunal encouragea les recherches savantes des moines zen, c'était parce qu'il espérait ainsi les détourner d'intervenir dans la vie publique. Au XVIIe siècle, furent publiés jusqu'à trois éditions du Canon bouddhique. La troisième, la plus répandue, était l'œuvre de Tetsugen (1630-1682). Tetsugen appartenait à la nouvelle école zen, introduite de Chine en 1654 par le moine Yin-yuan Long-ts'i (en japonais Ingen Ryûki, 1592-1673). Elle prit au Japon le nom d'*Obaku*. C'était une branche secondaire du Rinzai, mais qui avait intégré des éléments de l'école chinoise de la Terre pure *(Tching-t'ou-tsong – Jingtuzong)*. Pour cette raison, Yin-yuan qui prétendait représenter le « vrai Rinzai » fut en butte à l'hostilité du Rinzai japonais et dut fonder sa propre école, qui ne joua d'ailleurs qu'un rôle relativement effacé.

Le Rinzai et le Sôtô n'avaient pu que se soumettre aux directives gouvernementales, mais la *Jôdô-shin-shû* et la secte de Nichiren, considérées par l'État comme incontrôlables, donc inacceptables, durent passer dans la clandestinité. Cependant, même au sein du Rinzai et du Sôtô, certains refusaient de se soumettre à un pouvoir qui, non seulement nommait abbés et dignitaires, mais allait jusqu'à réglementer la vie quotidienne des moines. Hors de la hiérarchie, ils tentèrent de s'adresser directement au peuple. Ainsi, au XVIIe siècle, le moine rinzai Bankei Yotaku (1622-1693) et surtout Suzuki Shozan (1579-1655), devenu moine sôtô seulement à quarante-deux ans, après avoir pris part aux combats menés par le premier *shôgun*, Tokugawa Ieyasu. Suzuki tenta de promouvoir un zen mieux adapté à la vie quotidienne des laïcs, il allait jusqu'à déclarer : « Tout le monde peut devenir un Bouddha dans son propre métier. Il n'y a pas de pratique de la Voie en dehors du métier. »

Ce n'étaient là que des tentatives isolées, le véritable restaurateur du Rinzai fut, au XVIIIe siècle, Hakuin (1685-1768) qui, bien que se tenant à l'écart des institutions officielles, acquit un immense prestige et une très vaste audience. De son côté, le Sôtô reprit son élan, ainsi qu'un réel ascendant, grâce à la personnalité énergique de Gentô Sokachu (1729-1807), devenu en 1795 le cinquantième successeur de Dôgen à Eihei-ji qu'il restaura en y faisant pratiquer de nouveau le *mokushô zen* (zen de l'Éveil silencieux) depuis longtemps tombé en désuétude. Gentô réédita l'œuvre entière de Dôgen Zenji, dont fut célébré solennellement à Eihei-ji en 1803, le cinq-cent-cinquantième anniversaire de la mort.

*

* *

MYÔAN YÔSAI
(1141-1215)

Yôsai fut le premier moine japonais qui ait introduit avec succès le *tch'an* dans son pays natal. Né en 1141, dans les environs de la ville actuelle d'Okayama, Myôan Yôsai (ou, sous sa forme populaire, Eisai) avait commencé à étudier le bouddhisme sous la direction de son père, dès l'âge de sept ans. À treize, il devint moine sur le mont Hiei, près de Kyôto, mais fut très vite déçu par l'école Tendai*, qui, introduite de Chine dès le début du IXe siècle, avait dégénéré par suite de son excessive richesse et de l'énorme puissance qu'elle avait acquise. Des troupes de moines armés luttaient alors pour la suprématie de leurs écoles respectives et le Tendai était devenu une force guerrière qui menaçait le pouvoir civil.

Après avoir étudié les doctrines tendai et shingon*, Yôsai décida d'aller en Chine en vue de retrouver la véritable tradition du T'ien-t'ai originel. Une telle résolution étonna, car, depuis longtemps, aucun moine japonais ne s'était plus rendu en Chine et le voyage était alors très dangereux. À vingt-sept ans, en 1168, il s'embarqua pour la Chine. S'il ne visita que des temples du T'ien-t'ai, il vit combien était prospère l'école *tch'an* et il commença dès lors à s'y intéresser.

C'est en vue de s'en instruire que Yôsai retourna en Chine en 1187, mais, d'abord, il voulait faire un pèlerinage aux hauts lieux du bouddhisme en Inde et en Asie centrale, toujours dans le dessein de retrouver dans sa pureté la Loi du Bouddha. Aussi se rendit-il à Lin-ngan (actuel Hang-tcheou), la capitale des Song du Sud. Sous différents prétextes, on lui refusa les autorisations nécessaires. Déçu, Yôsai reprit le bateau et descendit au Sud, à Wen-tcheou. De là, il se rendit au mont T'ien-t'ai, origine de l'école. Là, il put étudier le *tch'an* sous la direction de Hsu-ngan Houai-tch'ang (Xu'an Huaichang) qui appartenait à la lignée Houang-long (en japonais Oryô) de l'école de Lin-tsi (Rinzai). Il le suivit quand Hsu-ngan partit s'établir sur le mont T'ien-t'ong et reçut de lui le sceau de la confirmation.

Après un séjour de quatre ans en Chine, Yôsai revint au Japon à l'automne 1191, mais resta trois ans dans l'île méridionale de Kyû-shû, où il fonda plusieurs temples, dont, en 1194, le Shofoku-ji, près de Hakata, le premier monastère japonais où l'on ait pratiqué le Rinzai. En 1194, Yôsai vint à Kyôto, mais il y rencontra une vive opposition des moines tendai et shingon. C'est pourquoi il publia en 1198 le *Kozen Gokokuron* (De la propagation du zen pour la protection du pays), où, non seulement il en défend l'excellence et la légitimité, mais aussi répond aux trois principales accusations de ses adversaires, faisant valoir que « les trois *sûtra* sur lesquels s'appuie le Tendai : *Prajñâpâramitâ*, *Saddharmapundarîka* (Lotus de la Bonne Loi) et *nirvâna* insistent tous sur la nécessité de la pratique du zazen en ces temps de déclin du *Dharma* ». Si le zen n'était pas adapté à la décadence, le Bouddha ne nous l'aurait pas enseigné. Voyez comme dans la Chine des Song, on le pratique ! Prétendre que le zen ne convient pas au Japon est faire preuve ou de trop d'humilité ou de trop d'orgueil : La discrimination entre pays et terres n'a aucune influence sur la prospérité ou la décadence du bouddhisme. Dans le *Prajñâpâramitâ Sûtra* il est prédit qu'après la mort du Bouddha, le bouddhisme gagnerait le Nord-Est, ce Nord-Est indique peut-être le Japon. » Enfin, à la troisième objection qui le mettait personnellement en cause, affirmant qu'il n'avait ni le talent ni l'autorité suffisante pour solliciter de l'empereur l'autorisation d'établir une nouvelle école, Yôsai répondait : « Lorsque les souverains entendent la Loi authentique, la foi surgit spontanément dans leur cœur. Même le pauvre peuple, lorsqu'il est victime d'injustice peut venir se plaindre à l'empereur. Pourquoi le moine Yôsai ne pourrait-il se faire entendre de lui ? Je n'ai certes pas les vertus d'un bodhisattva du temps passé, mais, pour répandre le zen, il est inutile d'accomplir des miracles ou des prodiges. »

Finalement, Yôsai trouva un protecteur puissant en la personne du *shôgun* Minamoto Yoriié qui, en 1199, le fit venir dans sa capitale, Kamakura, où il le chargea de fonder le monastère zen du Jukufu-ji, puis à Kyôto, en 1204, le Kennin-ji. C'est dans ce monastère que le jeune Dôgen vint étudier le zen. Plus tard, devenu l'élève de Myôzen Ryônen, successeur de Yôsai, à sa mort en 1215, c'est encore au mont T'ien-t'ong que Dôgen se rendit avec lui, mais le maître de Yôsai était mort depuis longtemps. Bien que rallié au *tch'an*, Yôsai restait personnellement très attaché au tendai et au shingon. Aussi n'hésita-t-il pas afin de désarmer ses ennemis qui appartenaient à ces deux écoles, à enseigner, conjointement au zen, les doctrines tendai et shingon. Et sa lignée ne survécut guère après la mort de Myôzen Ryônen (1184-1225) et de Gyôyû (1163-1241).

Le shogunat de Kamakura tenait Yôsai en grand honneur et lui assura un rôle prééminent. En reconnaissance, l'abbé du Kenin-ji dédia son dernier ouvrage, *Kissa Yôjô-ki* (De l'entretien de la santé grâce au thé) au troisième *shôgun*, Sanetomo, alors âgé de vingt ans, beaucoup plus connu dans l'histoire du Japon pour ses poèmes que par son rôle politique. C'est en effet Yôsai qui répandit dans son pays l'usage chinois de l'infusion de thé, et c'est aussi à ce titre qu'il est resté populaire auprès de ses compatriotes. Malgré leurs divergences de vues, Dôgen témoigna toujours d'un grand respect pour Yôsai, il louait sa bonté, sa compréhension et surtout son extrême générosité à l'égard des pauvres.

C'est seulement après la mort de Yôsai que le Rinzai s'établit véritablement, grâce à des moines japonais partis s'instruire en Chine, mais aussi par suite de la venue de quelques maîtres chinois. Presque aussitôt après cette seconde introduction, le Rinzai fit des progrès extrêmement rapides. En 1245, le moine japonais Enni Ben'en (1202-1280) qui avait reçu en Chine le sceau de confirmation de Wou-tchoun Che-fan, maître de l'école de Lin-tsi, introduisit le Rinzai au Tôfuku-ji de Kyôto dont il fut le premier abbé. De son côté, le Chinois Lan-k'i Tao-long (1203-1268), appartenant à la lignée Yang-tchi (en japonais, Yôgi) de l'école de Lin-tsi, fondait à Kamakura, à la demande du régent Hôjô Tokiyori, le Kencho-ji, en 1253, l'année de la mort de Dôgen. En 1254, revenait de Chine Kakushin (1207-1298) qui, comme nous l'avons vu, avait reçu l'investiture de Wou-mên, maître de la même école. Y appartenait également maître Hsu-t'ang qui fit du moine japonais, Nampo Shômyô (1255-1309) son successeur dans le *Dharma*. De retour au Japon en 1267 ou 1268, Nampo Shômyô évita de mêler au zen, comme ses prédécesseurs, des éléments tendai ou shingon et importa dans son pays la pure tradition du *Kanna-zen* (zen de la contemplation de la Parole).

*

*   *

DÔGEN ZENJI
(1200-1253)

Né le 2 janvier 1200, à Uji, près de Kyôto, Dôgen Kigen appartenait à une famille de la haute aristocratie. Son père, ministre, avait rang de prince, sa mère appartenait à l'illustre famille des Fujiwara ; ses frères aînés occupèrent d'importantes situations dans l'administration et le clergé, sa sœur aînée épousa l'empereur Gotoba. Mais, dès la petite enfance, Dôgen fut frappé par le malheur ; à deux ans, il perdit son père et à sept ans sa mère. Lors des funérailles de cette dernière, l'enfant, « en regardant s'élever la fumée de l'encens au-dessus du temple où elles avaient lieu, prit conscience de l'impermanence de la vie. Dès lors, se manifesta en lui l'esprit d'Éveil », écrit son biographe[8].

À treize ans, le jeune Dôgen reçut l'ordination monastique à l'Enryaku-ji, sur le mont Hiei près de Kyôto. Ce monastère était le principal centre de l'école tendai, introduite de Chine au Japon au VIIIe siècle. On y pratiquait le *chih-kouan*, forme de méditation proche du zen, mais qui s'accompagnait de pratiques ésotériques. À quatorze ans, Dôgen se posa la question : « Les doctrines tant ésotériques qu'exotériques que j'étudiais affirmaient toutes que l'Éveil est inhérent à tous les êtres vivants. Comment, dans ce cas, se faisait-il que les Bouddhas de tous les temps aient dû rechercher l'Éveil et s'engager dans la pratique spirituelle ? »

Il quitta alors le mont Hiei, en quête d'un maître qui pût lui répondre. Ses errances le conduisirent au Kennin-ji, monastère fondé près de Kyôto par Yôsai Zenji (1141-1215), qui y répandait l'enseignement de l'école de Lin-tsi qu'il avait reçu

8. Nous sommes assez bien renseignés sur la vie de Dôgen par ses propres écrits, en particulier par le récit de son voyage en Chine, *Hôkyôki* (Journal des années Hôkyô) qu'il tint secret de son vivant. La première biographie de maître Dôgen ne fut écrite que deux siècles après sa mort par Kenzei (1415-1474), treizième abbé d'Eihei-ji.

en Chine, mais aussi les doctrines tendai* et shingon* (école ésotérique du bouddhisme). Dôgen y fut l'élève du successeur de Yôsai, Myôzen Ryônen (1184-1225) qui pratiquait personnellement un zen beaucoup moins mêlé. Dôgen resta pendant neuf ans auprès de lui. Mais il désirait faire sa propre enquête sur le *tch'an* le plus authentique, et donc se rendre en Chine. Non seulement Myôzen l'y autorisa, mais il s'embarqua pour la Chine avec lui en mars 1223. Le premier séjour du jeune moine dans le monastère du mont T'ien-t'ang, qui appartenait à l'école Ts'ao-tong, le laissa insatisfait et il erra de temple en temple et de maître en maître, jusqu'au jour où, déçu au point de se préparer à rentrer au Japon, il entendit parler du nouvel abbé du T'ien-t'ong, Ju-tching (1163-1228), maître d'une grande rigueur qui faisait pratiquer à ses moines le *tso-tch'an (zazen)* jour et nuit et ne les quittait pas un instant. « Ceux qui s'endormaient dans le dôjô, rapporte Dôgen, Ju-ching les frappait de sa sandale en les injuriant. Cependant, les moines s'en réjouissaient, le louaient et l'admiraient. » Un matin, très tôt, le voisin de Dôgen s'étant assoupi, le maître s'approcha et hurla à son oreille : « Abandonne le corps et l'esprit ! » Dôgen, plongé dans sa méditation, avait sursauté, mais, aussitôt après, une joie indicible le submergea.

Après zazen, il se présenta dans la chambre du maître, alluma de l'encens et se jeta face contre terre.

« Pourquoi fais-tu cela ?

– Je viens d'abandonner le corps et l'esprit *(shin jin datsu raku).*

– Tu les as en effet abandonnés.

– Que le maître ne m'accorde pas trop facilement sa confirmation.

– Non, corps et esprit sont en effet tombés *(datsu raku shin jin).* »

Et le maître se prosterna devant le disciple qui se prosterna à son tour. Ju-ching conclut : « Voilà ce qu'on appelle abandonner jusqu'au désir d'abandonner. »

Cela se passait en mai 1225, maître Myôzen mourut cette année-là. Dôgen qui n'avait que vingt-cinq ans, demeura auprès de son nouveau maître. Mais, au bout de deux ans, il manifesta son intention de rentrer au Japon. Ju-ching l'approuva, lui remit un késa qui avait appartenu à un grand maître de sa lignée, les textes essentiels de celle-ci, ainsi que son portrait. « Je vous les confie de tout cœur, à vous, le moine étranger. De retour dans votre pays, enseignez la Voie à tous. Fuyez la capitale et les villes. N'approchez ni le souverain ni les grands. Vivez modestement, à l'écart dans les montagnes lointaines ou les vallées isolées. N'entraînez au perfectionnement qu'un ou deux disciples. Ne rompez pas la tradition de notre école. »

En 1227, Dôgen reprit sa place au Kennin-ji, mais il fut offusqué par le luxe qui désormais y régnait et par l'incompréhension de ses anciens condisciples. En 1233 seulement, il put faire construire un sôtô (salle de méditation) au Kôshô-ji, à Uji, près de Kyôto. C'est là que vinrent à lui une dizaine de moines appartenant à une autre école, le *Daruma-shû*, fondé par Daïnichi Nônin à la fin du XIIe siècle. Ils devinrent par la suite ses disciples les plus proches, en particulier Koun Ejô (1198-1280) qui fut le secrétaire de Dôgen, avant de devenir son successeur et l'éditeur de ses œuvres. Mais ses rivaux de l'école Tendai ne désarmaient pas et Dôgen dut fuir Kyôto et émigrer avec ses principaux disciples sur le mont Eihei, où un riche disciple laïc fit édifier pour lui Eihei-ji, le temple de la Paix éternelle qui, inauguré en 1245, est encore aujourd'hui le principal centre spirituel du zen Sôtô. À cinquante-deux ans, Dôgen tomba gravement malade. Ses disciples obtinrent non sans peine qu'il se rende à Kyôto pour s'y faire soigner. Il y mourut peu après son arrivée, le 28 août 1253. Koun Ejô lui succéda.

À son retour de Chine, Dôgen avait d'abord eu pour dessein de rendre au bouddhisme japonais qu'il estimait décadent la pureté supposée de ses origines, en important dans son pays l'authentique tradition du *tch'an* chinois. Aussi récusait-il l'emploi même du mot *tch'an* ou zen ; pour lui, la pratique de zazen n'était que la manifestation authentique du bouddhisme, l'essence même de l'enseignement du Bouddha Shâkyamuni. Mais les résistances violentes qu'il rencontra, l'hostilité que lui manifesta le clergé en place durcirent peu à peu son attitude, ce dont témoignent sa décision de prendre, même géographiquement, ses distances, et l'évolution de son œuvre. Il y dénonça souvent, parfois injustement, tout ce qu'il considérait comme des déviations[9]. À ce sujet, un historien du zen, Bernard Faure, a pu écrire : « Lui qui, dans les premiers temps de sa prédication, se présentait comme un esprit œcuménique, se fait par la suite le porte-parole intransigeant de la secte Sôtô[10]. » On ne peut tout à fait lui donner tort. Mais il faut ajouter que pour préserver et transmettre ce qu'il avait reçu de son maître chinois, pour répondre à ses détracteurs, Dôgen estimait légitime d'employer ce que le bouddhisme appelle les « moyens habiles » *(upâya)*, c'est-à-dire d'adapter l'enseignement aux circonstances et aux capacités de compréhension de chacun. Finalement, Dôgen se trouva progressivement contraint à faire ce qu'il avait voulu éviter, fonder une école distincte, le Sôtô, héritier du Ts'ao-tong chinois. Cette école a continué sans interruption jusqu'à nos jours. Non seulement, elle est par le nombre de ses

9. Emporté par son élan, Dôgen en vint à condamner non seulement Lin-tsi et le Rinzai, mais même indirectement, le sixième patriarche, ce qui est surprenant puisqu'il avait pour lui une grande vénération, en prétendant apocryphe son enseignement contenu dans le *Sûtra de l'estrade*. Cette attitude ne s'explique que par le fait que certains propos, d'ailleurs mal interprétés, de Houei-nêng pouvaient sembler faire passer la pratique de la méditation assise au second plan.

10. B. Faure, *Dôgen, la vision immédiate. Nature, éveil et tradition selon le Shôbogenzo*, Paris, 1987, p. 48.

fidèles la branche la plus importante du zen japonais, mais elle a aussi préservé une unité que ne connaît pas l'école Rinzai.

Dôgen Zenji peut être considéré comme le véritable fondateur du zen au Japon, où il réforma la vie monastique. Aujourd'hui encore, les Japonais le tiennent pour un de leurs plus profonds penseurs. Il a en effet laissé une œuvre considérable, centrée autour du *Shôbogenzo* (L'Œil du Trésor du véritable *Dharma*), rédigé en japonais, non en chinois, contrairement à l'usage. Ses 95 parties réunissent, classés par thèmes, ses traités et les enseignements donnés à ses moines, elles furent écrites de 1231 jusqu'à sa mort. Le *Shôbogenzo*, laissé par lui inachevé, ne fut véritablement composé que par Koun Ejô qui avait rédigé, en complément, le *Shôbogenzo zuimonki* (Notes prises au cours de l'audition du Shôbogenzo)[11].

Le *tch'an* qu'avait introduit au Japon Dôgen Zenji était le *Mo-tchao-tch'an* (le *tch'an* de l'Éveil silencieux) de l'école Tsao-tong, tel que l'avait défini Hong-che (1091-1157) et dont Ju-ching était en Chine, au début du XIIIe siècle, le représentant le plus notable et le plus rigoureux. Le *zazen* que Dôgen enseigna et fit pratiquer au Kocho-ji et au Eihei-ji était l'exacte application du *Mo-tchao-tch'an*, devenu en japonais le *Mokushô zen*. Il le définit en lui donnant le nom de *shikantaza*, « être assis sans rien rencontrer », c'est-à-dire être assis simplement, sans rien faire, sans chercher, et même sans attendre. L'exclusion de tout support extérieur – le *kôan* du *K'an-houa tch'an* (*tch'an* de la contemplation de la Parole) devenu en japonais *kanna-zen*, et même le *susokukan* (comptage des respirations), autorisé aux débutants – laissait en principe l'esprit libre, vide et ouvert, à condition que le

11. Traduction française dans G. Renondeau, *Le bouddhisme japonais. Textes fondamentaux*, Paris, 1965.

pratiquant y apporte une attention sans défaillance, et évitait toute possibilité de distraction, en laissant d'ailleurs passer les pensées, plutôt que de s'acharner à les expulser, autrement dit en déployant au sein de la passivité une grande activité. Pour Dôgen, il s'agissait du zazen le plus pur et le plus élevé, celui qu'avaient pratiqué tous les Bouddhas[12].

Recommandation générale pour la pratique du zazen

(Fukanzazengi)

Composé par Dôgen à la fin de l'année 1227, aussitôt après son retour de Chine, lorsque, écrit-il lui-même, « des gens venus auprès de moi m'ont prié de rédiger quelque chose », le *Fukanzazengi* est à la fois la première manifestation de la mission de Dôgen et le premier essai écrit sur le zazen par un maître japonais. Il a depuis lors servi de guide à d'innombrables pratiquants et est fréquemment psalmodié dans les temples Sôtô. Il en existe une seconde version, sous la forme d'un sermon prononcé au temple Kippo-ji en novembre 1243, ce texte plus bref est appelé « version populaire ».

La Voie est fondamentalement parfaite. Elle pénètre l'univers entier.
Comment pourrait-elle dépendre de la pratique et de la réalisation ?
Le Véhicule du *Dharma* est libre de toute entrave,
En quoi l'effort assidu serait-il nécessaire ?

12. Sur maître Dôgen : Hee-Jin Kim, *Dogen Kigen – Mystical Realist*, Tucson, USA, 1975. – Yuho Yokoi, *Zen Master Dogen*, New York, 1976. – Kosen Nishiyama et John Steven, *Shobogenzo. The Eye and Treasury of the True Law*, New York, 1977. – B. Faure, *op. cit.*, 1987. – T. P. Kasulis, *Le visage originel*, trad. fr., Paris, 1993.

En vérité, le *Dharmakâya** [13] est hors de portée de la poussière du monde,
Qui pourrait croire qu'il y ait à l'épousseter [14] ?
Il n'est jamais distinct de quiconque,
Toujours exactement là où l'on est.

Cependant, qu'il existe un écart,
Aussi minime soit-il,
La Voie se trouve aussi éloignée que la terre du ciel.
S'il y a encore préférence ou rejet,
L'esprit se perd dans la confusion.

Supposez quelqu'un qui s'imagine comprendre
Et se fait des illusions sur son propre Éveil,
Entrevoyant l'Esprit qui anime toute chose
Unit à la Voie et purifie l'âme,
Et fait naître le désir d'escalader le ciel lui-même ;
Celui-là n'en est encore qu'aux prémices de l'exploration
Limitée des frontières,
Mais son action est insuffisante pour atteindre
La Voie de l'émancipation absolue.

Faut-il mentionner Shâkyamuni [15] qui possédait la connaissance infuse ?
Nous ressentons encore le bénéfice des sept semaines
Qu'il passa, assis en lotus, dans une immobilité totale.
Et Bodhidharma, dont la transmission du sceau jusqu'à nos jours
A conservé le souvenir de ses neuf années de méditation devant un mur ?
Puisqu'il en était ainsi avec les grands Éveillés de jadis,
Comment les hommes d'aujourd'hui pourraient-ils se dispenser de négocier la Voie ?

---

13. Le Corps absolu, transcendant du Bouddha, la nature de Bouddha, qui est l'essence de l'univers.

14. Allusion au poème du doyen Chen-sieou, auquel Houei-nêng, le futur sixième patriarche, opposa le sien.

15. Le Bouddha historique.

En conséquence, abandonnez une pratique fondée
Sur la compréhension intellectuelle,
S'en tenant aux mots et à la lettre,
Apprenez le demi-tour
Qui dirige votre lumière vers le dedans
Et illuminera votre véritable nature.
Le corps et l'âme d'eux-mêmes s'effaceront
Et apparaîtra votre visage originel.

Pour zazen, retirez-vous dans une pièce silencieuse,
Mangez et buvez sobrement.
Rejetez toute distraction, abandonnez tout souci.
Ne pensez pas : ceci est bien, cela est mal !
Ne prenez parti ni pour ni contre.
Arrêtez toute agitation du mental,
Ne jugez ni des pensées ni des perspectives ;
N'ayez aucun désir de devenir un Bouddha.
Zazen ne dépend en aucune façon
De la position assise ou allongée.

Là où vous prendrez l'habitude de vous asseoir
Étendez une natte épaisse et placez dessus un coussin rond.
Asseyez-vous en lotus ou en demi-lotus.
Dans la posture du lotus, on place d'abord le pied droit sur la cuisse gauche,
Puis le pied gauche sur la cuisse droite.
Dans la posture du demi-lotus,
On se contente de presser son pied gauche contre sa cuisse droite

Veillez à desserrer vos vêtements et votre ceinture,
Disposez-les convenablement.
Placez alors votre main droite [tournée vers le haut] sur votre jambe gauche
Et votre main gauche sur votre main droite :
Les extrémités des pouces se touchent.
Tenez le dos parfaitement droit
Ni penché à gauche, ni penché à droite,
Ni en avant, ni en arrière.

Assurez-vous que vos oreilles soient dans le même plan que vos épaules,
Et que votre nez se trouve sur la même ligne verticale que votre nombril.
Placez la langue en avant, contre le palais ;
La bouche est fermée, les dents se touchent.
Les yeux restent ouverts
Et vous respirez doucement par le nez.

Une fois que vous avez pris la posture correcte,
Respirez profondément une fois, puis inspirez et expirez.
Inclinez votre corps à droite et à gauche,
Et immobilisez-vous dans une assise stable.
Pensez du tréfonds de la non-pensée.
Comment pense-t-on du tréfonds de la non-pensée ?
C'est l'au-delà de la pensée[16].
Ceci est en soi l'art essentiel du zazen.
Le zazen dont je parle n'est pas l'apprentissage de la méditation,
Il n'est rien d'autre que le *Dharma* de paix et de félicité,
La pratique-réalisation de l'Éveil parfait,
La manifestation de la Réalité ultime.
Aussi, pièges et filets ne peuvent-ils rien contre lui.
Une fois que vous avez saisi son cœur,
Vous êtes semblable au dragon qui va entrer dans l'eau
Au tigre quand il pénètre dans la montagne sauvage.
Car, en ce moment précis le véritable *Dharma* se manifeste
Et, dès le début, on a écarté toute cause de distraction.

En vous relevant, faites-le doucement et sans hâte
Calmement et délibérément.
Ne vous relevez pas subitement ou brusquement.

Quand on jette un regard sur le passé,
On s'aperçoit que le dépassement des notions d'Éveil et de non-Éveil,

16. En japonais *Hi-shiryô**, la pensée intuitive, non rationnelle.

Que le fait de mourir assis ou debout
Ont toujours dépendu de la vigueur du zazen.

La survenue de l'Éveil du fait de l'occasion procurée par un doigt,
Une bannière, une aiguille, un maillet,
L'accomplissement de la réalisation grâce à un chasse-mouches[17],
Un poing, un bâton, un cri[18],
Tout cela ne peut être saisi par la pensée discriminante.
En vérité, cela ne peut davantage être connu par les soi-disant pouvoirs surnaturels.
Cela est au-delà de ce que l'homme entend et voit,
Puisqu'il s'agit d'un principe antérieur aux connaissances et aux perceptions.

Ceci dit, peu importe qu'on soit intelligent ou non.
Il n'y a pas ici de différence entre le sot et l'avisé.
Quand on concentre son effort avec un esprit unifié,
Cela est en soi négocier la Voie.
La pratique-réalisation est pure par nature.
Avancer est affaire de quotidienneté.

Dans l'ensemble, tous, en Inde et en Chine
Respectent le sceau du Bouddha.
La particularité de cette école prévaut ;
Point d'autre dévotion que la méditation assise,
S'asseoir immobile dans un engagement total.
Bien qu'il y ait autant d'âmes que d'hommes,
En pratiquant zazen, tous négocient la Voie de la même manière.
Pourquoi abandonner le siège qui vous est depuis toujours réservé
Pour errer sur les terres poussiéreuses des autres royaumes ?

---

17. *Hossu*, le chasse-mouches porté par les maîtres.

18. Allusion aux méthodes déconcertantes et souvent violentes des anciens maîtres, tels Ma-tsou, Houang-po, Lin-tsi.

Un seul faux pas, et vous vous écartez de la Voie tracée toute droite devant vous.

Vous avez eu la chance unique de prendre forme humaine.
Ne perdez pas votre temps.
Apportez votre contribution à l'œuvre essentielle de la Voie du Bouddha.
Qui prendrait plaisir à l'étincelle jaillie du silex ?
Forme et substance sont comme la rosée sur l'herbe,
La destinée est semblable à un éclair.

Je vous en prie, honorés disciples du zen, depuis longtemps habitués à tâter l'éléphant dans l'obscurité[19]
Ne craignez pas le vrai dragon[20].
Consacrez vos énergies à la Voie qui révèle directement votre véritable nature ;
Ne faites plus qu'un avec la Sagesse des Bouddhas ;
Succédez à l'Éveil de la lignée légitime des patriarches.
Si vous persévérez, vous serez comme ils sont.
Votre chambre au trésor s'ouvrira d'elle-même et vous y puiserez selon le désir de votre cœur.

L'Œil du Trésor de la Vraie Loi
(Shôbogenzo)

Genjokôan (De l'actualisation du kôan)

Ce premier livre du *Shôbogenzo* fut composé par maître Dôgen en 1233, c'était à l'origine une lettre adressée à l'un de ses disciples.

---

19. Il s'agit d'une histoire bouddhiste très populaire, celle des quatre aveugles qui tâtent, l'un la trompe, l'autre les défenses, le troisième une patte, le quatrième la queue d'un éléphant domestique, le décrivent chacun à sa façon et se disputent, chacun prétendant que lui seul connaît l'éléphant.

20. Autre histoire populaire : celle du légendaire Ye-kong qui aimait à sculpter et à peindre des dragons, mais ne put réprimer sa terreur, quand il vit un véritable dragon entrer dans son atelier. Ici, le « vrai dragon » est le *zazen*.

Lorsque tous les *dharmas*[21] sont conformes au *Dharma**, il y a illusion et éveil de l'illusion, pratique, naissance et mort, Bouddhas et êtres vivants.

Lorsque les dix mille[22] *dharmas* ne possèdent plus de moi, n'existent ni illusion ni éveil, ni Bouddhas ni êtres vivants, ni naissance ni extinction.

[...]

Quels que soient nos regrets, les fleurs tombent et les mauvaises herbes poussent.

[...]

Aller au-devant de tous les *dharmas*, afin de les pratiquer est illusoire[23]. C'est lorsque les *dharmas* nous poursuivent et nous pratiquent qu'il y a Éveil.

Ceux qui s'éveillent tout entiers sont les Bouddhas, ceux qui errent à l'intérieur de l'Éveil sont les êtres sensibles. En outre, certains obtiennent un Éveil supérieur à l'Éveil; d'autres errent à l'intérieur de l'erreur.

Lorsque les Bouddhas sont authentiquement des Bouddhas, il est inutile pour eux d'en avoir conscience. Ils sont cependant des Bouddhas attestés et attestent eux-mêmes le Bouddha. De tout leur corps et de tout leur esprit, ils saisissent les formes et les sons, mais, pour eux, ce ne sont plus que des images au miroir ou le reflet de la lune dans l'eau. Quand un côté s'éclaire, l'autre reste dans l'ombre.

Étudier la Voie, c'est s'étudier soi-même;
S'étudier soi-même, c'est s'oublier soi-même;
S'oublier soi-même, c'est être attesté par tous les *dharmas*;
Être attesté par tous les *dharmas*, c'est abandonner le corps et l'esprit, le moi et le toi[24].

---

21. *Dharma*, la nature propre de chacun, déterminée par son *karma*. Pour distinguer les *dharmas* individuels du *Dharma* universel, l'Ordre cosmique, on a pris l'habitude d'écrire le premier mot avec une initiale minuscule.

22. Dix mille en chinois désigne l'innombrable, donc l'infini.

23. C'est cependant l'un des quatre vœux des moines : « Aussi nombreux que soient les *dharmas*, je fais le vœu de les pratiquer tous. »

24. *« Shin jin datsu raku »*, allusion au *mondo* de Dôgen avec son maître Ju-ching.

C'est voir disparaître toute trace d'Éveil et faire apparaître l'Éveil sans trace[25].

[...]

Lorsqu'un homme atteint l'Éveil, il en va comme de la lune qui se reflète dans l'eau. La lune n'est pas mouillée, l'eau n'est pas troublée. La lumière infinie de la lune tient dans une goutte d'eau. La lune et le ciel tout entiers sont à l'aise dans la rosée sur un brin d'herbe.

Chants de la Voie du Pin parasol
(Sanshodoei)

Ces poèmes furent composés par maître Dôgen alors qu'il séjournait dans sa retraite, l'ermitage sous les pins sur le mont Eihei, là où fut construit le temple d'Eihei-ji. Eihei a deux sens : la « pomme de pin » et la « Paix éternelle », nom de l'année où fut introduit le bouddhisme en Chine. Ces poèmes intimes, tout en sensations vives, expriment à leur manière la conscience éveillée.

Shôbogenzo

Le vent a fini de souffler,
Les vagues meurent sur le rivage,
La barque, ayant rompu ses amarres,
Paisiblement dérive
Sous la clarté de la lune à minuit.

Lorsque nous n'avons aucun lieu où demeurer, alors se manifeste l'esprit pur

Où qu'il aille, d'où qu'il vienne
L'oiseau aquatique perd sa trace,
Pourtant, jamais
Il n'oublie son chemin.

25. « Abandonner jusqu'au désir d'abandonner », disait maître Ju-ching.

La voix des gouttes de pluie de maître Kyôsei

Quand j'écoute seulement
Sans penser,
Une goutte de pluie
Au bord du toit,
C'est moi.

Tout son qui frappe mon oreille
Est une voix,
Celle d'un ami.
Il n'existe rien qui ne parle.

Prêcher dans le rêve

L'origine et la fin
Ni l'une ni l'autre ne sont vraies,
Prêchez-le à vous-mêmes,
C'est comme être perdu en rêve
Et que les cheveux se dressent sur la tête.

Zazen II

Au sommet de son crâne,
La pie peut faire
Son nid
Ses sourcils sont enchevêtrés
Dans la toile de l'araignée.

Poème écrit dans ma chaumière

Si quelqu'un me demandait :
Qu'est-ce que le Bouddha ?
J'aimerais répondre :
Un glaçon dans l'étuve des vers à soie.

La Voie transmise à l'Ouest
Je l'ai transmise à l'Est.
Pêchant la lune
Labourant les nuages,
J'ai recherché l'ancienne saveur.

La poussière du vulgaire
Ne peut pénétrer
À l'intérieur de l'ermitage
Par une nuit de neige
Au sein de la montagne profonde.

*
* *

KEIZAN JÔKIN
(1268-1325)

À la mort de maître Dôgen en 1253, son fidèle assistant, Koun Ejô (1198-1280), lui succéda sans difficulté à la tête de la petite communauté d'Eihei-ji. Il était secondé par Tettsu Gikai (1219-1309), qui avait reçu sa transmission, mais aussi celle de Kakuan, successeur de Dainichi Nônin, en tant que chef du *Daruma-shû*, école d'où provenaient les principaux disciples de Dôgen. En 1259, Ejô chargea Gikai d'aller recueillir en Chine les traditions qui allaient disparaître, afin d'affermir les fondements doctrinaux et la légitimité de la nouvelle école Sôtô. Gikai rapporta des enseignements ésotériques qui ne furent pas acceptés par tous. Aussi, quand, en 1267, Koun Ejô, déjà âgé, se retira, laissant la place à Gikai, devenu le troisième abbé d'Eihei-ji, de graves dissensions éclatèrent, car Gikai qui avait reçu l'investiture dans le Sôtô et le Rinzai, se prévalait de ce double héritage et certains moines, conduits par Gien (mort en 1314), l'accusaient de dénaturer les enseignements de Dôgen. En 1280, à la mort de Koun Ejô, Gikai fut finalement expulsé d'Eihei-ji, dont devint abbé Hôkyo Jakuen (mort en 1314), à qui succéda Giun, cinquième abbé d'Eihei-ji (1253-1333).

Gikai s'était établi au temple Daijô-ji, au nord d'Eihei-ji, dans la péninsule de Noto, il y mourut en 1309. Entré à Eihei-ji à huit ans, Keizan, qui appartenait à une famille aristocratique du puissant clan Fujiwara, y avait été l'élève de Koun Ejô et y fut ordonné moine à l'âge de douze ans. Mais, à la mort d'Ejô, il suivit Gikai au Daijô-ji. Il réalisa l'Éveil, en l'entendant commenter le *kôan* de Ma-tsou : « L'esprit ordinaire, c'est la Voie », qui devait éclairer toute sa vie. Bien qu'il n'eût alors que trente ans, Keizan succéda à Gikai et s'imposa très vite comme le restaurateur du zen de Dôgen, tout en restant fidèle à l'enseignement qu'il avait reçu de Gikai, en particulier en ce qui concernait le rituel que celui-ci avait rapporté de Chine.

Keizan fonda six nouveaux temples Sôtô dépendant du Daijô-ji, qui, en 1321, prit le nom de Sôji-ji. Accomplissant une évolution inverse de celle qu'avait suivie Dôgen, Keizan voulut tirer le Sôtô de l'isolement dans lequel il avait vécu jusqu'alors. Il n'hésita pas à répandre son enseignement dans les villes, ni même à se rapprocher du pouvoir, afin de s'opposer aux puissants rivaux qu'étaient les moines Rinzai. Soucieux d'établir la légitimité et la continuité de la transmission, Keizan rédigea en 1301 le *Denkôroku* (*Keizan Oshô Denkôroku, « Écrits du moine Keizan sur la transmission de la lumière »*), où, à l'instar de l'ancien *Denkôroku* (nom japonais du *Ching-tê tch'ouan-têng lou* de 1004), il établit la liste généalogique des patriarches, depuis Mahâkâshyapa jusqu'à Eihei Jô (Dôgen Zenji), le cinquante-et-unième, et Koun Ejô, le cinquante-deuxième.

Parmi les autres traités de Keizan, le plus important est le *Zazen Yôjinki*, dont voici un extrait.

Keizan Jôkin

Recommandations pour la pratique du zazen

(Zazen Yôjinki)

Zazen permet d'éveiller l'esprit directement et de se tenir paisiblement à sa vraie place. C'est ce que l'on appelle montrer son visage originel et déployer les aspects de sa nature fondamentale ; corps et esprit étant abandonnés, sans attachement, que l'on soit assis ou allongé. Ne pensant plus ni au bien ni au mal, on peut dès lors transcender le profane et le sacré, aller au-delà de toute conception d'illusion ou d'Éveil, se délivrer de toute idée de frontière entre les êtres sensibles et les Bouddhas.

Ainsi, ayant écarté tout souci, rejeté tout attachement, toute action, toute intervention, les six sens au repos, qui est celui dont le nom n'a jamais été connu et qui ne peut être identifié ni au corps ni à l'esprit ? Quand vous essayez d'y penser, les pensées s'évanouissent ; si vous tentez d'en parler, les mots vous manquent. « Il » est comme un fou, comme un idiot. « Il » est comme une haute montagne dont on ne peut voir le sommet, ou comme une mer profonde dont on ne peut atteindre le fond.

Brillante par elle-même, la source parfaitement limpide donne une explication silencieuse.

Celui qui pratique zazen plonge directement dans l'océan de l'Éveil et manifeste le corps de tous les Bouddhas. L'esprit originel, inconcevablement clair, est soudain révélé et la lumière originelle illumine tout. Dans l'océan, il n'y a ni augmentation ni diminution, les vagues ne reviennent jamais en arrière.

Aussi, les éveillés ne sont-ils apparus en ce monde que dans le but de permettre à tous les êtres de réaliser l'Éveil. Ils le transmirent à travers le zazen, parfaitement paisible, l'absorption du *samâdhi**[26], le roi de tous les états de concentration. Si vous pratiquez ce *samâdhi*, ne serait-ce qu'une heure, vous éveillez directement votre esprit et vous comprenez qu'il s'agit là de la porte principale de l'Éveil. Ceux qui souhaitent éveiller leur esprit doivent abandonner les diverses connaissances, les interprétations compliquées, rejeter les principes profanes et ceux mêmes du bouddhisme, trancher tous les sentiments illusoires, et manifester leur véritable esprit. Alors se dissipent les nuages des illusions et brille la pure lumière de la lune.

Le Bouddha a dit : « Apprendre et penser, c'est rester devant la porte ; prendre la posture du zazen, c'est rentrer chez soi et s'asseoir en paix. » Comme c'est vrai !

*

*   *

HAKUIN EKAKU
(1686-1769)

Depuis le XIVe siècle, le zen Rinzai n'avait cessé de décliner. Seuls quelques maîtres avaient maintenu la tradition, mais, déplorant qu'elle ne fût plus ni suivie ni comprise, Bassui au XIVe siècle, Ikkyu au XVe et Benkei au XVIIe étaient restés des isolés. Le Rinzai ne fut vraiment restauré qu'au milieu du XVIIIe siècle par Hakuin, personnage tellement hors du commun qu'au Japon, on affirme qu'il n'en survient pas plus d'un en cinq siècles. Bien qu'il ait passé presque toute sa vie dans le modeste temple rural où il mourut, Hakuin exerça une telle influence que les moines Rinzai le considèrent aujourd'hui encore comme leur maître. Son ascendant ne fut

26. Le mot sanskrit *samâdhi** désigne l'état de concentration qui se produit lorsque s'apaise, puis s'efface progressivement l'activité du mental et qu'en conséquence, disparaît le dualisme sujet-objet.

pas moindre auprès des laïcs, même quand ils appartenaient à d'autres écoles du bouddhisme. Enfin, la postérité salue en lui un écrivain puissant et, plus encore, un peintre et un calligraphe aussi original que vigoureux.

Grâce aux nombreuses allusions contenues dans ses œuvres, à une esquisse autobiographique qu'il rédigea à quatre-vingts ans, enfin à la *Chronologie*, composée par son disciple Tôrei Enji, nous connaissons assez bien les étapes d'une existence longtemps tourmentée. C'est pourquoi nous privilégions ici le parcours exemplaire, mené avec autant de constance que d'intrépidité, d'un des très rares grands maîtres qui ait livré sa vie intime, devenue en somme pour ses successeurs son principal enseignement[27].

*

Lors de son ordination, il reçut le nom d'Ekaku (crâne de la sagesse), mais ce n'est que vers la trentaine qu'il prit le nom d'Hakuin (celui qui se cache dans le blanc, c'est-à-dire le *nirvâna*). Il naquit le 19 janvier 1686, au village de Hara, au pied du mont Fuji. Prénommé Iwajiro (garçon de pierre), il était le cadet d'une famille de trois garçons et de deux filles. Son père était samouraï, sa mère, la fille du directeur des postes sur la route qui menait d'Edo (Tokyo) à Kyôto, l'ancienne capitale. Fervente adepte de la secte Nichiren[28], sa mère emmenait son plus jeune fils, un enfant très sensible, en écouter les prédicateurs. Un jour, l'un d'eux évoqua les huit enfers brûlants, Iwajiro, qui avait dix ans, fut glacé de terreur et trembla pendant toute la nuit.

---

27. Ph. B. Yampolsky, *The Zen Master Hakuin : Selected Writings*, New York, 1971.

28. Fondée par Nichiren (1222-1282), la « Nouvelle École du Lotus » considérait que la Loi contenue dans le *Sûtra du Lotus* était la seule capable de conduire au salut, et de ce fait récusait toutes les autres écoles du bouddhisme. Nichiren se prétendait le sauveur du Japon qui devait devenir le centre de la véritable doctrine du Bouddha.

« Un jour que je prenais un bain avec ma mère, elle demanda à la servante d'ajouter du bois dans le feu pour élever la température de l'eau. Je commençais peu à peu à ressentir des picotements sur la peau à cause de la chaleur, et le chaudron-baignoire en fer se mit à gargouiller. Je me souvins de la description des enfers que j'avais entendue et poussai un hurlement de terreur qui résonna dans tout le voisinage. À partir de ce jour, je décidai que je quitterais la maison pour devenir moine. Mes parents s'y opposèrent, mais j'allais tout le temps au temple afin de réciter des *sûtra*[29]... »

Bien qu'il se fût livré à toutes sortes de dévotions, sa peur de la souffrance ne diminuait pas. Aussi, à quinze ans, il obtint l'autorisation de devenir moine zen au Shôin-ji, le petit temple de son village natal. Mais, à dix-neuf ans, un nouvel accès de désespoir le décida à partir en pèlerinage à la recherche d'un maître.

Séjournant au monastère Zuiun-ji, il entendit évoquer par l'abbé le « cri de Yen-t'eou », dont il lut ensuite l'histoire. Yen-t'eou Tch'uan-houo, grand maître du *tch'an* au IXe siècle, était resté seul dans son monastère déserté par les moines, lorsqu'il fut attaqué par une horde de pillards, au cours des troubles qui accompagnèrent la décadence de la dynastie des T'ang. N'ayant rien trouvé à emporter, les pillards aperçurent l'abbé plongé dans sa méditation et, par vengeance, le tuèrent. Yen-t'eou poussa alors un cri terrible qui fut entendu à plusieurs kilomètres à la ronde. Ce « cri de Yen-t'eou » devint pour les pratiquants une énigme : comment un aussi grand maître avait-il pu mourir dans de telles conditions ? Hakuin se trouva replongé dans ses terreurs enfantines et submergé par le découragement :

> « Je me demandais comment un moine éveillé tel que lui avait été incapable d'échapper aux épées des

29. Yampolsky, *op. cit.*, p. 116.

voleurs. Si pareille chose pouvait arriver à un homme qui, parmi les moines, était semblable à une licorne, à un phénix, à un dragon dans la mer du bouddhisme, comment allais-je, moi, échapper aux étuves des démons de l'enfer après ma mort? À quoi servait d'étudier le zen?»

Puis il se dit que, même si l'enfer était inévitable, il était inutile de perdre son temps à se faire du souci à ce sujet. Pour se distraire et se rassurer, il se plongea dans la lecture des grands poètes chinois. Il devint alors à leur exemple un fin lettré et un excellent calligraphe.

Un jour, saisissant un livre au hasard, il tomba sur l'histoire de Chi-chuang Tchou-yuan, un maître chinois du XIe siècle dont la quête lui parut comparable à la sienne. Pour ne pas s'endormir en méditation, au cours d'une nuit glaciale, Chi-chuang s'enfonçait un stylet dans la cuisse. Pareille détermination galvanisa Hakuin qui décida d'intensifier encore son effort. Enfin, à vingt-deux ans, au terme d'une retraite d'une semaine de zazen qu'il avait faite à l'insu de tous dans sa cellule, il rencontra son premier Éveil :

«Je ne cessais de porter en moi le *kôan wou*[30] jour et nuit et ne me reposais jamais, pas même un seul instant. Je ne craignais qu'une chose : ne pouvoir être pur et sans tache, et "unifié en un". Je redoutais de ne pouvoir "être un" constamment, pendant le sommeil comme pendant la veille. Au printemps, au monastère Yegan, à Echigô, je me débattais dans la souffrance. Je ne dormais ni jour ni nuit, j'oubliais à la fois de manger et de me reposer, quand, tout à coup, se fit en moi une intense concentration d'interrogation. Je percevais une sensation d'extrême transparence, comme si j'étais gelé à mort dans des couches de glace qui se seraient étendues sur des milliers [de kilomètres]. Je ne

30. Voir p. 174.

pouvais ni avancer ni me retirer. J'étais comme un être privé de raison, rien n'existait plus pour moi que le problème posé par *wou*. Quand j'assistais au sermon du maître, il me semblait que j'entendais des discussions qui se seraient tenues dans une salle extérieure et très lointaine, ou encore que je les entendais dans les airs. Plusieurs jours passèrent ; je me trouvais toujours dans cet état, lorsqu'un soir, parvint jusqu'à moi avec une extraordinaire intensité la vibration de la cloche du temple. Ce fut comme si la couche de glace avait été pulvérisée, comme si une tour de jade s'était écroulée dans un grand fracas. Quand je repris mes sens, j'étais moi-même maître Yen-t'eou, et, malgré tous les siècles qui s'étaient écoulés depuis, il était resté identique à lui-même. Tous mes doutes fondirent comme de la glace au soleil. À haute voix, je m'écriais : "Quelle merveille ! Quelle merveille ! il n'y a plus ni vie ni mort dont j'ai à me délivrer ! Il n'y a plus aucun Éveil à poursuivre ! Les mille sept cents *kôan* traditionnels ne sont plus dignes de soucis[31] !" »

Cette expérience avait été si puissante qu'Ekaku en tira une fierté insensée : « Mon orgueil se dressa comme une énorme montagne, ma présomption s'enfla comme la vague d'un raz de marée[32]. » À Yegan, il avait rencontré un grand moine, nommé Sokaku, qui lui avait parlé de son maître, Dôkyô Etan (1642-1721), un vieux moine qui, ayant refusé tous les honneurs, vivait très pauvrement dans un petit ermitage, et était renommé pour sa sévérité[33]. Ekaku sut convaincre Sokaku de le conduire jusqu'à lui. Etan comprit tout de suite l'état d'esprit dans lequel se trouvait Ekaku et refusa de confirmer son *satori**. Pendant les six mois qu'il vécut auprès de lui, il ne cessa de le rebuter, le traitant d'« espèce d'habitant de la

31. Yampolsky, *op. cit.*, p. 18.
32. *Orate Gama*, III.
33. Le grand disciple d'Hakuin, Tôrei Enji, a composé une biographie de Dôkyô Etan, ainsi que celle du maître de celui-ci, Bu'nan Shidô (1602-1676).

caverne obscure[34] ». Bien que son disciple ait obtenu de nouvelles expériences d'Éveil, Etan refusait toujours de les certifier. Ayant compris les dons du jeune moine, il voulait l'obliger à aller toujours plus loin. Ekaku peinait comme un forcené, jusqu'au jour où, allant mendier en ville, il était tellement plongé dans la méditation sur son *kôan* qu'il n'entendit pas le propriétaire de la maison devant laquelle il se trouvait lui crier de se retirer. Exaspéré, l'homme ouvrit la porte et lui assena un coup de balai sur le crâne. Ekaku tomba à terre, évanoui. Des passants venus à son secours voulaient le relever, quand, ouvrant les yeux, le jeune moine éclata de rire, s'apercevant que soudain tous ses *kôan* se trouvaient résolus. Tout le monde s'enfuit, le croyant devenu fou. De retour au monastère, il se présenta devant son maître, déclarant qu'il avait trouvé la solution. Etan le frappa de son éventail et lui dit : « Je te souhaite de me survivre. Promets-moi que, quoi que tu entreprennes, tu ne te contenteras jamais de réalisations médiocres. » C'était là une manière informelle de certifier enfin Ekaku, qui peu après quitta son maître afin de reprendre ses errances. Ils ne se revirent jamais et, de son propre aveu, Ekaku ne pénétra profondément l'enseignement d'Etan qu'après sa mort, treize ans plus tard. Il n'en fut pas moins considéré comme son authentique successeur dans le *Dharma*.

Deux ans après, Ekaku tomba gravement malade, miné par les rudes épreuves accumulées pendant des années. Il avait du mal à respirer, les jambes glacées, une transpiration malsaine, des troubles de la vue et de l'ouïe, enfin il était sujet à des hallucinations et vivait dans une dépression nerveuse constante. Il se morigénait : « Et moi qui prétendais guérir les autres, me voilà incapable de me soigner moi-même ! » Il entendit alors parler d'un mystérieux guérisseur taoïste qui vivait dans une caverne à flanc de montagne, près de Kyôto. Hakuyû se déro-

34. Expression classique qui désigne celui qui n'est pas encore sorti de l'illusion.

bait quand on venait le consulter, Ekaku réussit cependant à obtenir son assistance. Le guérisseur avait immédiatement compris que le mal dont souffrait Ekaku provenait de sa fixation obsessionnelle sur des objets, les *kôan*. Il lui confia quelques recettes de physiologie taoïste aptes à lui faire retrouver ses énergies, mais surtout il lui conseilla la pratique contraire de la « non-observation ». Ekaku, qui nourrissait de forts préjugés contre l'école Sôtô, ne se rendit pas compte qu'il s'agissait en fait du « zen de l'Éveil silencieux » *(Mokushô zen)*. Ekaku avait appris à se guérir lui-même. Aussi, par la suite, recommanda-t-il à ses disciples les pratiques secrètes que lui avait enseignées Hakuyû, qui permettaient de répartir en soi l'énergie spirituelle, dans *Entretien dans une barque au crépuscule (Yasen Kanwa)*, composé en 1757.

Ekaku vivait seul depuis deux ans dans un petit ermitage qu'il s'était construit en montagne, quand à la fin de 1716, il y fut rejoint par un envoyé qui l'avait longtemps cherché. Le messager lui fit part du vœu de son père malade et qui allait mourir peu après. Il souhaitait que son fils revienne au village natal, afin d'y restaurer le Shoin-ji qui tombait en ruine. Au début de l'année 1717, Ekaku, à trente et un ans, s'installait dans ce petit temple rural qu'il ne devait plus quitter jusqu'à sa mort, sauf pour de rares absences. Ainsi, peu après, fut-il invité à exercer les fonctions de *shusso*, chef des moines, au cours d'une retraite de trois mois, au célèbre Myôshin-ji de Kyôto. C'était un grand honneur qui montrait qu'il avait déjà acquis un certain renom. Mais il ne savait encore ce qu'il devait faire, quand un rêve vint l'éclairer :

> « Une nuit, dans un rêve, ma mère [elle était morte depuis longtemps] vint à moi et me présenta une robe de soie pourpre[35]. Quand je la soulevai, les deux

35. Pour lui, probablement celle qu'avait remise l'empereur de Chine à l'inspirateur d'Hakuin, Tai-houei.

manches me parurent extrêmement lourdes et en les examinant, je trouvai dans chacune un vieux miroir. Le reflet dans le miroir de la manche de droite pénétra dans mon cœur et mes organes vitaux. Mon esprit, les montagnes et les rivières, toute la vaste terre m'apparurent sereins et sans fond... Après cela, je regardais chaque chose comme si c'était mon propre visage que je voyais. Je compris enfin ce que voulait dire : "L'esprit [éveillé] voit la nature de Bouddha dans son propre œil[36]." »

Quelques disciples vinrent alors s'établir auprès de celui qui prit le nom d'Hakuin. Ils les entraînaient selon les méthodes traditionnelles, la pratique de zazen et des *kôan* dont il avait lui-même une longue expérience. Héritier du *K'an-houa tch'an* (le « zen de la contemplation de la Parole ») de Tai-houei, dont il descendait par le moine japonais Nampo Jômyô (1235-1309), lui-même disciple d'un disciple de Tai-houei, Hakuin, non seulement l'opposa au *Mo-tchao tch'an* (en japonais, *Mokushô zen*, le « zen de l'Éveil silencieux »), mais aussi il en fit le *Kanna zen*, tel qu'on le pratique encore, et lui donna ses règles. Grâce à lui, l'utilisation du *kôan*, en tant que méthode d'Éveil, devint le centre de l'enseignement Rinzai. Hakuin voulait que ses disciples fussent à même d'éviter les erreurs qu'il avait lui-même commises à ses débuts :

« Quand j'étais jeune, j'avais des idées tout à fait fausses à ce sujet. Je pensais que la Voie du Bouddha ne correspondait à rien d'autre qu'à maintenir mon esprit dans une tranquillité et un calme absolus. Je recherchais les endroits écartés et silencieux et ne m'occupais que de la posture assise immobile. J'avais la poitrine obstruée par ce qui n'étaient que des questions insignifiantes, relatives aux affaires du monde.

36. Yampolsky, *op. cit.*, p. 121.

> Mon esprit était distrait, et j'étais incapable d'entrer dans aucune forme de vie active. Ainsi, j'étais plongé dans un état de détresse alarmant[37]. »

Si la méthode de l'*Éveil silencieux* pouvait sembler procurer au début des « résultats inespérés », elle supposait une retraite hors du monde et, en conséquence, n'était pas adaptée à la vie active contemporaine. De plus, selon Hakuin, ceux qui s'y consacraient se trouvaient encore plus démunis face aux vicissitudes de la vie.

> « Entrant dans les poussières et les confusions du monde de l'action, même le pouvoir de la compréhension ordinaire qu'ils semblent avoir atteint sera entièrement perdu... Les sujets les plus triviaux les bouleverseront, leur esprit sera affligé d'une faiblesse excessive et ils se comporteront souvent d'une manière mesquine. »

La méditation sur un *kôan* que préconisait Hakuin voulait remédier à de tels inconvénients, car, non seulement elle s'intégrait à la vie active, mais lui conférait son véritable sens.

> « Qu'on ne dise pas : "Je n'ai pas le temps ni le loisir de me livrer à la méditation ; j'ai trop à faire." On doit savoir que, pour un moine qui s'applique à la discipline de la méditation dans l'esprit qui convient, il n'existe rien de tel que les affaires ou les choses du monde. Voici une histoire qui vous montrera ce que je veux dire. Supposons qu'un homme laisse tomber par mégarde deux ou trois pièces d'or dans une rue où il y a beaucoup de trafic et une grande affluence. Les abandonnera-t-il du seul fait que tant d'yeux l'observent, ou s'abstiendra-t-il de les chercher simplement parce qu'il y a tant de circulation en cet endroit ? Cer-

37. Extrait de « Réponse à un proche suivant du seigneur Nabeshima sur la pratique de l'introspection », *Orate Gama*.

tainement pas ! Il se fraiera plutôt un chemin à travers la foule et n'aura pas l'esprit tranquille tant qu'il n'aura pas fini par tenir son argent dans sa main. Alors, que dire de ceux qui négligent leur discipline de méditation et abandonnent leur projet de les mener à bien, sous prétexte que les affaires sont trop intenses et que les choses du monde exigent toute leur attention ? N'attachent-ils pas plus de valeur à deux ou trois pièces d'or qu'à la Voie merveilleuse de tous les Bouddhas, alors que rien ne saurait être plus précieux ? Si un homme étudie la Voie avec une concentration totale, même au milieu de ses affaires et parmi les vagues de ce monde jusqu'à ce qu'il atteigne l'Éveil, alors il ressemblera davantage à celui qui, dans notre histoire, laissa tomber l'or et n'eut de cesse qu'il l'ait retrouvé. Quand il l'a trouvé, qui donc ne lèverait les sourcils de joie ?

« Ne croyez pas cependant qu'il faut trouver mauvaise la discipline de la vie calme et cesser de la mener pour chercher délibérément à ne vivre qu'une vie active. Moins on a de compréhension de ces deux conditions d'existence – l'active et la calme –, plus on doit avoir soin de les estimer l'une comme l'autre, et se rappeler qu'elles ne sont que deux aspects d'une même condition. C'est ce que l'on entend quand on dit qu'un moine qui pratique réellement la méditation ne sait pas qu'il marche quand il marche ou qu'il est assis quand il l'est. Lorsqu'on est arrivé à comprendre la véritable nature du moi, rien ne vaut la vie active pour utiliser le pouvoir vital qui est à notre disposition partout, en tout lieu[38]. »

Au Shôin-ji, Hakuin multipliait les cycles de conférences devant un auditoire qui s'accroissait d'année en année. Ainsi, au printemps de 1740, environ quatre cents moines vinrent écouter ses commentaires sur l'enseignement de Hsu-t'ang (1185-1269), le maître de Nampo Jômyô (1235-1309) qui

38. *Orate Gama*, « Sur la pratique de l'introspection ».

introduisit sa lignée au Japon et dont descendait Hakuin. Recueillis par ses disciples, ces propos furent publiés en 1743, sous le titre de *Sokko roku kaien fusetsu*. Citant en exemple ce maître chinois très rigoureux, Hakuin y déplorait l'état du zen japonais : « Le jardin des ancêtres est devenu un lieu de désolation, l'enseignement est foulé aux pieds. Les gens ne réalisent pas qu'il faut traverser la barrière de la dualité et sauter par-dessus les fourrés épineux. » L'assistance, dit Tôrei, son biographe, fut « bouleversée. À partir de ce moment, sa réputation comme maître inégalable fut établie dans tout le pays ».

À cette époque, Hakuin était devenu un personnage fort imposant. Tôrei le décrit en ces termes : « Son visage est extraordinaire, il regarde les gens comme un tigre, et il marche comme un taureau[39]. Sa puissance est altière et difficile à approcher. » Ainsi le représente la statue qui se trouve toujours au Shôin-ji et qui aurait été modelé par Hakuin lui-même. Son aspect est presque terrifiant ; ses grands yeux fixent le spectateur sans aménité, sa bouche esquisse une moue de réprobation. Traçant à soixante et onze ans son autoportrait, il l'accompagnait de ce poème :

> « Détesté par un millier de Bouddhas dans le royaume des mille bouddhas,
> Haï par les démons parmi les bandes de démons,
> Cette tête chauve, aveugle et puante,
> Apparaît à nouveau sur une feuille de papier.
> Sacrebleu ! »

Mais Hakuin jouait de l'effroi que procurait sa présence, il était en réalité généreux, plein de compréhension et de compassion pour autrui, ce qu'attestent non seulement l'affection que lui portaient ses disciples, mais aussi le ton qu'il adopte

39. Ainsi, rappelons-le, décrivait-on en Chine l'illustre Ma-tsou.

avec ses nombreux correspondants qui, de tout le Japon, lui demandaient conseil. Ces lettres où il donne ses instructions personnelles adaptées au cas de chacun furent publiées de son vivant sous le titre d'*Orate Gama* (« La bouilloire à portée de la main », celle dans laquelle infusait son thé, tandis qu'il répondait aux lettres[40].) Dans tout le pays, son enseignement se répandait grâce aux nombreux écrits qu'il publia lui-même et aux textes de ses conférences colligés par ses disciples, tels, en 1750, les *Contes du pays de la tranquillité du Févier (Kaiankoku Go)* et, en 1758, *Fleurs empoisonnées du fourré épineux (Keiso Dozukui).* Enfin, ses peintures et calligraphies connaissaient un énorme succès. Dans ces œuvres extrêmement diverses de sujets et de styles, souvent caricaturales, pleines d'humour et provocantes, Hakuin, sur ce plan aussi, se révèle comme un hardi novateur. « Ses travaux, exécutés dans des ombres légères d'encre noire, ont un parfum excentrique. Ils ressemblent à ceux des enfants, bien qu'en fait ils soient d'un artiste habile[41]. » N'en est jamais absent le dessein d'enseigner, ce que précise le poème qui les accompagne, mais souvent par les voies les plus inattendues. Il est à noter que c'est en son grand âge qu'Hakuin atteignit la pleine maîtrise de son art ; entre quatre-vingts et quatre-vingt-trois ans, il peignit davantage que pendant tout le reste de sa vie. « Une immense force créatrice libérait son travail des formes nettes et de la construction équilibrée des premières périodes… Sa main est libre, on pourrait dire libre de tout souci[42]. »

En 1760, on demanda à Hakuin de devenir le fondateur

40. Traduction anglaise de R. D. M. Shaw, *The Embossed Tea Kettle : Orate Gama and Other Works of Hakuin Zenji*, Londres, 1963.

41. Ryôchu Kohitsu, cité dans *Penetrating Laughter* (New York, 1984) de Kazuaki Tanahashi, qui présente une importante sélection de l'œuvre peinte de Hakuin, traduction française, *Rien qu'un sac de peau. Le zen et l'art de Hakuin*, Paris, 1987. – Voir aussi : Shibayama Zenkei, *Zen in Gleichnis und Bild*, Berne, 1974.

42. Kazuaki Tanahashu, *op. cit.*, p. 26.

d'un nouveau temple qui avait été restauré par ses disciples, mais il y délégua le plus grand d'entre eux, Tôrei Enji, lequel lui demanda d'y donner son enseignement. Après s'être prosterné devant lui, Tôrei lui demanda : « Maître, vous qui êtes le Bouddha Shâkyamuni de notre époque, daignez faire résonner le tonnerre du *Dharma* et éclairer les aveugles. » En 1764, à soixante-dix-huit ans, Hakuin se retira, nommant à sa place Suiô, qui était son disciple depuis dix-huit ans. Hakuin était déjà malade quand il accepta comme disciple le moine Gasan Jitô, qui avait précédemment étudié avec trente maîtres zen et n'obtint pas sans peine son enseignement. Après la mort d'Hakuin, Tôrei devait lui transmettre le *Dharma*. Si la lignée de Tôrei Enji (1721-1792) s'éteignit en 1842 avec son successeur Daikan Monju, celle de Gasan Jitô (1727-1797), divisée plus tard en deux branches, existe encore de nos jours. Hakuin pouvait être assuré de la survie de son enseignement, il aurait laissé quatre-vingt-onze disciples. Invité par Tôrei dans son temple pour célébrer la nouvelle année 1768, Hakuin manifesta sa satisfaction en ces termes : « Maintenant, j'ai quatre-vingt-deux ans, mais je n'ai jamais connu un aussi beau jour de l'an. »

De retour au Shôin-ji, il tomba gravement malade dans les premiers jours de 1769. Au médecin convoqué par ses disciples, il demanda en quel état il le trouvait. « Je ne vois rien d'anormal », répondit le médecin. À quoi le malade répliqua : « Puisque vous n'êtes même pas capable de prévoir la mort de quelqu'un trois jours d'avance, je me demande comment vous osez vous intituler docteur. » Il mourut en effet fort paisiblement, trois jours plus tard, le 18 janvier 1769, à la veille de célébrer son quatre-vingt-troisième anniversaire.

*

Hakuin avait rétabli dans toute sa rigueur l'ancienne discipline monastique, imposant, comme les maîtres chinois de la grande époque, les règles du silence absolu et du travail manuel quotidien (en japonais, *samu*) depuis longtemps négligées. Il remit en honneur et développa la pratique des *kôan* qui, selon son propre témoignage, avait dégénéré en manifestations théâtrales intempestives :

> « Parmi les *Unsui* (littéralement : eau-nuages, qualification appliquée aux novices), huit ou neuf sur dix se vanteront bien haut de n'avoir aucun doute sur la signification essentielle des mille sept cents *kôan* de la tradition… Si vous les examinez à ce sujet, les uns lèvent le poing, d'autres crieront *"kwatsu"*, mais la plupart d'entre eux se contenteront de frapper le sol de leurs mains. Si vous insistez un tant soit peu, vous vous apercevrez que nul d'entre eux n'a pénétré sa propre nature, qu'ils n'ont aucune éducation, qu'ils sont aveugles, grossiers et illettrés. »

Désormais, les *kôan* successivement donnés par le maître devaient accompagner la vie entière du moine, même et surtout après qu'il ait obtenu son premier Éveil, de façon à ce qu'il ne retombe pas dans l'état d'esprit qu'il avait eu tant de mal à quitter. Hakuin classa les *kôan* par ordre de difficulté croissante, ils devaient être résolus de manière graduelle. Pour lui, les meilleurs *kôan* d'introduction étaient le « *wou* » de Tchao-tchou et *« Sekishu »* : « Quel est le bruit que fait le claquement d'une seule main ? », qu'il avait inventé lui-même, et dont il écrivait que la méditation prolongée devait « briser l'antre de l'ignorance… À ce moment-là, le fondement de l'esprit, de la conscience et de l'émotion vole en éclats[43]. » C'est le seul des *kôan* d'Hakuin qui soit connu, les autres n'ayant été transmis qu'oralement et en secret.

Mais, plus qu'Hakuin lui-même, ce furent son disciple,

43. « Lettre à une femme laïque », citée par Yampolsky, p. 164.

Gasan Jitô, et ses deux successeurs, Inzan Ien (1751-1814) et Yakuyu Kôsen (1760-1833) qui fixèrent les modalités de la pratique encore en usage aujourd'hui. Les *kôan* sont classés selon cinq catégories : *hosshin-kôan*, qui aident l'élève à découvrir la véritable nature de Bouddha et à se familiariser avec elle ; *kikan-kôan*, permettant de passer par-delà tout dualisme, toute différenciation ; *gonsen-kôan*, approfondissement des formulations des anciens maîtres ; *nantô-kôan*, ou « *kôan* difficiles à résoudre » ; enfin *go-i-kôan*, les cinq degrés de l'Éveil, tels qu'ils furent définis par maître Tong-chan[44]. Après avoir maîtrisé les différentes catégories de *kôan*, le disciple, dans la tradition d'Hakuin, était invité à passer plusieurs années dans la solitude, afin de mûrir sa réalisation, avant d'être admis à enseigner lui-même.

Hymne au zazen
(Zazen-Wasan)

Depuis l'origine, tous les êtres vivants sont Bouddhas.
C'est comme l'eau et la glace,
Sans eau, point de glace,
Hors de nous, point de Bouddhas.
Pourtant, nous allons chercher au loin
Ce que nous avons sous la main,
Comme un homme qui dans l'eau crierait : « J'ai soif ! »
Comme un fils de riche naissance
Qui vagabonderait interminablement parmi les misérables,
Nous errons sans fin dans les six mondes[45],
Victimes des illusions de l'ego
Empruntant des chemins toujours plus obscurs.
Quand pourrons-nous échapper à la naissance-et-mort ?

44. Voir p. 159-160.
45. Les six mondes qui composent le *samsâra**.

La porte de la liberté est le *samâdhi** du zazen,
Tel est le *Mahâyâna** suprême,
Au-delà de toute louange.
Observer les préceptes, le don, le repentir,
Pratiquer d'innombrables bonnes actions et un mode de vie juste
Tout cela trouve sa source au zazen.
S'y asseoir, ne serait-ce qu'une seule fois,
Dissout tous les obstacles et purifie le *karma*.
Où sont donc les chemins obscurs dans lesquels nous nous égarions ?
La Terre pure du Lotus[46] n'est pas loin.
Si, par chance, vous entendez cet enseignement,
Admirez-le, vous y trouverez la joie pure
Et le bonheur sans limite.
Si vous vous y consacrez, vous découvrirez,
Au-dedans de vous, votre propre nature.
Votre vrai moi est non-moi
Vous voilà loin des ratiocinations inutiles.
S'ouvre la porte de l'unité de la cause et de l'effet,
Il n'y a plus deux ou trois voies,
Mais une seule, droit devant vous.
La forme est désormais non-forme.
Que vous alliez ou que vous veniez,
Vous ne quittez jamais la maison.
Notre pensée est maintenant non-pensée,
Notre danse et nos chants sont la voix du *Dharma*.
Illimité est le ciel de la pure contemplation !
Limpide et brillante la pleine lune de la Sagesse !
Qu'y a-t-il encore à chercher ?
Que nous manquerait-il ?
Cette terre est la Terre pure du Lotus,
Ce corps même est le Corps du Bouddha.

---

46. Rappelons que dans son enfance Hakuin avait suivi avec sa mère les enseignements de la nouvelle école du Lotus de Nichiren.

Chapitre VI

Les maîtres au XXe siècle

Hakuin (1686-1769), rénovateur du Rinzai et, dans le Sôtô, Gentô Sokachu (1729-1807) qui avait rétabli la pratique et l'enseignement de Dôgen à Eihei-ji, avaient rendu au zen son élan vital, ce qui lui permit de traverser sans trop d'encombre les épreuves qu'il rencontra dans la seconde moitié du XIXe siècle. En 1853 et 1854, le commodore américain Perry avait forcé les défenses qui, depuis le milieu du XVIIe siècle, avaient préservé l'isolement du Japon de toute atteinte extérieure, en pénétrant avec ses navires dans la baie d'Édo (Tokyo) et en exigeant du gouvernement shôgunal la liberté du commerce dans un certain nombre de ports. Après quinze années de troubles, la souveraineté impériale fut rétablie par un coup d'État, en janvier 1868. En quelques décennies, le Japon fut radicalement modernisé, tandis qu'étaient rétablies ses communications avec le monde.

Mais, en même temps, l'empereur était redevenu un personnage « inviolable » et « sacré », descendant direct de la déesse *(kami)* du Soleil, Amaterasu, et lui-même manifestation d'un *kami*. La religion nationale, le *shintô*, était restauré et débarrassé de toute influence bouddhique. Dès 1868, le gouvernement impérial proclamait la « séparation des dieux et des bouddhas », ce qui donna lieu à un violent mouvement de persécution, « l'extermination des bouddhas et la destruction de Shâkyamuni », qui ne prit fin que lorsqu'un décret impérial promit la liberté de toutes les religions.

Le bouddhisme fut alors sécularisé : les moines pouvaient se marier et avoir des enfants. Chargés d'un service paroissial, ils se consacrèrent de plus en plus à leur mission sociale et éducative. À la fin du XIXᵉ siècle, l'école Sôtô acquit une structure centralisée, ayant ses statuts et ses règles propres. L'ouverture à l'Occident eut pour conséquence le développement des études et la fondation d'universités bouddhiques qui devaient faire du Japon le centre mondial des recherches bouddhiques. D. T. Suzuki (1870-1966), professeur à l'université Ôtani à Kyôto, qui fit des tournées de conférences aux États-Unis et en Europe et publia une trentaine d'ouvrages, est l'exemple type de ce néo-bouddhisme universitaire, qui fut surtout l'œuvre de laïcs pratiquants, tel le philosophe Nishida Kitaro (1870-1945), professeur à l'université de Kyôto, dont la renommée dépassa largement le cadre japonais.

Actuellement, le zen est soumis aux réglementations gouvernementales. Le temple, reconnu en tant que « corporation unitaire », exemptée d'impôts, est, comme dans les autres écoles traditionnelles du bouddhisme, la cellule de base du zen, les associations de temples formant autant de « corporations générales ». Quant aux monastères, aujourd'hui peu nombreux, les plus importants d'entre eux (pour le Sôtô, Eihei-ji et Sôji-ji) sont consacrés à la formation des futures moines. En conséquence, y sont toujours pratiquées l'ancienne discipline extrêmement stricte, ainsi que les formes d'entraînement traditionnelles.

Malgré l'apparition, après la Seconde Guerre mondiale, de nouvelles sectes fortement politisées, ultranationalistes le plus souvent, la situation du zen demeure à peu près constante. Le nombre total des adeptes dépasse de peu neuf millions, soit 8% seulement du total des bouddhistes déclarés, dont près de sept pour le Sôtô contre un peu moins de deux millions pour le Rinzai, la différence entre ces deux chiffres et le total correspond aux adeptes de l'ancienne école Obaku (350 000) et de cinq petites écoles indépendantes. Le Sôtô possède actuellement près de 15 000 temples et vingt-six monastères, avec un peu plus de 15 000 moines et 1 200 nonnes, le Rinzai près de 6 000 temples, environ 6 000 moines et 350 nonnes[1]. Malgré la relative et récente tolérance du gouvernement japonais, on ignore pratiquement la situation du *tch'an* après la mort du maître Hsu Yun.

Cela n'est toutefois que l'aspect officiel, statistique de la situation du zen au Japon. Si la vitalité du zen y demeure intacte, c'est que, comme par le passé, les grands enseignants, se défiant de l'institution, s'en évadent et demeurent farouchement indépendants, ce qui est le cas de ceux que nous évoquons dans la suite de ce chapitre.

*

*　*

HSU YUN
(1839-1959)

Le 13 octobre 1959 mourait au monastère Yun-Ch'u, dans le Kiang-si, maître Hsu Yun, âgé de cent vingt ans et moine depuis cent un ans. C'était le dernier grand représentant de la tradition *tch'an*. Ainsi qu'on le verra par le texte ci-dessous, sa contribution à l'enseignement lui apportait encore une note originale et personnelle.

---

1. D'après K. Kraft, *Le zen, tradition et transformation*, Paris, 1993, p. 227-229.

Le *hua-t'ou* et le doute

Jadis, les patriarches et les anciens indiquaient comment l'esprit peut arriver directement à la nette conception de la véritable nature du Moi et parvenir ainsi à l'état de Bouddha. Comme Bodhidharma qui « tranquillisait l'esprit » et le sixième patriarche qui ne parlait que de « perception de la nature du Moi », tous préconisaient seulement sa franche connaissance sans plus de façons. Mais ils s'aperçurent par la suite que les hommes devenaient incertains, qu'ils n'avaient pas une détermination obstinée, qu'ils se laissaient aller à jouer des tours et se vantaient de posséder des joyaux qui, en réalité, appartenaient à d'autres. C'est pourquoi les anciens furent obligés de fonder des écoles personnelles, chacune avec ses propres sentences ; de là, la technique du *hua-t'ou*.

Il existe de nombreux *hua-t'ou*, tels que : « Toutes choses peuvent être ramenées à l'Un, à quoi l'Un peut-il être ramené ? », ou « Avant que tu fusses né, quel était ton visage originel ? » Aujourd'hui, le *hua-t'ou* : « Qui répète le nom du Bouddha ? » est fort en usage.

Qu'est-ce que le *hua-t'ou* (« mot-tête ») ? Le mot est le mot prononcé, et la tête ce qui précède le mot. Par exemple, quand quelqu'un dit : *« Amitâbha Bouddha »*, c'est un mot. Avant qu'il soit prononcé, c'est un *hua-t'ou* (un « pré-mot »). Ce que l'on appelle *hua-t'ou* est le moment qui précède la venue de la pensée accompagnée du mot qui la porte. Aussitôt celle-ci venue, elle devient un *hua-wei* (« mot-queue »). Le moment qui précède l'apparition d'une pensée s'appelle le « non-né ». Le vide qui n'est ni troublé ni mort, ni immobile ou partiel, s'appelle l'« infini ». L'action de tourner sans relâche la lumière vers l'intérieur, à l'exclusion de toute autre chose, s'appelle « l'examen du *hua-t'ou* ».

Quand on examine un *hua-t'ou*, la chose la plus importante est de faire naître un doute. Le doute est la béquille du *hua-t'ou*. Par exemple, quand on demande : « Qui répète le nom du Bouddha ? », un léger sentiment de doute apparaît au sujet de ce « Qui ». Ce doute ne doit pas être rudimentaire ; plus il est affiné, mieux cela vaut. En tout temps, en tout lieu, on doit considérer sans relâche ce doute seul, comme une rivière dont le cours n'est pas interrompu, sans laisser naître une seconde pensée. Dans « Qui répète le nom du Bouddha ? », l'important est le mot « Qui » et rien d'autre. Le « Qui ? » du *hua-t'ou* est une pratique merveilleuse dans l'entraînement du *tch'an*.

[...]

D'ordinaire, le doute que font naître les débutants est très élémentaire ; il peut s'arrêter brusquement, pour reprendre ensuite, il paraît tantôt familier, tantôt étrange. Il ne s'agit pas alors du vrai doute, mais de leur processus de pensée. Quand l'esprit fou et indiscipliné aura été graduellement maîtrisé, on sera enfin en état de mettre un frein au processus de pensée, seulement alors on pourra parler de l'examen du *hua-t'ou*. Peu à peu, on n'aura plus besoin de faire naître le doute, il naîtra de lui-même. On a alors atteint une « porte stratégique » par laquelle il est aisé de s'écarter du droit chemin.

Tout d'abord, viendra un moment où l'on éprouvera une complète pureté et un bien-être sans bornes. Si l'on manque d'être sur ses gardes et d'examiner les choses de près, on tombera dans un état de torpeur. Si un maître est là, il le percevra immédiatement et il frappera l'étudiant avec le bâton. Un grand nombre de disciples sont à ce moment-là éveillés à la vérité.

Deuxièmement, quand apparaît l'état de pureté et de vide, si le doute cesse d'exister, c'est là un état que nul ne peut décrire, dans lequel celui qui médite est semblable à un homme assis sur un arbre desséché dans une grotte, ou sur des pierres au milieu de l'eau. Quand on a atteint cet état, il faut réveiller le doute qui sera suivi de la conscience et de la contemplation de cet état. La conscience [de cet état] est affranchissement de l'illusion ; c'est la sagesse. La contemplation [de cet état] efface toute confusion ; c'est l'équanimité. Cette réunification de l'esprit sera parfaitement tranquille et brillante dans son équanimité absolue, sa lucidité spirituelle, son entendement total, telle une fumée qui s'élève d'un feu solitaire. Quand on a atteint cet état, on devrait posséder l'Œil de Diamant et se retenir de donner naissance à toute autre chose, car ce ne serait qu'ajouter une autre tête sur sa propre tête.

*

* *

KÔDÔ SAWAKI
(1880-1966)

À cinq ans, Kôdô Sawaki perdit sa mère et à huit ans son père. Il fut alors adopté par un ami de son oncle décédé, un homme qui ne croyait qu'au tabac et au sexe. À treize ans, Kôdô Sawaki dut travailler pour se nourrir, il devint guetteur à la solde des joueurs dans un quartier louche. Ayant assisté à la mort d'un vieillard dans une maison close, il prit en horreur sa manière de vivre. Aidé par une famille généreuse, il décida de devenir moine, mais le prêtre shinshu (école de la Terre pure), auquel il s'était adressé, lui conseilla de se tourner plutôt vers le zen. À seize ans, il se rendit à pied à Eiheiji, le principal monastère du Sôtô. Il eut beaucoup de peine à s'y faire admettre, et comme aide de cuisine, mais il s'initia au zazen. Puis il mena une vie d'errance et reçut l'ordination de Sawade Koho Osho, chef d'un temple du Kyû-shû.

Lors de la guerre sino-japonaise de 1904-1905, Kôdô Sawaki fut si grièvement blessé que, tenu pour mort, il fut jeté dans un charnier où on ne le retrouva que quelques jours plus tard. À vingt-neuf ans, il entreprit des études de philosophie à l'école du Horyu-ji de Nara, puis devint assistant au temple de Yosen-ji. S'étant rendu compte que la pratique du zazen avait presque complètement disparu au Japon, il se retira désillusionné dans un ermitage abandonné où il vécut pendant plusieurs années, faisant zazen jour et nuit et étudiant le *Shôbogenzo* de maître Dôgen.

De retour dans la société, il assuma différentes fonctions dans les temples, fut instructeur de zen à l'université bouddhiste de Komasawa en 1935, puis *godô* (doyen des moines) au Soji-ji, le second grand monastère Sôtô. Mais celui que l'on devait surnommer « Kôdô le sans-demeure », car il refusait de s'installer dans un temple et voyageait toujours seul, fut surtout un moine errant à la mode d'autrefois. Il enseignait là où on le lui demandait, donnait des conférences dans les universités comme dans les prisons, faisait faire zazen aux laïcs comme aux moines. Kôdô Sawaki devint très populaire, surtout après la dernière guerre, et fut bientôt considéré comme le restaurateur du véritable zen. À quatre-vingt-six ans, tombé gravement malade, il dut se retirer à l'Antai-ji de Kyôto, temple dont il avait fait un lieu de pratique pure. C'est là qu'il mourut le 21 décembre 1966.

Du karma

On dit qu'en mourant, on entre dans le cycle des renaissances. On s'interroge pour savoir si l'on va renaître en tant qu'être humain. Mais personne ne peut répondre à cette question. Si j'ai fait de bonnes actions dans ma vie, serai-je récompensé par une bonne renaissance ? C'est l'ego qui pose cette question. Le paradis existe-t-il vraiment ? Ici, c'est l'homme aveuglé qui s'inquiète. Il y a deux manières d'affronter le problème de la vie-et-mort : la première est de céder à la force du *karma**, la deuxième, de se laisser porter par la force des vœux de *bodhisattva**. On peut se retrouver à l'eau en train de boire la tasse à la suite d'un faux pas, ou après s'y être jeté pour repêcher une pièce de monnaie. Dans les deux cas, on est dans l'eau, mais dans le premier, on y est tombé par erreur alors que dans le deuxième, on a plongé volontairement. Toute la différence est là. Il y a une différence essentielle entre le fait d'être à la merci du *karma* et le fait d'agir librement.

La prodigieuse énergie qui emplit l'univers, et qui est en réalité l'univers lui-même, est comparable à l'océan immense. L'eau de cette immensité, selon le pouvoir du *karma*, ou celui des vœux, peut devenir un collyre bénéfique ou une potion mortelle, ou encore de la vapeur ou de la glace. Comme les vagues naissent et meurent sans cesse, uniques et toujours différentes, personne ne peut résoudre l'énigme de la mort.

Il m'arrive de dire : « *Grosso modo*, voilà... », mais ici les choses ne se règlent pas *grosso modo*. Chaque jour est unique et différent. La certitude ne viendra pas d'un concept figé et joliment ficelé. On ne peut pas d'une phrase rassurer ceux qui vont mourir. D'ailleurs, on dit que « si une explication ressemble à un objet, elle est fausse ». Bonheur, malheur, prospérité, misère, sont aussi imprévisibles que le cheval qui avait ruiné son vieux maître Sai en s'enfuyant, mais qui, plusieurs mois plus tard, était revenu en compagnie d'un magnifique pur-sang.

Grâce au pouvoir de ses vœux, le *bodhisattva* vit clairement cette continuité en mettant son surplus d'énergie au service d'autrui. Les types qui se laissent mener par leur *karma* accumulent dettes et intérêts à payer, ou sont constamment déloyaux et infidèles, causant aux autres de graves préjudices. Vivre pour aider les autres ou vivre en leur faisant du mal sont deux couleurs différentes. Celui qui ne fait qu'emprunter de l'argent et jouir de la vie est emporté par le courant et finit par boire la tasse. C'est le même qui crie : « Au secours, au secours ! », et, dès que le canot de sauvetage l'a repêché, se met en colère parce qu'on n'est pas venu le secourir plus vite. À l'inverse, aider les autres, leur être utile, partager leur fardeau, se nourrir simplement, c'est renaître indéfiniment. Telle est la vie de celui qui est entraîné par le pouvoir des vœux. Comme les nuages passent dans le ciel sans se demander ce qu'ils deviendront ni même se dire qu'ils n'y peuvent rien. Ils passent sans rien poursuivre, sans rien fuir. Telle est la pratique des vœux de *bodhisattva*.

*

* *

HAKKUN RYÔKO YASUTANI
(1885-1973)

Entre 1962 et 1969, Yasutani Rôshi se rendit plusieurs fois aux États-Unis à la requête de pratiquants du zen, y dirigea un grand nombre de *sesshin* et donna l'enseignement. Il eut de très nombreux disciples aussi bien en Amérique qu'au Japon.

Ordonné moine à l'âge de onze ans, Yasutani entra à treize ans comme novice dans un grand temple Sôtô et, cinq ans plus tard, dans un monastère de cette école. Il devint ensuite, pendant seize ans, instituteur à Tokyo, se maria et eut cinq enfants. En 1925, il se fit accepter comme disciple par Daiun Sôgaku Harada Rôshi (1870-1961), un des principaux maîtres du zen au Japon. D'abord moine Sôtô, lui aussi, Harada était devenu, à quarante ans, le disciple et l'assistant de Dokutan Rôshi, abbé du Nanzen-ji, l'un des plus importants temples Rinzai de Kyôto. Ayant reçu de lui le sceau de confirmation, Harada devint le chef du monastère Hosshin-ji à Obama, dont il fit un des hauts lieux de la stricte discipline zen.

En 1943, Yasutani reçut, à cinquante-huit ans, le sceau de son maître et devint son successeur dans le *Dharma*. Jusqu'à sa mort, il vécut de manière très simple et austère dans un modeste temple près de Tokyo. Cependant, sa renommée l'amena à diriger de nombreuses *sesshin* périodiques dans les îles d'Hokkaïdo et de Kyû-shû, à l'extrémité nord et à l'extrémité sud de l'archipel nippon, puis à se rendre en Amérique. Au Japon, il eut pour successeur Kôun Yamada Rôshi. Son disciple américain, Philip Kapleau, le fit connaître en Occident en publiant *Les trois piliers du zen*[2]. Ordonné et autorisé par lui à enseigner, Philip Kapleau a fondé aux États-Unis le Centre zen de Rochester[3].

Comme celui de son maître Harada, l'enseignement de Yasutani conjugue la pratique de *shikantaza* de la tradition Sôtô et celle du *kôan* de la tradition Rinzai.

Les cinq catégories du zen

Dans son enseignement, Yasutani reprend à l'usage des pratiquants occidentaux la définition des cinq variétés de Zen, telles qu'elles avaient été exposées dès le IXe siècle dans son traité *Yuan-jen-lun* (la « Nature originelle »), par Tsong-mi (Kouei-feng Tsong-mi – Guifeng Zongmi, 780-841), à la fois maître du *tch'an* dans la lignée de Chen-houei et cinquième et dernier patriarche de l'école Hua-yen. Dans le *Yuan-jen-lun*, Tsong-mi définit clairement les concepts propres à chacune des écoles du bouddhisme. Ce traité connut par la suite au Japon une grande faveur, il servit de manuel pour la formation des moines zen. S'y trouvent nettement distinguées cinq formes de Zen :

1. Le *Bonpu zen* (du japonais, *bonpu*, « l'homme ordinaire »), pratique sans motivation spirituelle, visant uniquement au rétablissement du bon équilibre physique et psychique.

2. Le *Gedo zen* (du japonais, *gedo*, « voie extérieure »),

2. *Three Pillars of zen. Teaching, Practice and Enlightment*, Tokyo, 1965 ; trad. fr. : *Les trois piliers du zen*, Paris, Stock, 1972.

3. *Zen : Merging of East and West*, New York, 1978 ; trad. fr. : *Questions zen*, Paris, 1992.

forme plus spiritualiste, mais non bouddhiste, se référant à des pratiques qui lui sont étrangères : méditation du yoga et du taoïsme, quiétisme confucéen, contemplation chrétienne ; cette voie extérieure est également utilisée pour la recherche de pouvoir prétendument supranormaux. Le *Gedo zen* s'appuie sur *joriki*, le « pouvoir psychique », l'énergie qui résulte de la concentration de l'esprit et procure une maîtrise constante, capable de répondre immédiatement et adéquatement aux circonstances les plus imprévues et les plus difficiles.

Seules, les trois autres catégories sont propres au bouddhisme. En conséquence, c'est sur elles qu'insiste particulièrement Yasutani Rôshi :

> Le troisième type de zen est le *shôjô*, qui signifie littéralement « Petit Véhicule » *(Hinayâna)*. Ce véhicule est celui qui vous portera d'un état d'esprit (l'erreur) à un autre (l'illumination). On le dit « petit » parce qu'il n'est fait que pour un seul voyageur ; peut-être pourrions-nous le comparer à une bicyclette. Le Grand Véhicule *(Mahâyâna)* ressemblerait plutôt à une voiture ou à un autobus : il emporte aussi les autres. Le *shôjô* est donc un zen qui ne tend à la paix spirituelle que de celui qui s'y adonne.
>
> Ce zen-là est bouddhiste, mais il n'est pas en accord avec le plus haut enseignement du Bouddha. C'est plutôt un zen commode pour ceux qui ne sont pas capables de saisir la signification la plus profonde de l'illumination du Bouddha, c'est-à-dire le fait que l'existence est un tout indivisible, chacun de nous embrassant et incarnant la totalité du cosmos. Cela étant, il s'ensuit que nous ne pouvons atteindre une véritable paix de l'esprit en ne cherchant que notre propre salut et en restant indifférent à celui des autres.
>
> Il y a pourtant des individus – dont certains d'entre vous qui m'écoutez font peut-être partie – qui ne peuvent arriver à croire à la réalité d'un tel monde. Bien qu'on leur répète que le monde relatif des distinctions et

des contraires, auquel ils restent attachés est un monde illusoire, le produit de leurs vues erronées, ils ne peuvent se débarrasser de celles-ci. À ceux-là, le monde semble intrinsèquement mauvais, placé sous le signe du péché, du conflit, de la souffrance, de la mort infligée ou subie. Leur désespoir les fait aspirer à lui échapper, et la mort leur semble même préférable à la vie. Mais supprimer la vie de quelque façon et dans quelques circonstances que ce soit est la plus inadmissible des fautes, il condamne celui qui le commet à d'interminables souffrances, au cours d'innombrables existences ultérieures, en raison de l'inexorable loi du *karma*. La mort n'est donc pas le terme et ce que cherchent ceux dont je parle est un moyen d'éviter de renaître, une mort qui ne soit pas suivie de renaissance. Le zen *shôjô* fournit une réponse à cette aspiration. Il a pour objectif la suppression de toute pensée, de telle façon que l'esprit se vide complètement et atteigne un état appelé *mushinjô*[4], où toutes les fonctions des sens sont éliminées et où la conscience est suspendue. Tout le monde, par la pratique, peut cultiver cet état. S'il ne s'accompagne pas du désir de la mort, on peut y accéder pendant une période limitée – disons une heure ou deux, un ou deux jours – voire même indéfiniment, auquel cas la mort s'ensuit naturellement, sans souffrance et, c'est le plus important, sans renaissance.

La quatrième forme du zen est appelée *Daijô zen*. C'est le zen du Grand Véhicule (*Mahâyâna**) et un véritable zen bouddhiste, puisqu'il a pour objectif le *kensho-godô*[5], c'est-à-dire la faculté de voir en notre propre nature essentielle et d'appliquer la Voie dans notre vie quotidienne. C'est à l'intention de ceux qui sont en mesure de comprendre la signification de l'illumination du Bouddha, qui ont le désir de dépasser leur conception illusoire de l'univers et de connaître la Réalité absolue et indifférenciée que le Bouddha a enseigné cette forme de zen. Le bouddhisme est essentiellement une religion de l'Éveil. Après avoir lui-

4. De *mu*, « pas de, sans », *shin*, « esprit-cœur » et *jô*, « fixer, déterminer ».
5. De *kenshô*, « vision de l'essence », et *godô*, « salle de méditation ».

même connu le *satori**[6], le Bouddha a passé quelque cinquante ans à enseigner aux hommes à voir clair et à «réaliser» leur vraie nature. Ses méthodes ont été transmises de maître à disciple jusqu'à nos jours. On peut donc dire qu'un zen, niant ou minimisant le *satori*, n'est pas le véritable zen bouddhiste *daijô*.

Dans la pratique de celui-ci, le premier objectif est de s'éveiller à sa véritable nature, mais, après l'illumination, on comprend que le *zazen* est plus qu'un moyen pour atteindre celle-ci : c'est la *réalisation* de cette nature véritable. Dans cette forme du zen, il est facile de considérer (à tort) le *zazen* comme un simple moyen. Un maître avisé précisera dès l'abord que le *zazen* est en réalité la réalisation de notre nature innée de bouddha et non point seulement une technique pour atteindre l'Éveil. S'il en était autrement, il s'ensuivrait qu'après le *satori*, le *zazen* deviendrait inutile. Mais, comme l'a dit Dôgen Zenji, c'est le contraire qui est vrai : plus profond est l'Éveil, plus grand est le besoin de pratiquer le *zazen*.

Le *Saijôjô zen*, enfin, est le « Véhicule suprême », le point le plus haut du zen bouddhiste et son couronnement. Il a été pratiqué par tous les Bouddhas du passé – notamment Shâkyamuni et Amida[7]. Il est l'expression de la Vie absolue, de la vie sous sa forme la plus pure. C'est le *zazen* que Dôgen Zenji recommandait par-dessus tout. Il n'implique aucune aspiration au *satori* ni à quelque autre objectif du même genre.

*

*   *

6. Mot japonais dérivé du verbe *satoru*, « reconnaître », désignant l'expérience de l'Éveil. *Kenshô* a à peu près ce même sens, mais *satori* désigne plus précisément l'Éveil du Bouddha.

7. Nom japonais du Bouddha Amitâbha.

SHUNRYÛ SUZUKI
(1905-1971)

Disciple, dès l'enfance, de maître Gyokujun, lequel était un disciple de son propre père, un maître zen, Shunryû Suzuki[8], devenu lui-même un enseignant réputé au Japon, fut invité aux États-Unis en 1959, afin d'y diriger un groupe d'Américains d'origine japonaise. Peu après son arrivée, plusieurs personnes vinrent lui demander si elles pouvaient étudier le zen avec lui. Suzuki leur répondit qu'il faisait zazen très tôt chaque matin et que ceux qui le voulaient pouvaient se joindre à lui. Finalement, ayant trouvé un auditoire avide d'enseignement et possédant cet « esprit neuf », seul capable selon lui d'aborder sans préjugés le zen, il décida de rester aux États-Unis. Il y fonda le *Zen Center* de San Francisco et le *Zen Mountain Center* de Tassajara Springs, qui n'ont cessé de fonctionner depuis lors. Sentant la mort venir, Suzuki Rôshi établit comme son successeur dans le *Dharma* l'Américain Richard Baker le 21 novembre 1971 et mourut deux semaines plus tard.

Son petit livre *Zen Mind, Beginner's Mind (Esprit zen, esprit de débutant)*, né de ses instructions familières, qui a été traduit en plusieurs langues, constitue une excellente initiation à l'esprit du zen pour les étudiants occidentaux[9].

8. Il ne faut pas le confondre avec le grand érudit japonais Daisetsu Teitaro Suzuki (1870-1966), ils n'avaient rien en commun. Voir p. 228.

9. Traduction française sous le titre : *Esprit zen – esprit neuf*, Paris, Le Seuil, 1977.

Shunryû Suzuki

La compréhension juste

« La vraie compréhension
est la pratique effective. »

« Si vous voulez comprendre le bouddhisme, il vous faut oublier toutes vos idées préconçues. Pour commencer, vous devez renoncer à l'idée de substance ou d'existence. La conception habituelle de la vie s'enracine fermement dans l'idée d'existence. Pour la plupart des gens, tout existe ; ils pensent que tout ce qu'ils voient et tout ce qu'ils entendent existe. Évidemment, l'oiseau que nous voyons et entendons existe. Il existe, mais ce que j'entends par là n'est peut-être pas exactement ce que vous entendez. La conception bouddhiste de la vie comprend simultanément l'existence et la non-existence. L'oiseau existe et en même temps n'existe pas. Nous disons qu'une conception de la vie fondée sur l'existence seule est hérétique. Si vous prenez les choses trop au sérieux, comme si elles existaient de façon substantielle ou permanente, vous êtes dit hérétique. La plupart des gens sont sans doute des hérétiques.

« Nous disons que la véritable existence vient de la vacuité et retourne à la vacuité. Ce qui surgit de la vacuité est la véritable existence. Nous devons passer par la porte de la vacuité. Cette idée d'existence est très difficile à expliquer. Bien des gens ont aujourd'hui commencé à sentir, au moins intellectuellement, la vacuité du monde moderne, ou la contradiction interne de leur culture. Autrefois, par exemple, les Japonais croyaient fermement à l'existence permanente de leur culture et de leur vie traditionnelle ; mais, après avoir perdu la guerre, ils devinrent très sceptiques. Certaines personnes trouvent cette attitude terrible, mais, en fait, elle est meilleure que l'ancienne attitude.

« Tant que nous avons une idée définie de l'avenir, ou un espoir dans l'avenir, nous ne pouvons donner sérieusement sa vraie valeur à l'instant présent. Vous direz peut-être : "Je peux faire cela demain, ou l'année prochaine", en croyant que ce qui existe aujourd'hui existera demain. Même si vous ne vous donnez pas grand mal, vous vous attendez à ce que l'avenir soit plein de promesses, du moment que vous suivez une certaine voie. Mais il n'y a pas de "certaine voie" qui existe en permanence. Il n'y a pas de voie établie pour nous. D'instant en instant, nous devons trouver notre propre voie. Une idée de la perfection, ou une voie parfaite établie par quelqu'un d'autre, ce n'est pas la vraie voie pour nous.

« Chacun de nous doit frayer sa propre voie, et, lorsque nous le ferons, cette voie exprimera la voie universelle. C'est là le mystère. Quand vous comprenez quelque chose à fond, vous comprenez tout. Si vous essayez de tout comprendre, vous ne comprendrez rien. Le meilleur moyen est de vous comprendre vous-même, alors vous comprendrez tout. Lorsque vous essayerez de toutes vos forces de frayer votre propre voie, vous en aiderez ainsi d'autres, et vous serez aidé par d'autres. Tant que vous ne frayez pas votre propre voie, vous ne pouvez aider personne, et personne ne peut vous aider. Pour avoir la véritable indépendance, nous devons oublier tout ce que nous avons dans l'esprit et, d'instant en instant, découvrir quelque chose de tout à fait nouveau, de différent. Voilà comment nous vivons dans ce monde[10]. »

*

* *

TAISEN DESHIMARU
(1914-1982)

Descendant d'une famille de samouraï des environs de Saga dans l'île de Kyû-shû, la plus méridionale de l'archipel nippon, Taisen Deshimaru se maria, eut trois enfants et fit carrière d'économiste, avant d'être consacré moine, à l'âge

10. *Esprit zen – esprit neuf*, *op. cit.*, p. 139-141.

de cinquante-deux ans, par son maître Kôdô Sawaki, en novembre 1966, peu avant la mort de ce dernier. À dix-huit ans, Taisen Deshimaru avait rencontré ce moine errant et par la suite était devenu son fidèle disciple. Mais Kôdô Sawaki lui avait toujours refusé l'ordination : il avait à vivre d'abord.

Un an après la mort de son maître, à la fin de 1967, Taisen Deshimaru arrivait à Paris. Bientôt, quelques disciples se réunirent autour de lui et il se consacra entièrement à sa mission : introduire en Europe le vrai zen, non plus des discussions savantes autour du zen, mais la pratique : zazen. À sa mort en 1982, Taisen Deshimaru l'avait enseigné à quelques milliers de disciples venus de tous les pays, il avait fondé plusieurs dizaines de dojos et le grand temple de la Gendronnière, près de Blois, enfin implanté solidement le zen en Europe.

Zazen

Zazen, c'est pratiquer ce qui ne peut être pensé par notre propre conscience. La vraie religion n'est pas pensée, mais seulement pratiquée. Aussi, le vrai zen veut-il dire pratiquer ici et maintenant, pratiquer l'éternité, ici et maintenant.

Zazen signifie retrouver l'unité entre l'état de Bouddha et l'ego, et cela non seulement durant zazen, mais à travers tous les comportements de notre vie quotidienne. Si ces derniers sont justes, le *satori** se réalise inconsciemment, naturellement, automatiquement.

Dans l'esprit des êtres humains, chaque jour, le vent se lève créant des vagues.

Si nous abandonnons toutes les illusions de notre propre conscience, une vie nouvelle apparaît. C'est zazen, la bioconscience, la conscience cosmique.

Zazen, c'est abandonner l'éducation reçue depuis la naissance. *« Shin jin datsu raku »*, a dit maître Dôgen, le corps et l'esprit complètement rejetés, métamorphosés. Ce n'est pas du tout difficile. *Shin jin datsu raku* consiste simplement à abandonner l'égoïsme. Lorsqu'on abandonne l'attachement à l'ego, à ce moment-là se réalise *Shin jin datsu raku*. Seul zazen est véridique. Le reste de la vie est *karma*, le pouvoir du *karma*.

Notre monde est un monde flottant. Tout le monde marche en zigzag avec une démarche d'ivrogne et joue sur le chemin de la vie-et-mort.

Faire zazen, c'est exécuter le demi-tour, à 180 degrés, passer de la vie ordinaire à la vie sainte la plus élevée. Par zazen, on peut sauter directement dans la terre sainte, la terre de Dieu ou du Bouddha, ici et maintenant. Zazen n'est pas le *Dharma* permettant de vivre dans le monde vulgaire ; c'est le *Dharma*, l'enseignement qui permet de vivre dans le monde le plus élevé. Aussi, même si nous faisons zazen, ne pouvons-nous tirer aucun bénéfice du zazen lui-même. L'Éveil, c'est perdre tout bénéfice. C'est s'endommager. L'Éveil est pareil à l'esprit du voleur qui pénètre dans une maison vide. Il n'y a rien à voler, aussi le voleur n'a-t-il rien à faire.

En tout cas, la solution des problèmes de la vraie liberté, de la paix et du bonheur ne se trouve pas à l'extérieur de notre esprit, mais seulement dans notre révolution intérieure à travers zazen.

Toute notre vie phénoménale, qui est bonne ou mauvaise, triste ou réjouissante, devrait être observée comme une pièce de théâtre sur une scène, et nous devrions toujours garder notre esprit intérieur en paix.

Dans l'histoire, les grands hommes, les saints et les sages ont compris que leur pouvoir n'était finalement pas grand-chose, c'est parce qu'ils ont compris cela qu'ils sont devenus vraiment grands, qu'ils ont reçu la vie universelle.

La religion, c'est trouver l'harmonie avec le système cosmique.

C'est le système cosmique qu'il faut observer. On ne vit pas seulement par et pour soi-même, nous sommes aussi vécus par les autres, nous sommes tous interdépendants.

GLOSSAIRE[1]

Âlaya-vijnâna (s.). Littéral. « Conscience héréditaire ». Concept essentiel de l'école *Yôgachâra**, illustré particulièrement dans le *Sûtra de la Descente à Sri Lanka (Lankâvatâra Sûtra)*, l'un des principaux textes sacrés du tch'an-zen. Cette huitième conscience, fondamentale et ultime, dite aussi « conscience de tréfonds », support de toutes les autres, contient en germes *(bija)* toutes les impressions antérieures, résultant de l'existence présente, ou du *karma** accumulé. Elle semble de ce fait impure et souillée, mais, dans le processus de l'Éveil *(Bodhi*)*, elle se révèle comme pure Vacuité *(Shûnyatâ)*. En tant que telle, elle n'est autre que « la nature de Bouddha » *(Buddhatâ*)*, autrement dit, le germe du *Tathâgata** *(Tathâgatagarbha*)* qui est finalement le *Dharmakâya**.

Amitâbha (s.) (c. *Amito (Fo)*, j. *Amida*). Littéral. « Lumière infinie ». Bouddha ayant fait le vœu solennel d'assister

1. Définissant les termes sanskrits (indiqués s.), chinois (c.) et japonais (j.) étudiés dans le corps de l'ouvrage.

tous les êtres sans distinction sur la voie de l'Éveil *(Bodhi*)* et de les accueillir dans sa « terre pure », le « paradis de l'Ouest » *(Sukhâvatî)*, avant qu'ils puissent accéder définitivement à la Délivrance *(nirvâna*)*.

Amidisme. Terme générique désignant les écoles du bouddhisme, chinoises et japonaises, qui placent le Bouddha *Amitâbha** au centre de leur doctrine et dont les fidèles implorent la protection, ainsi, en Chine, l'école de la Terre pure *(Tsing-t'eou-tsong)*, fondée en 402 par Houei-yuan, et introduite au Japon au XIIe siècle par Hônen (*Jôdo-shû* – école de la Terre Pure), et, au Japon, la *Jôdo-shin-shû* (Véritable école de la Terre pure), séparée de la précédente au XIIIe siècle par Shinran (1172-1262). Dans ces écoles, la récitation fervente de l'invocation *« nembutsu »* (*Namu Amida Butsu*, « Hommage au Bouddha Amitâbha ») suffit à assurer à l'adepte sa renaissance dans la Terre pure d'Amitâbha.

Arhat (s.) (c. *Lo-han*, j. *Rakan*). Littéral. le « Méritant Idéal du bouddhisme ». Dans le *Hinayâna**, celui qui, définitivement libéré des passions, atteint la parfaite connaissance et la délivrance finale *(nirvâna*)*.

Bodhi (de la racine sanskrite *budh-* : s'éveiller – j. *bodai*). L'« Éveil », la connaissance suprême et parfaite, prise de conscience de la « nature de Bouddha » *(Buddhatâ*)* et de la vacuité *(Shûnyatâ*)* de toutes choses, par la sagesse intuitive et immédiate *(prajñâ*)*.

Bodhichitta (s.) (j. *bodhishin*). Littéral. « l'esprit d'Éveil ». L'aspiration à l'Éveil qui fait prendre la décision de pratiquer la méditation *(dhyâna*)* et de réaliser sa « nature de Bouddha »* pour le bien de tous.

Bodhisattva (s.). L'« Être de l'Éveil ». Dans le bouddhisme *Hinayâna**, Shâkyamuni avant qu'il ait obtenu l'Éveil et soit devenu de ce fait le Bouddha. Dans le *Mahâyâna**, où il constitue l'idéal, celui qui, parvenu à l'Éveil, renonce à la délivrance finale *(nirvâna*)*, afin d'aider tous les êtres à se libérer.

Bouddha (s.) (c. *Fo*, j. *Butsu*). Littéral. « l'éveillé ». Celui qui, ayant accédé à l'Éveil *(Bodhi*)*, échappe au *samsâra** et atteint la délivrance totale et définitive *(nirvâna*)*. Le bouddhisme *Mahâyâna** postule l'existence de Bouddha qui régissent le cosmos et règnent sur les « terres pures ». Pour lui, tous les êtres possèdent la « nature de Bouddha » *(Buddhatâ*)*. Le Bouddha de notre ère est Shâkyamuni (Siddhârta/Gautama, 563-483). Il fut lui-même précédé de six autres Bouddha qui jalonnent l'histoire de l'humanité, il sera suivi du Bouddha Maitreya (« celui qui aime »), incarnation de l'amour universel, qui est à venir. Dans le *Mahâyâna*, on distingue les *Pratyeka-Bouddha**, qui ont obtenu l'Éveil pour eux-mêmes, des *Samyak-Sambuddha*, « pleinement Éveillés », ou *Tathâgata**, qui ont répandu la doctrine.

Buddhatâ (s., c. *Fo-sing*, j. *Busshô*). « Nature de Bouddha ». L'essence immanente de tous les êtres, la potentialité d'Éveil* présente en chacun, identique à la vacuité *(Shûnyatâ*)*.

Dharma (s.). Littéral. « ce qui supporte ». La Loi cosmique, l'Ordre universel ; par extension, la Doctrine du Bouddha* qui l'a prêché aux hommes. Le Bouddha est lui-même une émanation du *Dharma*. Au pluriel et sans majuscule initiale, les *dharma* désignent les éléments constitutifs des phénomènes matériels ou psychiques, soumis à cet Ordre et perçus comme distincts par le mental, *manas**.

Dharma chakra (s.). La « Roue de la Loi ». Symbole de la doctrine bouddhiste. Le *Dharma chakra* fut mis en mouvement par le Bouddha Shâkyamuni, à Sarnath (près de Bénarès), lorsqu'il prononça son premier sermon après l'Éveil.

Dharmakâya (s.). Le « Corps de la Loi ». La véritable nature du Bouddha, immuable et intemporelle, correspondant à la Réalité absolue, à l'essence de l'univers, et exprimant l'unité du Bouddha avec tous les êtres. Voir *Trikâya*.

Dhyâna (s.) (c. *tch'an-na* ou *tch'an* ; j. *zen-na*, ou *zen*). La méditation, la concentration dans le recueillement ; la cinquième des Perfections *(Pâramitâ*)* qui permet d'atteindre *Prajñâ**, la sagesse parfaite.

Dôjô (j.). « Salle de la Voie ». Salle où, au Japon, on pratique différentes disciplines (voies spirituelles ou pratiques). Pour le *zazen**, on emploie de préférence le mot plus précis de *zendô**.

Éveil. Voir *Bodhi*.

Hinayâna (s.) (j. *shôjô*). Le « Petit Véhicule ». Terme dépréciatif employé par les tenants du *Mahâyâna** (Grand Véhicule) pour désigner le *Théravâda* (Doctrine des Anciens), fondé sur les Écritures sacrées en *pali*. Le *Théravâda* est la seule école survivante du *Hinayâna*, plus rigide et plus conservatrice que le *Mahâyâna*. Son idéal est l'*Arhat**. On appelle aussi le *Hinayâna* « bouddhisme du Sud », car il est aujourd'hui pratiqué surtout au Sri Lanka, en Birmanie, en Thaïlande, au Cambodge et au Laos.

Hishiryô (j.). Littéral. « le penser non pensé ». Vocable zen désignant la pensée absolue, non conditionnée, telle qu'elle se manifeste spontanément en *zazen**. Intellectuellement insaisissable, elle s'oppose à *shiryô*, la pensée commune, mais aussi à *fushiryô*, la non-pensée. Voir *Wu niên**.

Inka-shômei (j.). « Sceau d'authentification ». Certificat officiel de fin d'études remis par un maître zen à son disciple.

Jôdo-shin-shû (j.). « Véritable école de la Terre pure », voir *Amidisme*.

Jôdô-shû (j.). « École de la Terre pure », voir *Amidisme*.

Kalpa (s.). Cycle cosmique d'une durée incommensurable.

Kanna zen (j., c. *k'an houa tch'an*). Le « zen de la contemplation de la Parole ». Expression remontant à la controverse entre les maîtres des écoles Ts'ao-tong (Sôtô) et Lin-tsi (Rinzai) au XIIe siècle, le Kanna zen désigne la méthode de formation par le *kôan**, propre à l'École Lin-tsi.

Karma (s.). Littéral. « l'acte ». Loi de causalité universelle selon laquelle tout acte produit des conséquences proches ou lointaines, des « fruits », rétribution ou sanction, dont la maturation peut dépasser le cours d'une vie, ce qui entraîne d'autres existences successives, le *samsâra**, jusqu'à la totale consommation ou destruction du *karma*, la délivrance totale, le *nirvâna**.

Kasâya (s., j. *késa*). À l'origine, la robe monastique, confectionnée par le Bouddha lui-même avec des morceaux d'étoffes au rebut et qu'il revêtit après son Éveil. Sorte de toge, faite de bandes de tissus cousues par le futur moine et qui lui est remise solennellement par son maître lors de son ordination.

Kôan (en chinois, *kong-an*). Littéral. « affiche publique », décret de justice faisant jurisprudence. Dans le zen, formule problématique, souvent paradoxale, empruntée à un *sûtra*, ou aux dits des anciens maîtres, qui ne peut être résolue intellectuellement, mais par un changement radical du niveau de compréhension.

Mâdhyamaka (s.). De *Madhyama*, le « Milieu ». École philosophique du bouddhisme indien *Mahâyâna**, fondée par Nâgârjuna (IIe-IIIe siècles). Elle distingue de la vérité relative, ou « masquée » *(samvriti-satya)* la vérité suprême ou absolue *(Paramârtha-satya)*, à laquelle on accède par la méditation *(dhyâna*)*. La première tient pour réelle l'existence des phénomènes ; pour la seconde, ils sont vides en soi. Le caractère universel de la Vacuité *(shûnyatâ*)* a pour conséquence l'absence d'un moi, mais la reconnaissance de cette absence conduit à la délivrance, vacuité étant synonyme d'Absolu.

Mahâyâna (s.) (j. *Daijô*). Le « Grand Véhicule », par opposition au *Hinayâna** (Petit Véhicule), dont les écritures sont en sanskrit, en pali dans le *Hinayâna*. Dans le *Hinayâna*, l'Éveil n'est accessible qu'aux moines qui se retirent du monde ; dans le *Mahâyâna*, il l'est également aux laïcs, grâce à l'aide active des *Bodhisattva**. Moins rigide que le *Hinayâna*, le *Mahâyâna* s'est adapté aux besoins des peuples chez qui il s'est répandu, en incorporant des éléments des religions qui l'avaient précédé. On l'appelle aussi bouddhisme du nord, car, depuis le nord de l'Inde, il a gagné le Tibet, la Mongolie, la Chine, la Corée et le Japon.

Makyô (j.). Littéral. « phénomènes démoniaques ». Ensemble des sensations illusoires de toute nature qui peuvent se manifester au cours du *zazen* et dont il ne faut ni s'inquiéter ni se réjouir.

Manas (s.). Le sixième sens, qui coordonne et synthétise les données fournies par les cinq autres, la capacité de réflexion, le mental.

Mondo (j.) (c. *wen-ta*). Littéral. « question-réponse ». Questions des disciples et réponses du maître.

Mokusho zen (j.) (c. *Mo chao tch'an*). Le zen « de l'Éveil silencieux » : Expression différenciant l'école *Sôtô** *(Ts'ao-tong)*, où la méthode d'obtention de l'Éveil est le *zazen* sans support, de l'école *Rinzai* (Lin-tsi)*, qui pratique le *Kanna Zen**.

Nature de Bouddha, voir *Buddhatâ**.

Nirvâna (s.) (c. *nieh-p'an* ; j. *nehan*). Littéral. « Extinction ». L'extinction du désir, donc du *karma**, la délivrance finale du *samsâra**, résultant de l'Éveil *(Bodhi*)*, la Réalité ultime. Dans le zen, le *nirvâna*, l'unité avec l'Absolu, et le *samsâra*, le monde illusoire des phénomènes, n'en sont pas moins considérés comme identiques.

Pâramitâ (s.). Littéral. « Ce qui atteint l'autre rive ». Les six vertus transcendantales, ou perfections, réalisées par les *Bodhisattva** : *Dana*, le « don », générosité et compassion parfaites ; *shîla*, la moralité, les vœux des *Bodhisattva* ; *kshânti*, la patience, l'acceptation ; *vîrya*, l'énergie, la volonté ; *dhyâna**, la méditation, *Prajñâ**, la sagesse suprême.

Prajñâ (s.). La sagesse (ou conscience) parfaite, atteinte dans l'Éveil *(Bodhi*)*. Elle se distingue de la sagesse profane en ce qu'elle est non dualiste, intuitive, immédiate et sans limite. C'est l'ultime « Perfection » (*Pâramitâ*) réalisée par les *Bodhisattva**.

Pratîtya samutpâda (s.). La « Production conditionnée et interdépendante ». Explicitation des *Quatre nobles vérités**, analyse de l'existence humaine dans son déroulement dynamique. De l'ignorance *(Avidyâ)* naissent les *samskâra** qui engendrent la conscience *(vijñâna*)*, laquelle conçoit le désir de prendre nom et forme *(nâma-rûpa)*, à partir desquels se forment les six bases sensorielles *(shadâyatana)* qui permettent le contact *(sparsha)* et par lui la sensation *(vedanâ)* et le désir *(trishnâ)*, d'où l'attachement *(upâdâna)* et le retour dans une matrice, générant un nouveau devenir *(bhâva)*, c'est-à-dire la naissance *(jâti)* et la mort *(jarâ)*.

Pratyeka Buddha (s.). Littéral. « Éveillé solitaire », ou « Bouddha pour soi ». Celui qui obtient l'Éveil par et pour lui-même et ne possède pas de ce fait les qualités d'un *Bodhisattva**.

Quatre Nobles Vérités (en sanskrit : *Ârya-Satya*). L'objet de la première prédication du Bouddha, base de la doctrine : la vérité de la souffrance *(duhkha)*, la vérité sur son apparition *(samudâya)*, la vérité sur sa cessation *(nirodha)*, l'abolition de la convoitise *(trishnâ)*, la vérité sur la voie qui mène à cette cessation : le « Noble sentier octuple » *(Ashtangika mârga)*, perfections de la compréhension, de la pensée, de la parole, de l'action, des moyens d'existence, de l'effort, de l'attention et de la concentration *(samâdhi*)*.

Quatre vœux universels (en j. *shiguseigan*). Les quatre

grands vœux que prend un *bodhisattva**, quand il décide de s'engager dans la pratique bouddhique : 1. « Aussi nombreux soient les êtres, je fais le vœu de les faire tous parvenir à l'Éveil » ; 2. « Aussi nombreuses soient les passions, je fais le vœu de les vaincre toutes » ; 3. « Aussi nombreux soient les *dharma**, je fais le vœu de les accomplir tous » ; 4. « Aussi parfaite soit la Voie du Bouddha, je fais le vœu de la réaliser. »

Rinzai (j., en c. *Lin-tsi*). Une des deux principales écoles du zen (v. *Sôtô*) qui remonte à Lin-tsi (en j. Rinzai), mort en 867. Elle insiste sur le *Kanna zen** et l'éducation par la pratique des *kôan**. Contrairement au Sôtô, le Rinzai est divisé en plusieurs lignées descendant de maîtres chinois différents.

Rôshi (j.) (en c. *lao-tseu*). Littéral. « ancien (vénérable) maître ». Titre attribué à un maître du zen particulièrement respecté.

Samâdhi (s.). État de recueillement obtenu par la pacification du mental, condition indispensable à la véritable méditation *(dhyâna*)*.

Samsâra (s.). Littéral. « migration ». Le cycle des existences (naissances et morts), auquel on ne peut échapper que par la délivrance finale *(nirvâna*)*. L'enchaînement du *samsâra* résulte de l'action des trois poisons : le désir *(trishnâ)*, l'ignorance *(avidyâ)* et la haine *(avesha)* ; la condition d'existence est déterminée par le *karma**. Les six conditions d'existence *(gati)* sont celles des êtres célestes *(deva)*, des titans, leurs ennemis *(asura)*, des hommes, des animaux, des esprits faméliques *(preta)* et des habitants des enfers *(naraka)*. Seule, la condition humaine permet d'atteindre la délivrance. Dans le zen, on considère que les cinq autres états peuvent être vécus dans la condition humaine elle-même, et que le *samsâra*, le monde des phénomènes n'est, en définitive, pas différent du *nirvâna* ; ce ne sont encore que des concepts dualistes, donc illusoires.

Samskâra (s.). Littéral. « formations, fabrications » (psychiques). Le quatrième des cinq *skandha** et le deuxième maillon de la chaîne de la Production conditionnée et interdépendante *(Pratîtya samutpâda*)*. Les phénomènes psychiques, émanés du mental *(manas*)* et qui lui font prendre pour la réalité ce qui ne sont que ses propres projections.

Sangha (s.). Littéral. « groupe », la communauté bouddhique.

Satori (j.). Du verbe *satoru* : « reconnaître ». L'expérience de l'Éveil *(Bodhi*)*.

Shihô (j.). Transmission directe (*i shin den shin*, « de cœur à cœur ») de maître à disciple, faisant de ce dernier, qui avait auparavant reçu l'*inka-shomei**, son « successeur dans le *Dharma* » *(hassu)*. Dans la tradition primitive du *tch'an*, cette transmission se manifestait par la remise du *kasâya* et du bol à aumônes.

Shikantaza (j.). Littéral. « seulement s'asseoir *(za)*, sans rien rencontrer *(shikanta)* ». Expression mise à l'honneur par maître Dôgen pour désigner la forme la plus pure du *zazen**.

Shingon (j.). Littéral. « La Vraie Parole ». École du bouddhisme japonais, fondée au IXe siècle par Kôbô Daishi, qui systématisa les enseignements du *Mi-tsong* (École des Secrets) chinois. La doctrine des « Trois Secrets » (du corps, de la parole et de l'esprit) aurait été communiquée aux hommes par Vairochana, le Bouddha « cosmique ». Elle s'accompagne d'un rituel complexe. L'école Shingon est l'une des plus importantes du bouddhisme japonais encore à l'heure actuelle.

Shravâka (s.). Littéral. « auditeur ». Les disciples du Bouddha en général. Dans le *Mahâyâna**, plus particulièrement, les adeptes qui n'aspirent qu'à leur délivrance personnelle, celle de l'*Arhat**.

Shûnyatâ (s.) (c. *k'ong*, j. *kû*). La vacuité assimilée à l'absolu. Concept essentiel du bouddhisme *Mahâyâna**, développé principalement par Nâgârjuna et l'école *Mâdhyamaka**. Pour elle, la vacuité, essence de toute chose, est la cause de l'impermanence des êtres, la condition de leur apparition et disparition. Sa révélation permet seule de se libérer du *samsâra** et d'atteindre la Sagesse suprême (*prajñâ**), enfin d'accéder au *nirvâna**, qui en est la réalisation.

Skandha (s.). Littéral. « agrégat, groupement ». Les cinq éléments qui, rassemblés, constituent la personnalité humaine individualisée : *rûpa*, la forme, *vedanâ*, la sensation, *samjnâ*, la perception, *samskâra**, les formations mentales, *vijñâna**, la conscience.

Sôtô (j.) (c. *ts'ao tong*). Une des deux principales écoles du zen. Sa fondation, en tant qu'école distincte, remonte à Tong-chan et à son disciple Ts'ao-chan (IXe siècle). Elle fut introduite au Japon par Dôgen au XIIIe siècle.

Sûtra (s.). Littéral. « fil », spécialement « fil d'un collier », ici « fil conducteur », sermons du Bouddha. Les *Sûtra* du *Hinayâna** sont rassemblés dans des recueils, *Nikayâ*, dans le canon *pali*, *Agama*, en sanskrit. Les *Sûtra* du

*Mahâyâna** sont postérieurs (Ier siècle avant – Ve siècle après J. C.), beaucoup d'entre eux ne nous sont parvenus que dans leur version chinoise ou tibétaine. Certains font autorité dans le zen.

Tathâgata (s.) (c. *Jou lai* ; j. *Nyo-rai*). Littéral. « Celui qui est parvenu ». Celui qui est arrivé par lui-même à l'Éveil suprême et définitif *(samyak-sambodhi)*. Dans les textes, le mot désigne particulièrement le Bouddha* Shâkyamuni.

Tathâgatagarbha (s.). Littéral. « germe » ou « embryon de *Tathâgata** ». Concept propre au bouddhisme *Mahâyâna**, selon lequel tous les êtres vivants sont potentiellement des *Bouddha**. Ce terme est l'équivalent de *Buddhatâ**, « nature de Bouddha ».

Tathatâ (s.). L'« Ainsité », la véritable nature des choses telles qu'elles sont. Elle ne peut être perçue réellement et directement que par un Éveillé.

Tch'an (abréviation de *tch'an-na*, transcription en chinois du sanskrit *dhyâna**, *tch'an* a donné en japonais *zen**). École du bouddhisme chinois, fondée au VIe siècle par le moine indien Bodhidharma, et qui donne la priorité absolue à la méditation assise *(tso-tch'an)*.

Tendai (j.) (c. *T'ien-t'ai*, « École de la plate-forme céleste »). École du bouddhisme chinois organisée par Tche-yi (538-597), quatrième patriarche de l'école, et inspirée par la philosophie de Nâgârjuna, considéré comme son premier patriarche. Sa principale pratique est la méditation *tche-kouan*. Au Japon, où l'école tendai fut établie par Saichô (767-822) elle prit une importance considérable ; elle est encore une des branches principales du bouddhisme japonais.

Trikâya (s.). Littéral. « les trois corps », ceux d'un *Bouddha** : *Dharmakâya**, « Corps de la Loi », *Samboghâkâya*, « Corps de jouissance, ou de félicité », celui dans lequel les Bouddhas se montrent dans leurs « Terres pures », où ils accueillent les fidèles qui les ont invoqués avec confiance, *Nirmânakâya*, « Corps de transformation », le corps physique, l'apparence sous laquelle les Bouddhas incarnés se manifestent aux hommes, afin de les conduire à l'Éveil *(Bodhi*)*. Dans le zen, les trois niveaux de réalité atteints au fur et à mesure de la progression sur la Voie. Le *Dharmakâya* est le corps de l'Éveil.

Triloka (s.). Littéral. « les trois mondes ». Les trois sphères qui constituent le *samsâra** : *kâmaloka*, la sphère du désir, *rûpaloka*, la sphère de la « forme » (corporelle), mais sans désir, et *arûpaloka*, la sphère de la « non-forme », domaine purement spirituel.

Vijñâna (s.). La conscience en général, dixième maillon de la Production conditionnée *(Pratîtya-samutpâda*)*. Le bouddhisme *Mahâyâna** distingue six consciences élémentaires, correspondant aux cinq sens et à *manas**, considéré comme un sixième sens. Dans l'analyse du psychisme par l'école *Yogâchâra**, reprise dans le zen, la sixième conscience est appelée *manovijñâna*, « conscience mentale », et *manas*, « la pensée », devient la septième conscience, enfin une huitième conscience, *âlaya-vijñâna** constitue la base de toutes les autres.

Vinaya (s.). La « discipline ». La règle de vie des moines contenue dans le *Vinaya Pitaka*, la première partie du Canon bouddhiste. Une des écoles du bouddhisme chinois et japonais qui met particulièrement l'accent sur la stricte observance des règles.

Visage originel (j. *honrai-no-memmoku*). Le « visage » que nous avions « avant notre naissance », ou, selon une variante, « avant la naissance de nos parents ». Métaphore désignant dans le zen la « nature de Bouddha » *(Buddhatâ*).*

Wou niên, ou *wou sin* (c.). « Ne pas penser, ou ne pas se rappeler. » La pensée juste, c'est-à-dire spontanée et intuitive. Le mot équivalent en japonais est *Hishiryô**.

Wou wei (c.). « Non-agir ». Conception essentielle du taoïsme, désignant l'action correcte, c'est-à-dire spontanée et désintéressée, qui prit une grande importance dans le *zen**.

Yogâcharâ (s.). Littéral. « Exercice du Yoga » – Il s'agit ici du *Jñâna Yoga*, la voie de la connaissance et de l'analyse intellectuelle. Appelé également *Vijñânavâda* (littéral. « école qui enseigne la connaissance »), le *Yogâcharâ* est une école philosophique du bouddhisme indien *Mahâyâna**, fondée par Asanga et son frère, Vasubandhu (IVe siècle), dont le principe central est que « tout est esprit » et que rien n'existe qui ne soit esprit. Le *Yogâcharâ* donne une importance particulière, dans le fonctionnement du psychisme, à *âlaya-vijñâna**, la « conscience de tréfonds ». Les principes du *Yogâcharâ* ont une grande importance dans le *zen**.

Zazen (j.) (c. *tso-tch'an*). De *za* « être assis ». La pratique du *zen**, la méditation assise dans la posture du lotus ou du demi-lotus.

Zen (j.) (s. *dhyâna* ; c. *tch'an*). Issue du *tch'an* chinois, cette école de la méditation fut introduite au Japon par Yôsai (branche *Lin-tsi*, en japonais *Rinzai**) et par Dôgen (branche *Ts'ao-tong*, devenue le *Sôtô**).

Zendô (j.). « Salle du zen », consacrée à la pratique de *zazen**. Dans les temples japonais, le *zendô* est un bâtiment séparé.

Zenji (j.) (c. *tch'an-chi*). « Maître du zen », titre honorifique conféré à un maître particulièrement respecté, souvent à titre posthume.

TABLEAUX DE LA TRANSMISSION[1]

LE BOUDDHA SHÂKYAMUNI

Les patriarches indiens

1. Mahâkâshyapa
2. Ânanda

. . . .

14. **Nâgârjuna** (IIe-IIIe s.)

. . . .

21. **Vasubandhu** (IVe s.)

. . . .

28. Bodhidharma (470 ?-543 ?)

Les patriarches chinois

1. **Bodhidharma**
2. **Houei-k'o** (487-593)
3. **Seng-ts'an** (m. 606)
4. **Tao-sin** (580-651)
5. Hong-jen (601-674)

6. **Houei-nêng** (638-713)	**Chen-sieou** (605-706)
ÉCOLE DU SUD	ÉCOLE DU NORD
	Pou-tsi (651-739)

K'ing-yuan 660-740	**Yong-kia** 665-713	**Chen-houei** 668-760	Nan-yang 675-775	Nan-yué 677-744
Che-t'eou 700-790				**Ma-tsou** 709-788
(v. tableau 2)				(v. tableau 3)

1. Ces tableaux, très simplifiés, n'indiquent que les lignées principales de la transmission et la place qu'y occupent les maîtres étudiés dans ce livre, dont les noms sont en caractères gras. Les lignes verticales pointillées, dans les tableaux 1, 2 et 3, remplacent les noms des maîtres intermédiaires de moindre importance.

L'École Tsao-t'ong (Sôtô)

- **Che-t'eou** 700-790
  - T'ien-houang 748-807
    - Te-chan 782-865
      - Siué-feng 822-908
        - **Yun-men** 864-949
          - École YUN-MEN
  - Yué-chan v. 745-828
    - **Tong-chan** 807-869
      - **Ts'ao-chan** 840-901
        - École TSAO-T'ONG (Sôtô au Japon)
          - ⋮
          - Tan-hsia m. 1119
            - **Hong-che** 1091-1157
            - Chen-sié XIIe s.
              - Ju-ching 1163-1228
                - **Dôgen Zenji** 1200-1253
                  - Koun Ejô 1198-1280
                    - Tettsu Gikai 1219-1309
                      - **Keizan Jôkin** 1268-1325

L'École Lin-tsi (Rinzai)

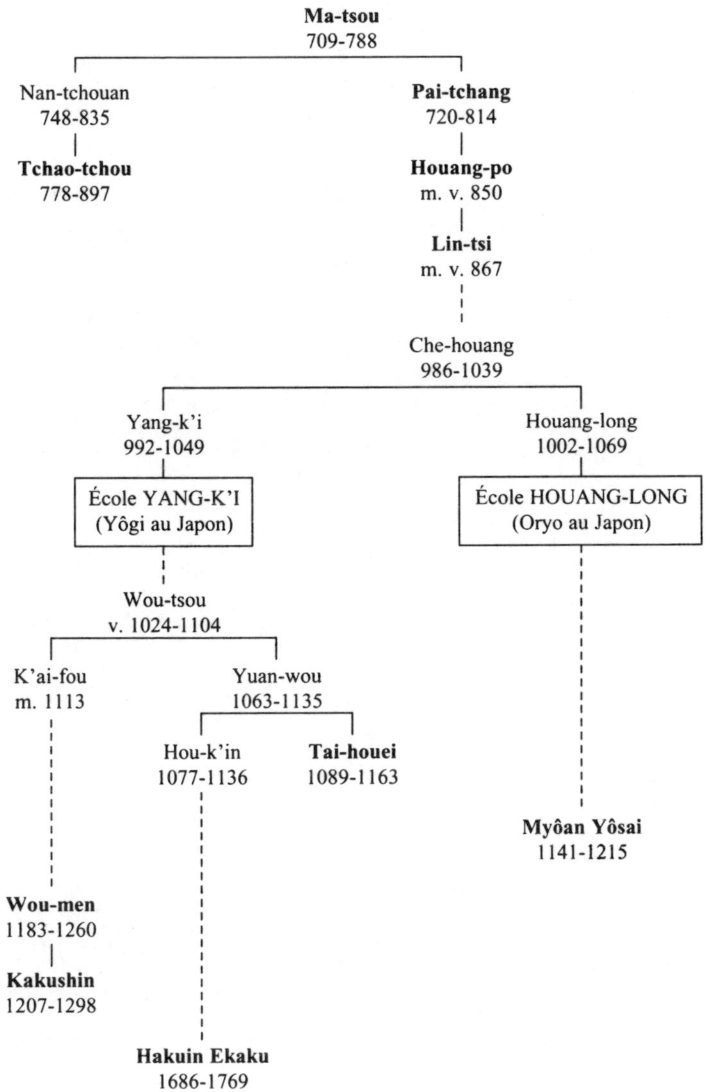

ORIENTATION BIBLIOGRAPHIQUE[1]

BROSSE Jacques, *Satori, dix ans d'expérience avec un maître zen*, nouv. édit. Albin Michel, 1984.
(La découverte du zen au jour le jour, à travers la pratique.)

Zen et Occident, Albin Michel, 1992.
(Que pouvons-nous faire aujourd'hui du zen ? Esquisse d'un rapprochement entre le zen et la civilisation occidentale.)

DESHIMARU Taisen, *La pratique du zen*, nouv. édit., Albin Michel, 1984.
(Les fondements du zazen, définis par un maître.)

Questions à un maître zen, Albin Michel, 1984.
(Les réponses d'un maître japonais à des pratiquants occidentaux.)

Zen et vie quotidienne : la pratique de la concentration, Albin Michel, 1985.
(La redécouverte de l'harmonie intérieure.)

1. Ne sont ici présentés que des ouvrages pouvant servir d'introduction au zen. On trouvera la bibliographie de chaque maître étudié dans les notes en bas de page.

ENOMIYA-LASALLE, *Méditation zen et prière chrétienne*, nouv. édit. Albin Michel, 1994.
(Au croisement du zen et de la mystique chrétienne par un Père jésuite qui enseigna longtemps le zen à Tokyo.)

FROMM E., SUZUKI D. T., DE MARTINO R., *Bouddhisme zen et psychanalyse*, nouv. édit., PUF, 1989.
(Une première tentative de synthèse.)

HOOVER Thomas, *L'expérience du zen*, Albin Michel, 1989.
(L'évolution historique du tch'an et du zen à travers les vies et les enseignements des grands maîtres chinois et japonais.)

JYOJI Taïkan (Georges Frey), *Itinéraire d'un maître zen venu d'Occident*, Calmann-Lévy, 1996.
(L'éducation d'un moine français au Japon.)

KAPLEAU Philip, *Les trois piliers du zen*, Stock, 1980.
(Une initiation présentée par le disciple américain d'un maître japonais.)

KASULIS T. P., *Le visage originel*, Les Deux Océans, 1993.
(L'individu dans le zen, une approche philosophique.)

KRAFT Kenneth, *Le zen. Tradition et transformation*, Ch. de Bartillat, 1993.
(Onze auteurs américains et japonais traitent de la transmission au Japon et aux États-Unis, un ouvrage très actuel.)

MERTON Thomas, *Zen, Tao et nirvâna*, Fayard, 1970.
(Un grand mystique cistercien contemporain face au zen.)

Mystique et zen, suivi de *Journal d'Asie*, Albin Michel, 1995.
(Rencontres et rapprochements entre un moine chrétien et des moines bouddhistes.)

RECH Roland, *Moine zen en Occident*, Albin Michel, 1994.
(La vocation d'un Occidental, devenu enseignant du zen.)

REPS Paul, *Le zen en chair et en os*, nouv. édit., Albin Michel, 1993.
(Histoires zen et kôans, recueil de textes.)

ROMMELUÈRE Éric, *Les fleurs du vide. Anthologie du bouddhisme Sôtô Zen*, Grasset, 1995.
(Recueil des textes essentiels de la tradition du Sôtô, traduits et commentés.)

SUZUKI Daisetsu Teitaro, *Essais sur le bouddhisme zen*, 3 vol., nouv. édit. Albin Michel, 1972.
(Un monument d'érudition par un universitaire japonais ; depuis longtemps un classique.)

SUZUKI Shunryû, *Esprit zen, esprit neuf*, Le Seuil, 1977.
(Le legs d'un maître japonais à ses disciples américains, un petit livre exemplaire, clair, pratique et convaincant.)

Tch'an – Zen. Racines et floraisons, nouv. édit. Les Deux Océans, 1985.
(Série d'études historiques et critiques, et remarquable anthologie du zen.)

THICH-NAT-HAHN, *Clefs pour le zen*, Seghers, 1973.
(Une initiation à la réalisation en nous de « l'homme vrai », par un maître vietnamien contemporain.)

WATTS Alan, *Le Bouddhisme zen*, Payot, 1982.
(Une introduction par le penseur anglo-américain, qui fut l'un des pionniers du zen en Occident.)

WU John, *L'âge d'or du zen*, trad. fr., Paris, 1980.
(Panorama historique et psychologique des grands maîtres du *tch'an*.)

Zen. Pratique et enseignement. Pratique et tradition. Civilisation et perspectives, Albin Michel, 1993.
(Une initiation par les textes et de très belles images.)

N.d.l.R. Jacques Brosse, moine sôtô, enseigne régulièrement
- au Centre Zen Hamsa, Le Moulin de Vaux,
  72500 Flée
  Tél. 43 44 20 29.
- au Centre tibétain Dhagpo-Kagyu-Ling, B.P. 2 –
  24290 Saint-Léon-sur-Vézère
  Tél. 53 50 70 75.

OÙ PRATIQUER

École Sôtô

Association Zen Internationale

Temple Bukoku Zenji, 17 rue Keller, 75011 Paris
Tél. : 48 05 47 43.
Temple de la Gendronnière, 41120 Les Montils
Tél. 54 44 04 86.
Dojos de l'AZI dans les principales villes de France, de Belgique et de Suisse.

Vén. Thich Giac Thanh, « Le Village des Pruniers », 47. Le Pey Thenac.
Joshin Sensei, « La demeure sans limites », Riou la Selle, 07230. Saint-Agrève.

École Rinzai

Maître Taïkan Jyoji, Centre zen du Taillé, La Riaille, 07800 Saint-Laurent-du-Pape.

TABLE DES MATIÈRES

N° d'éditeur : 2542
Dépôt légal : octobre 1996

Imprimé en France

Reproduit et achevé d'imprimer en octobre 1996
dans les ateliers de Normandie Roto Impression s.a.
61250 Lonrai
N° d'imprimeur : 961829